# DEFENSE
## DU DROIT DE LA COMPAGNIE HOLLANDOISE DES INDES ORIENTALES,

CONTRE

*Les nouvelles Prétensions des Habitans des*

PAYS-BAS AUTRICHIENS,

*Et les Raisons ou Objections des Avocats de la*

COMPAGNIE D'OSTENDE.

*Par* JEAN BARBEYRAC, *Professeur en droit à* GRONINGUE, *&*
*Membre de la Societé Royale des Sciences à* BERLIN.

A LA HAYE,
Chez THOMAS JOHNSON, Libraire.
M. DCC. XXV.

# AVERTISSEMENT.

Cette *Défense* fut ébauchée, peu de tems, * après que la *Réfutation*, publiée par Mr. NENY, *des Argumens avancez de la part de Mrs. les Directeurs des Compagnies d'*Orient *& d'*Occident, *des* PROVINCES-UNIES &c. eût vû le jour. Je me proposai de traiter la question en elle-même, comme si j'eusse écrit le prémier là-dessus, & de repondre ensuite comme par occasion, à l'Avocat des *Pays-Bas Autrichiens*, à mesure que la suite de mon plan améneroit les raisons & les Objections proposées en faveur de la nouvelle Compagnie d'*Ostende*. Je jettai donc alors mes pensées sur le papier, & fis une espéce de canevas, que je laissai là, en attendant de voir ce que diroit, dans une autre Langue, le Savant Auteur qui préparoit une Réponse, & qui doit être mieux instruit, que personne, des tenans & aboutissans de cette Dispute. Quand j'eus lû sa Piéce, ou sa *Seconde Dissertation*, je me mis à travailler tout de bon, selon mes idées & à ma maniére, en profitant de tout ce que je trouvai là, que je n'avois point sû, ou qui ne m'étoit pas venu dans l'esprit. Il y avoit du reste entre nous, pour le fond des choses, une parfaite conformité, qui me fit plaisir, & dont le défaut n'auroit pas été pour moi de bon augure, puisque j'avois bâti sur les mêmes fondemens, que Mr. WESTERVEEN établit dans sa *Prémiére Dissertation*. Ainsi défendant tous deux une même cause, nous tendons au même but par des routes differentes. La diversité n'est qu'accidentelle, & proportionnée à ce que demandoit le différent caractére des Lecteurs.

* Sur la fin de 1728.

Mr. *Westerveen* a écrit en Latin. Dès-là ses deux Dissertations semblent être écrites principalement pour les Savans, ou ceux qui se piquent de le paroître. Il a donc pû se contenter de dire bien des choses à demi mot, & de traiter même l'essentiel au goût des gens du métier, qui aiment à faire usage de leurs lumiéres & de leur penetration. Les Lecteurs François, & ceux qui entendent mieux le François que le Latin, ont be-

foin de quelque chofe de plus. On ne fauroit trop développer pour eux les principes & les preuves, & les ranger dans le meilleur ordre. Or on peut affûrer, que c'eft-là le plus grand nombre de ceux qui prendront connoiffance de cette Difpute; fur tout depuis que la Compagnie d'*Oftende* a choifi la Langue Françoife, pour inftruire le Public de fes moiens de défenfe.

D'ailleurs Mr. *Wefterveen*, dans fa *Seconde Differtation*, n'a pas jugé à propos de fuivre pié-à-pié la *Réfutation* de Mr. *Neny*, pour y répondre. Il a été fans doute rebuté par l'embarras & les repétitions qu'on y trouve. Il a cru, qu'il fuffifoit de prendre en gros le réfultat de ce qu'on peut démêler dans ce cahos, & de le réfuter folidement. Il a certainement très-bien reuffi, & il n'en faudroit pas davantage pour les perfonnes intelligentes, qui compareront les deux Ecrits. Mais, pour mieux faire voir à toute forte de gens la foibleffe de la Caufe, que Mr. *Neny* a entrepris de défendre, il n'eft pas inutile d'examiner en détail fes raifonnemens, foit qu'ils regardent le fujet principal, ou qu'ils fervent feulement à appuier bien des articles & des incidens particuliers, qu'il a fait entrer dans cette Difpute. J'ai eu la patience d'éplucher tout, & de ne rien laiffer paffer, qui ne fût, comme il fe trouve fort fouvent, une repetition toute pure.

Mais, à mefure que je compofois ma Piéce, il en parut de nouvelles, que m'engagérent à un furcroit de travail. On m'envoia prémiérement une *Lettre* anonyme *à un Ami* de Hollande, *au Sujet de la nouvelle Compagnie Impériale des* Indes. Cette Lettre eft dattée d'*Oftende* le 15. *Mars* 1724. Elle fut fuivie, quelque tems après, de la *Réponfe au Difcours répandu dans le Public, intitulé*, Differtation fur le droit qu'à la Compagnie privilégiée des *Provinces-Unies*, à la Navigation & au Commerce des *Indes Orientales*, contre les Habitans de *Pays-Bas Efpagnols*, aujourd'hui *Autrichiens*. On donne cette *Réponfe*, comme compofée avant la *Réfutation*, qui porte le nom de Mr. *Neny*: & on y a joint à la fin une *Addition* de fept pages, dans laquelle on prétend réfuter la *Seconde Differtation* de Mr. *Wefterveen*, que l'on n'a pas même effleurée. Je reçus enfin la *Rémontrance des trois Etats du Pays & Duché de* BRABANT, *à Sa Majefté Impériale & Catholique, au Sujet de fes Lettres Patentes d'*Oc-

TROY.

TROY *accordées pour l'établissement de la Compagnie générale dans les* Pays-Bas Autrichiens, *pour le Commerce & la Navigation aux* Indes. Cette *Rémontrance* est dattée de *Bruxelles*, le 23. de *Mars* 1724. & accompagnée d'une *Copie du Mémoire, presenté à Son Excellence*, Mr. le Marquis *de Prié*, *pour servir de réponse, de la part des Etats de* Brabant, *à la Rémontrance que les Directeurs de la Compagnie des* Indes Orientales *établie en* Hollande *ont faite aux Seigneurs Etats Generaux des* Provinces-Unies, *au sujet de la Navigation & du Commerce des Habitans des* Pays-Bas Autrichiens *aux mêmes* Indes.

Il fallut lire tout cela, & noter ce qu'on y disoit qui avoit quelque apparence de nouveauté, pour le refuter en son lieu. Je trouvai moien d'inserer dans le corps même de l'Ouvrage la plûpart de ces refutations: & pour le reste, qui ne pouvoit y entrer sans interrompre la liaison du discours, ou sans me donner trop de peine à l'y ajuster, je le renvoiai à quelques Notes courtes, comme celles que j'y joignois d'ailleurs pour d'autres raisons. Ma *Défense*, ainsi grossie, fut achevée dès le mois de *Juillet* de l'année passée 1724. Comme il n'a rien paru depuis, que je sâche, en faveur de la Compagnie d'*Ostende*, je n'ai pas non plus été obligé de faire aucune nouvelle Addition, & l'on donne cette Piece, telle qu'elle étoit alors.

Je puis assûrer, que j'ai examiné la matiére, non seulement avec beaucoup d'attention, mais encore avec la même indifférence & la même impartialité, que si j'avois eû à discuter un point de l'Histoire Ancienne, & à chercher, par exemple, le vrai sens d'un Traité fait entre *Philippe de Macedoine*, & les *Athéniens*. Je ne me sens pas capable, pour quelque considération que ce pût être, de défendre en particulier, moins encore en public, avec la confiance que je temoigne ici par tout, une Cause, qui ne me paroîtroit pas soûtenue de raisons à l'épreuve de toutes les objections des Adversaires. Plus la dispute est de conséquence, tant en elle-même, qu'eû égard au caractére des Parties intéressées, & plus j'ai cru devoir être attentif à bien peser les raisons de part & d'autre. C'est aux Lecteurs éclairez & non prévenus, à juger si j'ai pris le bon parti; & si le procès n'est pas désormais assez instruit. J'espére du moins que l'on ne m'accusera pas de m'être sauvé à travers l'obscurité d'un verbiage ennuiant, & d'un désordre qui fasse perdre de vuë la liaison des conséquences avec les principes, & avec le véritable état de la question. C'est à ce point capital que j'ai pris soin de tout ramener, en écartant les choses étrangéres dont on a voulu embarasser la Dispute.

Au reste, je prie le Lecteur de jetter les yeux sur l'*Errata* où l'on a marqué les fautes d'impression qui pourroient faire quelque peine. Je dois aussi avertir, que je ne m'étois pas avisé d'abord de mettre à la marge de chaque paragraphe les petits sommaires qu'on y voit. On a cru ensuite, que bien des Lecteurs en souhaitteroient de tels, pour trouver d'un coup d'œil ce qu'ils voudroient repasser: mais, une partie du Manuscrit n'étant plus entre mes mains, je n'ai pû mettre moi-même les sommaires qu[illegible] depuis le Chap. IX. jusqu'à la fin, & je n'ai point examiné ceux des Chapitres précedens. Au fond, ce n'est point par là qu'on doit toûjours juger du contenu des articles; non plus que par les Tables & Indices des Matiéres, où il se glisse aisément des omissions & des inexactitudes.

Ce 27. Janvier 1725.

TA-

# TABLE DES CHAPITRES.



Chap

# TABLE DES CHAPITRES.



---

## FAUTES A CORRIGER.

*Pag.* 3. *ligne* 2. ſurquoi: *Liſez*: celles ſurquoi *p.* 10. § *XIV. lig.* 15. y promettant: *Liſ.* y promettent *p.* 12. *l.* 23. excepte *Liſ.* exceptez *p.* 13. § *XX. l.* 8. dons les Païs-Bas Autrich. *Liſ.* dans les Païs-Bas Autrichiens & les Sujets des Provinces Unies *p.* 19. *l.* 19. prétendit: *Liſ.* prétendoit *p.* 22. *l.* 14. ne ſont *Liſ.* en ſont *p.* 32. *Not.* 1. *l.* 4. condition: *Liſ.* condition apposée *p.* 40. § *XXVII. l. penult.* par celle: *Liſ.* ni par celle *& à la Note* (2) *l.* 2. *Liſ. ſuſceptam* *p.* 42. *l.* 3. *à fine*: & indolence: *Liſ.* & une indolence *p.* 52. § *XVIII. l.* 8. librement, *Liſ.* litéralement *p.* 66. *l. dern.* reſtitution: *Liſ.* reſtriction *p.* 73. *l* 3. la partie: *Liſ.* le parti *Ibid.* § *XXII. l. dern.* qu'elle occupe: *Liſ.* qu'y occupe *Ibid.* § *XXIII. l.* 2. la Clauſe: *Liſ.* la Cauſe *p.* 75. *l.* 7. par l'avantage: *Liſ.* ſans l'avantage *p* 84. *l.* 5. *à fine*: qui ſoit enſuivi: *Liſ.* qui ſe ſoit enſuivie *p.* 100. *l.* 6. s'ingerérent: *Liſ* s'ingeroient *p.* 104. *l.* 9. *à fine*: de quelque: *Liſ.* à quelque *Ibid. l* 5. *à fine*: ne ſe prévale: *Liſ.* ne ſe prévaille *pag.* 108. *l.* 3. en réſultant: *Liſ.* en réſultent *p.* 127. *Not.* 1. *l.* 3. ὥςι: *Liſ.* ὥςε *p.* 128. *l.* 12. de Seigneurs... cautionnoit: *Liſez.* des Seigneurs... cautionnoient.

ON omet quelques autres petites fautes, que le Lecteur corrigera aiſément.

# DÉFENSE

*Du Droit de la*

## COMPAGNIE HOLLANDOISE DES INDES-ORIENTALES,

*Contre les nouvelles Prétensions des*

HABITANS DES PAIS-BAS AUTRICHIENS,

*Et les Raisons ou Objections des Avocats de la*

## COMPAGNIE D'OSTENDE.

## CHAPITRE PREMIER:

*Servant d'Introduction.*

Les *Flamands* voudroient franchir les obstacles qui ont empeché jusqu'ici leur Commerce aux *Indes Orientales*

§. I. QUAND on considére l'ardeur avec laquelle les Habitans des PAÏS-BAS AÛTRICHIENS s'empressent, depuis quelque tems, à chercher les moiens d'établir dans les INDES un Commerce, tout nouveau pour eux de leur propre aveu; on ne peut qu'être surpris de de ce qu'ils s'en avisent si tard. Il n'est pas naturel aux Hommes, de négliger à un tel point des avantages considérables, lorsqu'ils les connoissent, & qu'il ne tient qu'à eux d'en profiter. Ceux qui reviennent du Commerce dont il s'agit, n'ont pû être ignorez des Peuples, qui pensent à se les procurer aujourd'hui; Peuples industrieux, s'il en fut jamais, & de tout tems fort adonnez au Négoce, aussi bien qu'attentifs à leurs interêts en général. Leur situation n'étoit pas moins favorable autrefois, pour le succès d'un tel dessein, qu'elle ne l'est à présent, ni que celle de leurs Voisins, dont l'exemple seul auroit dû, tôt ou tard, les piquer d'une sorte d'émulation, dont les Esprits les moins jaloux, & les moins avides de Gloire, sont susceptibles. D'où vient donc qu'ils commencent seulement aujourd'hui à ouvrir les yeux, & qu'à une si grande indifference, succéde tout d'un coup une si grande vivacité? Il faut l'avouer, c'est-là une espéce de Phénoméne politique, qu'on ne sauroit expliquer, ni concevoir même possible, sans supposer qu'il y a eû des obstacles bien puissans, & sans reconnoître la réalité des causes, que les

Habitans des PAÏS-BAS AUTRICHIENS veulent faire regarder, à l'heure qu'il eſt, comme des Chiméres. On a trouvé, n'en doutons point, le moment favorable pour faire lever une Barriére, qu'on voioit de mauvais œil, & qu'on auroit franchie, il y long tems, ſi l'on avoit pû.

En violant les Traitez publics.

Que des gens du commun, peu inſtruits de l'Hiſtoire des Siécles paſſez, & moins encore de ce qui regarde en particulier les affaires du Gouvernement; prêts d'ailleurs à ne pas s'embarraſſer beaucoup de la violation des Traitez, pourvû qu'ils y trouvent leur compte; que des gens, dis-je, de cette ſorte, ſoient entrez dans un projet, qui ne peut s'exécuter ſans donner atteinte à la Bonne Foi Publique, je ne m'en étonne pas: Il s'en trouve de tels, en tout tems, & par tout païs. Mais j'ai peine à concevoir, comment ce projet a pû être écouté du Conſeil Impérial; & plus encore, comment on a ſurpris les lumiéres & l'équité de l'Auguſte Monarque qui y préſide. C'eſt ſans doute par quelque faux expoſé, ou quelque mal-entendu. Il ne faut qu'en appeller *de* CÉSAR *mal informé*, à CÉSAR *mieux informé*. On doit eſperer, que la Vérité enfin percera juſqu'à ſon Thrône. Du moins n'aura-t'on pas à ſe reprocher, d'avoir rien négligé pour l'y faire parvenir.

Ils repondent mal aux raiſons produites contre eux.

§ II. LE Public connoît aſſez, par les Piéces publiées en faveur de la Compagnie Hollandoiſe des INDES-ORIENTALES, le fondement de ſes prétenſions, excluſives de celles d'une nouvelle Compagnie, qu'on veut former à ſon préjudice, dans les PAÏS-BAS aquis depuis peu à Sa Majeſté Impériale. On eſt perſuadé, que toutes les perſonnes éclairées & impartiales auront trouvé, dans les Raiſons qu'on a avancées, du moins aſſez de force, pour ne pas les regarder comme des (*a*) *diſcours en l'air*, de (*b*) *vraies chicaneries*, des (*c*) *diſcours impertinens*, *qui ne méritent ni réponſe ni attention*, &c. Ainſi que les qualifie Mr. NENY, l'Avocat principal des intéreſſez. La modération & la ſimplicité avec laquelle on a expoſé les droits & les argumens d'une Partie, à qui ſa bonne cauſe donne une juſte confiance, ne méritoit pas, de la part de l'autre, des maniéres ſi bruſques & ſi peu convenables aux égards que demandoit le caractére ſeul des Perſonnes diſtinguées contre qui tous ces traits portent directement. Cela ne donnera d'ailleurs aucun poids à des raiſonnemens, auxquels la ſolidité n'eſt pas la ſeule choſe qui manque. On n'emportera pas ainſi de haute lutte les ſuffrages du Public, au moins de cette partie du Public, qui peut juger & prononcer avec connoiſſance. La *Réfutation* paroîtra d'abord l'ouvrage d'un Avocat embarraſſé, qui ſemble ſentir lui-même la foibleſſe de ſa cauſe; puis qu'il eſt réduit à éluder, par des diſtinctions ſubtiles qui ont d'abord tout l'air de chicane, la foi des Traitez les plus authentiques, & à tordre le ſens des paroles, contre le but manifeſte des Parties contractantes, & l'interprétation conſtante d'un long Uſage. Il ne faudra que comparer d'un coup d'œil, les Piéces avec la *Réfutation*, pour voir que Mr. NENY laiſſe à

(a) *Réfutation*. pag. 1. 2.
(b) *Ibid.* §. 6 pag. 42.
(c) § 8. pag. 52.

à quartier une bonne partie des Raiſons & des preuves alleguées, c'eſt-à-dire, ſur-quoi il n'a ſû, avec toute ſon adreſſe, rien imaginer qui eût la moindre couleur; qu'il étrangle ou affoiblit les choſes auxquelles il a cru pouvoir répondre; & que tout ce qu'il y oppoſe, ſe reduit à deux ou trois ſuppoſitions gratuites, inceſſamment repetées.

On ſe propoſe ici d'établir le droit des *Hollandois.*

§ III. Ceux qui auront lû cette *Réfutation*, nous diſpenſeront, ſans doute de ſuivre l'Auteur dans toutes ſes redites. Il ne doit pas lui même nous ſavoir mauvais gré d'avoir mis en quelque ordre, & réduit à une juſte étenduë, tout ce qu'il dit qui a quelque apparence de nouvelle preuve, ou de réflexion particuliére. La complaiſance nous paroît aſſez grande, & par rapport à lui, & par rapport aux Lecteurs.

Mais comme il ne s'agit pas tant de faire une reponſe, qui n'eſt peut-être pas fort néceſſaire, que de convaincre de plus en plus le Public, & de mettre dans tout ſon jour la juſtice des oppoſitions, formées contre l'entrepriſe d'une nouvelle Compagnie des Indes dans les Païs-Bas Aûtrichiens; il eſt bon de commencer par expoſer ici nettement l'état de la queſtion, & donner une idée générale des faits qui font le fondement des prétenſions de la Compagnie des Provinces-Unies; afin que les Lecteurs les moins habiles ſachent d'abord dequoi il s'agit, ſans avoir même beſoin de recourir ailleurs pour en être inſtruits. Cet aſſemblage de preuves, miſes dans un certain point de vuë, pourra même n'être pas inutile pour ceux d'un ordre plus relevé.

Et de repondre aux objections des *Flamands.*

Je défendrai enſuite, contre les Objections de Mr. Neny, chaque Article qui entre ou directement, ou indirectement, dans cette Diſpute. Et pour cet effet, je la réduirai à certains Chefs. J'examinerai tout d'un tems ce que l'on a dit ou objecté de nouveau dans deux Piéces anonymes qui viennent de paroître; l'une ſous le titre de *Lettre à un Ami en Hollande, au ſujet de la nouvelle Compagnie Imperiale des Indes:* l'autre, en forme de *Réponſe* aux deux *Diſſertations* (quoique le titre ne parle que d'une) *ſur le droit qu'a la Compagnie privilégiée des* Provinces-Unies *à la Navigation & au Commerce des Indes-Orientales*, &c. Le *Mémoire* & la *Rémontrance des trois Etats de* Brabant, ne demeureront pas non plus ſans réfutation, pour peu que ce qu'on y trouve de particulier en vaille la peine.

## CHAP. II.

*Etat de la Queſtion, & idée générale des Faits: où l'on montre, par leur liaiſon indiſſoluble, la ſolidité des Raiſons ſur leſquelles eſt fondé le Droit de la Compagnie Hollandoiſe des* Indes-Orientales.

Les *Hollandois* depuis long tems en poſſeſſion du Commerce des

§ I. La Compagnie Hollandoiſe des *Indes Orientales*, fondée ſur la teneur de ſes Priviléges, & ſur des Traitez ſolennels qui les lui ont aſſûrez d'une maniére irrévocable par rapport aux Habitans des *Païs-Bas Aûtrichiens*, prétend

Indes, à l'exclusion des Flamands.

tend avoir, à l'exclusion de ceux-ci, un droit incontestable de Navigation & de Commerce dans une certaine étenduë des *Indes*, où elle l'a exercé constamment, sans que les intéressez l'eussent jusqu'ici troublée dans sa jouïssance.

Voilà certainement un titre des plus forts. Car sur quoi comptera-t'on, si des Traitez, confirmez plus d'une fois, & soûtenus d'une longue possession du droit qu'ils donnent, ne suffisent pas pour le mettre à l'abri de toute atteinte? Il ne faut plus parler de Droit, ni de Justice: tout se décidera par la loi du plus fort, ou de l'Intérêt.

On peut renoncer à son droit en faveur d'un autre.

§ II. Il n'y a d'ailleurs rien que de très-raisonnable, dans la nature même des engagemens, qui excluent ici la Partie adverse du Commerce dont il s'agit. Chacun peut renoncer, & renonce souvent en diverses maniéres, au droit qu'il a sur son propre bien; après quoi il ne sauroit légitimement se plaindre, de ce qu'il n'a plus la liberté de disposer à sa fantaisie d'une chose qui lui appartenoit à l'exclusion de tous les autres. A plus forte raison, auroit-on mauvaise grace de vouloir revenir d'une Rénonciation, qui a pour objet des choses auxquelles auparavant on n'avoit qu'un droit commun.

Le vaste Océan n'est à personne: d'accord. Il est libre naturellement à chacun d'y faire voile: cela est certain. Chacun peut négocier avec tout autre, qui veut bien négocier avec lui: nous n'avons garde de le nier. Mais qu'est-ce qui empêche (1) que deux Princes ou deux Peuples conviennent entr'eux, que l'un ne mettra point de Vaisseaux en mer, ou qu'il n'en envoiera que jusqu'à un certain endroit de l'*Océan*, ou de quelque autre Mer moins vaste, ou qu'il n'ira point commercer en tel ou tel endroit? Quand on n'auroit pas là-dessus une infinité d'exemples, anciens & modernes, on ne prouvera jamais, qu'une Convention comme celle-là aît rien d'injuste, ni de trop dur.

Le cas ne peut arriver, que quand cela réduiroit à manquer absolument des choses nécessaires à la Vie, dont il n'y auroit pas d'ailleurs moien de se pourvoir sans la Navigation interdite par le Traité. Le soin de notre propre conservation, si fortement recommandé à chacun par la Nature, formeroit alors, comme en toute autre occasion semblable, une exception à la régle.

Que si l'on a dans son propre Païs, & dans la Navigation, même hors des limites réglées par le Traité, de grandes ressources pour se procurer non seulement ce qui sert & aux besoins & aux commoditez de la Vie, mais encore pour s'enrichir, y a-t'il rien de moins onéreux, qu'une clause qui assujettit seulement à ne pas naviger & négocier en certains endroits, sur tout si l'on n'est exclu par là que de quelque Païs éloignez, & qui sont comme dans un nouveau monde?

Après

(1) L'auteur de la *Réponse au Discours répandu dans le Public*, &c. prétend (*pag.* 7.) que, *c'est sortir du sujet de la dispute*, & poser mal *l'état de la Question*. Mais de quoi s'agit-il donc? A moins qu'on ne lui accorde tout ce qu'il veut, la dispute se réduit à cela, puis que la Compagnie Hollandoise prétend avoir, en vertu des Traitez, un droit de Navigation exclusif, par rapport aux Habitans des *Païs-Bas Autrichiens*. Ceux ci doivent réfuter la Question, selon qu'elle la pose; puis que c'est elle qui soûtient le personnage de Demandeur.

Après tout, il suffit qu'on ait renoncé par un accord aux droits qu'on avoit, de quelque nature qu'ils soient. Le pouvoir d'y renoncer, & le droit que les autres aquiérent par là, bien loin de détruire la Liberté naturelle, en fait partie. Cette Liberté nous feroit inutile, & même à charge, si nous ne pouvions nous priver d'une partie de ses droits ou de leur usage, pour nous accommoder nous-mêmes, en comptant sur ce que les autres veulent à leur tour nous ceder des leurs.

Un Prince y peut renoncer pour son peuple.

§ III. Or cette Rénonciation peut se faire ou directement & immédiatement par tous les intéressez, ou seulement par ceux qui agissent en leur nom, & qui ont le pouvoir de les astreindre à l'observation du Traité. C'est alors la même chose, que si tous en général & chacun en particulier avoient signé les Articles, & juré solemnellement de les observer.

Pour n'être point lié par un tel engagement, supposé que d'ailleurs on eût quelque raison particuliére de s'en dispenser légitimement, il faudroit avoir fait en son tems les protestations nécessaires. S'il n'en paroit point, & qu'au contraire on se soit soûmis, sur tout pendant un long espace de tems, à la sujettion imposée par le Traité; on ne peut désormais prétendre s'en relever, sous aucun prétexte, sans violer manifestement les régles les plus incontestables du Droit de la Nature & du Droit des Gens.

Comme dans le cas présent.

§ IV. Tel est l'état du différent survenu depuis quelque tems, entre la Compagnie des *Provinces-Unies*, & les Habitans des *Païs-Bas* qui ont passé tout nouvellement de la domination d'*Espagne* sous celle de la Maison d'*Autriche*. Cela paroîtra par la déduction des faits, que nous allons exposer, accompagnez de leurs circonstances, qui les lient ensemble d'une maniére indissoluble.

Le Commerce des Indes accordé à la Compagnie *Hollandoise*.

§ V. Il n'est pas nécessaire de remonter ici jusqu'à l'origine du Commerce des *Hollandois* dans les *Indes*, où il s'introduisit peu à peu, comme se font tous les Etablissemens humains. Il suffit de dire, qu'une Compagnie assez nombreuse s'étant enfin formée pour ce sujet, (a) elle obtint, en l'année M. DC. II. de Leurs Hautes Puissances les Etats Généraux des *Provinces-Unies*, de très-grands Privileges, proportionnés à ce que demandoit l'utilité de son Commerce pour le bien général de tout le Païs. Nous ne rapporterons qu'un Article de ces Priviléges, comme faisant sur tout à nôtre sujet: c'est le XXXIV. qui porte, *Que personne, de quelque qualité ou condition qu'il soit, n'entreprenne aucune Navigation au delà du* Cap de Bonne Espérance, *ou par le* Détroit de Magellan, *dans les* Indes Orientales, *sous peine de confiscation du Vaisseau, & de toutes les Marchandises.*

Quoi qu'il fût toujours défendu aux *Flamands*.

Le dix Provinces des *Païs-Bas*, qui étoient demeurées à l'*Espagne*, n'avoient alors certainement aucune part au Commerce des *Indes*, & n'en avoient ja-



(a) Voiez *Grotius*, Histor. De *Reb. Belgic.* lib. XI. pag. 429.

jamais eû. Il leur étoit (*b*) défendu dès le commencement, & par les Lôix de leurs Souverains, (*c*) & par les Constitutions des *Papes*, pour lesquelles, en qualité de Catholiques Romains fort zélez, ces Peuples avoient beaucoup de déférence, & plus encore qu'aujourd'hui. La chose est incontestable, & l'on n'a osé la nier, quoiqu'on l'avouë avec peine.

Ce Commerce exactement & formellement défendu aux *Flamands*, même pendant leur séparation d'avec l'*Espagne*.

§ VI. Le Roi Philippe II. en cédant à l'Infante sa Fille, *Isabelle Claire Eugénie*, qu'il marioit avec l'Archiduc *Albert* d'*Autriche*, ces *Provinces-Obéissantes*, comme on les appelloit, avoit craint que l'Archiduc & l'Archiduchesse, devenus Souverains, n'usassent de leur autorité, pour révoquer ou laisser tomber, par rapport à leurs nouveaux Sujets, les défenses du Commerce dans les *Indes*, & il avoit eu soin d'en prévenir la discontinuation, par une clause expresse inserée dans l'Acte même du Transport fait aux futurs Epoux. Entr'autres Articles, qu'il stipule d'eux, déclarant que la violation de chacun annullera la Cession, il y en a un, dont voici le contenu, tel qu'on le trouve dans la vieille Traduction de l'Histoire d'Emmanuel de Meteren : (*d*) *Item à condition, & non autrement, Que nostre-dite Fille Infante, & son Mari, ni nuls de leurs Successeurs, auxquels lesdits Pays escherront, ne pourront en façon quelconque negocier, trafiquer, ou contracter, ès* Indes Orientales *&* Occidentales, *& n'y envoyeront nulles sortes de Navires, sous quelque titre, regrès ou prétexte que ce soit, à peine que lesdits Pays, au cas de contravention, seront dévolus. Et que si aucuns Sujets desdits Pays s'advançassent d'y aller contre ces défenses, les Seigneurs desdits Pays auront à les chastier, par confiscation de biens, & autres plus griesves peines, voire de la mort.*

Il n'y a point de chicane qui puisse tenir contre une stipulation si expresse; & par laquelle on exige des punitions si rigoureuses, & par rapport aux nouveaux Souverains, & par rapport à leurs Sujets. Les foudres de l'Excommunication, auxquelles les derniers demeuroient d'ailleurs exposez, ne sont rien en comparaison. Mais, quelque claire & forte que fût cette clause, les Habitans des *Païs-Bas Espagnols* ne firent pas la moindre représentation sur l'engagement où l'Archiduc & l'Archiduchesse entroient de les tenir désormais, comme par le passé, entiérement exclus de tout Commerce dans les *Indes*.

De même qu'après leur reunion.

§ VII. Aussi les choses demeurérent-elles exactement sur ce pié-là, pendant tout le tems que les *Païs-Bas* furent gouvernez par les Archiducs. Leur decès arrivé, sans qu'ils laissassent aucune lignée, fit retourner ces Provinces à l'*Espagne* : & on juge bien, qu'elle n'eut garde alors de se relâcher d'un Ar-

(b) Voiez la I. Dissertation de Mr. *Westerveen*. §. 4.

(c) Voiez Mariana, *De Rebus Hispan.* Lib. XXVI. Cap. 3. comme aussi Pontus Heuterus, *Rerum Austriac.* Lib. IV. Cap. 8. & lib. VIII. Cap. 14. 15. Ziegler, *De Jurib. Majestatis.* lib. II. Cap. VII. § 12. Selden, *Mare clauf.* Lib. I. Cap. 22. pag. 161.

(d) Sur l'année 1598. *Liv.* XX. *fol.* 425. *verso* Ed. de *la Haie*. 1618.

Article, fur lequel elle avoit fi bien pris fes mefures pour le tems même que les *Païs-Bas* demeureroient fous une autre domination à titre de Fief.

Le Roi d'*Efpagne* confente au commerce des *Hollandois* par la Tréve, en 1609.

§ VIII. PHILIPPE III. fous le régne duquel la Compagnie des *Provinces-Unies* fe forma, & aquit fes Priviléges, auroit bien voulu auffi la chaffer des *Indes* : Mais il n'y eut pas moien. Il fut obligé au contraire, après bien des conteftations, & fans avoir pû obtenir autre chofe, que la fuppreffion du nom des *Indes* ( foible ménagement d'une vaine délicateffe ! ) de confentir, par le *Traité de Tréve*, conclu en M. DC. IX. que les *Provinces-Unies* demeureroient en poffeffion paifible & des lieux qu'elles occupoient dans les *Indes*, & de la Navigation, de la même maniére qu'elles l'y avoient exercée jufqu'alors.

Voici comment les chofes font réglées & fpécifiées, dans le IV. Article de ce Traité. (1) *Les Sujets & Habitans des Pays des fufdits Seigneurs Roy, Archiducs, & Etats, tiendront durant la Trêve toute bonne correfpondance & amitié par enfemble, fans fe fouvenir des offenfes & dommages qu'ils ont foufferts ci-devant : Pourront auffi venir & demeurer ès Pays les uns des autres, pour y faire leur trafic & Commerce en toute affûrance, tant par Mer & autres Eaux, que par Terre. Ce que néanmoins le fufdit Roy entend fe reftreindre & limiter feulement ès Royaumes, Provinces, Pays & Seigneuries, qu'il tient & poffède en* Europe, *& ès autres places & Mers, où les Sujets des Roys & Princes, qui font fes Amis & Alliez, font leur trafic par mutuel confentement. Et quant aux Places, Villes, Ports & Havres, qu'il tient hors des fufdites limites, que les fufdits Seigneurs Etats & leurs Sujets n'y pourront faire aucun trafic fans expreffe permiffion du fufdit Roy. Ils pourront bien faire ledit trafic, s'ils le trouvent bon, ès Pays de tous autres Princes, Potentats, & Peuples, qui le leur voudront permettre, mêmes hors des fufdites limites, fans que le fufdit Roy, fes Officiers & Sujets qui dépendent de lui, puiffent donner aucun empêchement pour ce fait, aux Princes, Potentats & Peuples, qui leur auront permis ou permettront le fufdit trafic, ni auffi à eux, ou aux particuliers, avec lefquels ils ont fait ou pourront encore faire le fufdit trafic.*

Dans cet Article, le Roi d'*Efpagne* laiffe aux *Provinces-Unies*, une pleine liberté de Navigation & de Commerce hors de l'*Europe*, & par conféquent dans les *Indes*, avec toutes les Nations qui s'en accommoderont : il interdit feulement aux Sujets des Etats l'accès des lieux qu'il occupe lui-même dans les *Indes* ; à moins qu'il ne le permette fpécialement à quelques-uns. Du refte, il confent que les Habitans des *Provinces-Unies* commercent avec fes Sujets d'*Europe*, fans avoir befoin pour cela d'aucune permiffion particuliére.

La

(1) Je me fers ici des paroles du Traité, tel qu'il eft rapporté dans EMMANUEL DE METEREN, *Hift. des Païs-Bas*. Liv. XXX. fol. 6;8· *verfo*. On le trouve auffi dans le MERCURE FRANÇOIS de l'année 1609. à quelque petite différence près pour les termes. Comme auffi dans les Negociations de M. *Jeannin*, qui en étoit le Mediateur, comme Ambaffadeur de France. Après ce Traité, on y trouve encore un Article particulier & fecret pour confirmer plus amplement ce confentement du Roi d'Efpagne.

La liberté du Commerce entre les Sujets du Roi d'*Espagne* & des Archiducs ; d'un côté ; & ceux des *Provinces-Unies*, de l'autre ; est bornée expressément à l'*Europe* ; & le Commerce dans les *Indes*, avec les Peuples indépendans de la domination d'*Espagne*, n'est permis qu'aux Sujets des *Provinces-Unies*. D'où il s'en suit manifestement, que les Habitans des *Païs-Bas Espagnols* demeurent exclus de ce Commerce, & dans le Païs des *Indes* occupez par les *Provinces-Unies*, & avec toute autre Nation hors de l'*Europe*.

Les *Hollandois* augmentent & étendent leur Commerce après le renouvellement de la guerre.

§ IX. Quoi que Philippe III, comme je l'ai déja dit, eût voulu ménager les expressions du Traité, pour ne pas paroître se relâcher ouvertement du Droit qu'il croioit avoir de disposer seul du Commerce des *Indes* ; C'étoit beaucoup néanmoins pour une Trêve, dans laquelle il n'avoit pû se résoudre encore à reconnoître bien nettement la liberté pleine & entiére des *Provinces-Unies*, dont *Philippe* son Pére avoit jetté lui-même les fondemens, par la maniére dont-il les avoit traitées. La Compagnie de ces Provinces se maintint de plus en plus dans sa possession, & en M. DC. XXI. une nouvelle Compagnie pour le Commerce des *Indes Occidentales*, fut autorisée & privilégiée par Leurs Hautes Puissances. Celle-ci eut permission de négocier seule sur les Côtes d'*Afrique*, depuis le Tropique du *Cancer* jusqu'au *Cap de Bonne espérance*, & depuis la pointe Méridionale de *Terre-Neuve* sur toutes les Côtes de l'*Amérique*, dans les Mers du *Nord* & du *Sud*, jusqu'à celui de *Magellan*. Pendant que le Commerce des *Provinces-Unies* s'augmentoit & s'étendoit ainsi de jour en jour dans les *Indes*, les Habitans des *Pays-Bas Espagnols* ne faisoient même aucune tentative, pour se relever de leur exclusion, à laquelle ils étoient tout accoûtumez.

Et le font confirmer par la Paix de Munster.

§ X. Le tems vint enfin, que Philippe IV. Successeur de *Philippe III.* après avoir soûtenu, autant qu'il put, la Guerre qui suivit la Trêve faite avec son Pere, renonça clairement & de la maniére la plus authentique, à toutes ses prétensions sur les *Provinces-Unies*, les déclara & reconnut un Etat parfaitement libre, & conclut la Paix avec Elles sur ce pié-là, sous telles conditions que la supériorité de leurs armes les mettoit en droit d'exiger de lui. Comme le Commerce des *Indes* étoit également l'objet de la jalousie du Roi d'*Espagne*, & un des plus puissans motifs qui avoient animé les *Provinces-Unies* à soûtenir le poids d'une longue Guerre ; il étoit naturel qu'Elles prissent de bonnes mesures pour se conserver, par un Traité de Paix, cette grande ressource de la subsistance de leur Etat. Aussi cela paroît-il d'abord dans le fameux Traité de *Munster*, conclu en M. DC. XLVIII. Après le Préliminaires, communs à tous les Traitez de cette nature, les prémiers Articles roulent sur le Commerce des *Indes*. Et les Seigneurs Etats font assez connoître que ce Commerce leur tenoit presque autant à cœur, que leur Liberté.

Le Roi d'*Espagne* confirme, pour ce qui le regarde, les Privi-

§ XI. Dans l'Article V. le Roi d'*Espagne*, de concert avec *Leurs Hautes Puissances*, confirme d'abord, pour ce qui le regarde, les Priviléges accordez aux deux Compagnies, d'*Orient* & d'*Occident*. *La Navigation &*

te

*le trafic des* Indes Orientales *&* Occidentales , *sera maintenu selon & en conformité des Octrois sur ce donnez ou à donner ci-après : pour sûreté dequoi servira le présent Traité , & la Ratification d'icelui , qui de part & d'autre sera procurée. Et seront compris sous ledit Traité tous Potentats , Nations , & Peuples , avec lesquels lesdits Seigneurs Etats , ou ceux de la Compagnie des* Indes Orientales *&* Occidentales *en leur nom , entre les limites de leurs dits Octrois , sont en amitié & alliance.*

vileges des Compagnies Hollandoises.

Ces *Octrois* ne peuvent s'entendre que des Privileges accordez par les *Seigneurs Etats*, desquels seuls il est fait mention ici.

Les Compagnies des *Provinces Unies* n'en avoient jamais reçû aucun du Roi d'*Espagne*, qui au contraire s'étoit opposé de toutes ses forces à leur établissement. Il s'engage ici à les maintenir lui-même ; ce qu'il ne pouvoit faire qu'en empêchant ses sujets d'y donner aucune atteinte. On ne l'exigeoit aussi de lui, que dans cette vuë. Il confirme ainsi ces Privileges & pour le présent, & pour l'avenir, dans toute leur étenduë, dont la détermination ne dependoit pas de lui, mais avoit été déja faite par ceux à qui les Compagnies Hollandoises étoient redevables de leurs Octrois.

§ XII. Il est ensuite stipulé, dans le même Article, que chacun de part & d'autre retiendra tout ce qu'il occupe dans les *Indes*. *Chacune des Parties, savoir les susdits Seigneurs Roi & Etats respectivement demeureront en possession & jouïront de telles Seigneuries, Villes, Châteaux, Forteresses, Commerce & Païs, ès* Indes Orientales *&* Occidentales, *comme aussi au* Bresil, *& sur les Côtes d'*Asie, *d'*Afrique *& d'*Amérique, *que lesdits Seigneurs Roi & Etats respectivement tiennent & possedent, & en la maniere qu'ils les possedent respectivement au tems du present Traité : En ce compris specialement les Lieux & Places que les* Portugais, *depuis l'an* M. DC. XLI. *ont pris & occupez sur lesdits Seigneurs Etats, comme aussi tous les Lieux & Places qu'iceux Seigneurs Etats ci-après, sans infraction du present Traité, viendront à conquerir & posseder.*

Et leur abandonne tout ce qu'ils pourront acquerir dans les Indes doresnavant.

Voilà encore une clause fort avantageuse aux *Provinces-Unies*. Le Roi d'*Espagne* leur cede tous les Lieux & Païs que les *Portugais* leur avoient enlevez depuis un certain tems : Il consent qu'Elles soient regardées comme actuellement en possession de ces endroits-là, & qu'ils soient censez leur appartenir. Non-seulement cela : il renonce encore à tous les Lieux & Places, que les *Provinces-Unies* pourront déformais conquérir, ou aquérir de quelque autre maniere dans les *Indes*, & leur laisse là un vaste champ, sans stipuler rien de semblable pour lui.

§ XIII. Apres cela, de peur qu'on ne crût, que les grands Privileges des deux Compagnies des *Provinces-Unies* fussent restreints dans l'enceinte des *Indes*, on assûre aux Directeurs, Officiers, ou gens de cette Société, de quelque ordre qu'ils soient, une pleine liberté, d'aller paisiblement, même pour négocier, dans les Païs d'*Europe* appartenans au Roi d'*Espagne*. *Les Directeurs de la Compagnie des Indes, tant* Orientales *qu'*Occidentales, *dans les* Provinces-Unies, *comme aussi leurs Ministres, Officiers superieurs & inferieurs, Soldats, Mate-*

Leurs Officiers &c. libres d'aller dans tous les Etats du Roi d'Espagne en Europe.

 *lots ;*

*lots, actuellement au service de l'une ou de l'autre Compagnie; où qui y ont été auparavant, & ceux qui sont encore, tant ici, que dans les territoires desdites Compagnies, ou qui seront desormais à leur service, pourront librement & surement, dans tous les Païs qui sont sous la domination du Roi d'*Espagne *en* Europe, *aller & venir, comme les autres Habitans des Païs qui sont de la dépendance des Seigneurs Etats.*

Les Sujets du Roi d'Espagne obligez à ne s'étendre plus dans les Indes.

§ XIV. On revient ensuite au commerce des *Indes*, & on ajoûte là-dessus une Clause, qui détermine, par rapport aux *Indes Orientales* en particulier, jusqu'où & comment le Roi d'*Espagne*, pour ce qui le regarde lui & ses Sujets, doit maintenir l'Octroi de la Compagnie Hollandoise. *En outre a été condiditionné & stipulé, que les* Espagnols *retiendront leur Navigation en telle maniere qu'ils la tiennent pour le présent ès* Indes Orientales, *sans pouvoir s'étendre plus avant. Comme aussi les Habitans de ces* Provinces Unies *s'abstiendront de la frequentation des Places que les* Castillans *ont aux* Indes Orientales.

Ces paroles donnent d'abord l'idée de certaines bornes dans lesquelles le Roi d'*Espagne* doit resserrer sa Navigation & son Commerce, *sans pouvoir s'étendre plus avant.* Par là, les *Provinces-Unies* doivent nécessairement gagner, ce que les *Espagnols* perdent; puis que c'est en faveur de la Compagnie Hollandoise des *Indes Orientales* que cette stipulation fut faite. D'ailleurs, il y a une grande différence dans la stipulation réciproque. Leurs Hautes Puissances y promettant seulement d'empêcher que leurs Sujets ne *frequentent* les endroits dont le Roi d'*Espagne* est maître actuellement. Il n'y a point ici de limites, au delà desquelles les Habitans des *Provinces-Unies* ne doivent pas désormais pousser leur Commerce. Il leur est donc laissé privativement, en tout ce qui est au delà des bornes prescrites aux *Espagnols*: & la Compagnie Hollandoise aquiert ainsi, par le Traité, un vaste district, dans l'étenduë duquel elle peut seule exercer sa Navigation, soit dans les Lieux qu'elle occupe, ou dans tout-autre appartenant à des Peuples ou Princes qui voudront bien negocier avec elle.

Ce qui donne un droit exclusif aux Hollandois.

§ XV. Il ne peut point s'agir ici de la simple possession des Lieux occupez par la Compagnie, ou de leurs dépendences: Elle a été suffisamment assûrée aux deux Compagnies Hollandoises, dans la seconde Clause ci-dessus, pour certains endroits même qu'elles ne possedoient qu'en esperance: & c'est ici manifestement une nouvelle clause; *En outre a été conditionné & stipulé* &c. Il faut donc nécessairement l'entendre d'un droit exclusif de Navigation & de Commerce, dans un certain espace des *Indes Orientales*, au delà même des Possessions présentes, ou à venir, de la Compagnie.

Le Roi d'*Espagne* s'engage à *ne pas s'etendre plus avant*, pour la Navigation, qu'il n'a fait par le passé, & à l'exercer de la même maniere qu'il l'exerce pour le present. De quelle maniere l'exerçoit-il? Et jusqu'où l'avoit-il poussée? C'est une chose de fait, qui ne pouvoit être ignorée alors. Et cela même qu'on n'exprime pas nommément les Lieux où les limites de cette Navigation étoient comme plantées, montre assez qu'on les supposoit parfaitement connuës, en sorte qu'il parut superflu de les designer autrement qu'en termes généraux. Peut-on on s'imaginer, que, sur une chose si importante, de sages Negociateurs aient laissé, dans des Articles minutez & débattus pendant si long tems, une Clause vague, qui n'auroit pû être déterminée à rien, & qui par là auroit été fort inutile?

*Les Espagnols exclus de tout ce qui est entre les Iles Philippines, & le Cap de bonne esperance.*

§ XVI. Mais on a fait voir, dans la prémiére Dissertation (*d*) publiée sur ce sujet, en quoi consistoient les limites dont il s'agit, & l'Origine même de leur determination. Les *Iles Philippines* étoient le *non plus ultra* du Roi d'*Espagne*, à compter la route de ses Vaisseaux par le Détroit de *Magellan*, qui étoit celle qu'ils tenoient, & la seule qu'ils pouvoient tenir depuis la Sentence arbitrale du Pape Alexandre VI. Ainsi tout le reste des *Indes Orientales*, depuis les *Philippines* jusqu'au *Cap de Bonne Esperance*, demeuroit dans le departement de la Navigation des *Provinces-Unies*, dont les sujets devoient seulement s'abstenir de *frequenter les Lieux & Places des Castillans.*

*Les habitans des Païs Bas, Espagnols compris dans cette exclusion, aussi bien que les autres sujets du Roi d'Espagne.*

§ XVII. Ces défenses reciproques, quoi que differentes par rapport à l'étenduë des choses mêmes stipulées, tombent nécessairement, & par une suite de la fin qu'on s'y propose, sur tous les Sujets respectivement de part & d'autre. Telle est la nature & l'effet de tout Traité de Commerce entre deux Puissances Souveraines; tant qu'il n'y a pas quelque exception bien claire, en faveur d'une partie des Sujets.

A la vérité il n'est fait mention ici que des *Espagnols*, ou *Castillans*. Mais c'est que, comme on l'a montré dans la même Dissertation, cet Article fut dressé sur des Mémoires, presentez par les deux Conpagnies Hollandoises, dans lesquels on emploioit indifferemment les mots d'*Espagnols* & de *Castillans*, pour désigner en géneral les Sujets du Roi d'*Espagne*; & ici même chacun voit, que, dans la prémiére partie de cette dernier Clause de l'Article V. on nomme les *Espagnols*, au lieu que dans l'autre on parle des *Castillans*, qui font partie des *Espagnols*, proprement ainsi nommez. Dira-t-on pour cela, qu'il ne s'agisse pas dans l'une & dans l'autre des mêmes Sujets du Roi d'*Espagne*? L'Article VI. qui suit immediatement, & où les choses doivent être les mêmes à cet égard, explique suffisamment celui-ci. Car les déffenses y sont faites à tous *les Sujets & Habitans des Royaumes, Provinces, & Terres desdits Seigneurs Roi & Etats respectivement*. Les *Païs-bas* sont certainement compris ici; & on ne voit pas pourquoi cette stipulation auroit été génerale, pendant que la précédente demeureroit bornée aux *Espagnols*. Le Roi d'*Espagne* n'étoit pas plus porté à favoriser ses autres Sujets, moins encore ceux des *Païs-bas*, par rapport au Commerce des *Indes Occidentales*, que par rapport à celui des *Indes Orientales*. Il leur avoit toûjours défendu également l'un & l'autre. Les *Provinces-Unies*, d'autre côté, avoient encore plus à cœur la conservation & l'étenduë du Commerce des *Indes Orientales*, que celle du Commerce des *Indes Occidentales*, comme leur étant plus avantageux.

Il y a d'ailleurs une raison particuliere, pourquoi on s'est exprimé & l'on a pû s'exprimer ici différemment, sans crainte d'équivoque ou de subterfuge: C'est qu'il n'y avoit que les *Espagnols*, & en particulier les *Castillans*, à qui le



(*d*) § 10, 11, 12.

le Roi d'*Espagne* permît de commercer dans les *Indes*, comme nous l'avons déja dit plus d'une fois, & comme nous serons souvent contraints de le repeter. Les autres Sujets du Roi d'*Espagne*, & sur tout les Sujets & Habitans des *Païs-Bas*, étoient par là compris, à plus forte raison, dans l'etenduë des engagamens du Traité. Leur ancienne exclusion, qui subsistoit toujours, leur interdisoit le Commerce dans le districť même de leur Souverain. Il ne faut donc pas s'étonner, si les *Provinces-Unies* se contenterent de ces expressions, qui n'étoient sujettes alors à aucun inconvénient. On ne pouvoit pas prévoir, que les *Païs-Bas Espagnols* passeroient un jour à la Maison d'*Autriche* de la Branche d'*Allemagne*, ni qu'Elle se prévaudroit de ce que les Habitans de ces Provinces n'étoient pas nommément exclus du Commerce des *Indes* dans le districť de la Compagnie Hollandoise. Moins encore seroit-il venu dans l'esprit, que les Successeurs du dernier Roi d'*Espagne*, de la Maison d'*Autriche*, voudroient faire regarder comme *personnel*, un Traité aussi *réel* que celui-là, & se croiroient dispensez de le tenir sous ombre qu'ils ne l'avoient pas conclu eux-mêmes. Leurs Hautes Puissances y alloient de bonne foi, & jugeoient des autres par Elles-mêmes.

Le Roi d'*Espagne*, d'autre part, prétendit certainement s'engager, & pour lui, & pour tous ses Sujets; pour ceux des *Païs-bas* encore plus que pour les autres, par les raisons alleguées ci-dessus. Qu'auroit-il gagné d'ailleurs à les excepter par le Traité, si ce n'est d'augmenter le nombre des Concurrens à un profit qu'il auroit bien voulu reserver tout entier pour ses *Espagnols*, & en particulier pour les *Castillans?* Et supposé qu'il eût eû dessein de le partager avec les Habitans des *Païs-bas*; il les auroit sans doute excepte expressément dans le Traité de *Munster*, puis qu'il voioit bien qu'on ne pouvoit que regarder le silence comme une confirmation des Defenses précedentes, perpetuellement observées depuis la découverte du Nouveau Monde.

Les *Païs-Bas Autrichiens* demeurent dans les mêmes engagemens.

§ XVIII. Aussi n'y auroit-il jamais eû vraisemblablement de dispute là-dessus, si les *Païs-Bas* fussent toûjours demeurez à la Couronne d'*Espagne*. Les choses ont resté constamment sur l'ancien pié, jusqu'à ce que, *Charles II.* étant venu à mourir sans Enfans, la Succession de ses Etats a été contestée entre un Prince de *France*, qui se fondoit sur le Testament du Roi défunt, & Sa Majesté Impériale, qui tenant pour nul ce Testament, à prétendu que tous les Etats possedez par le dernier Roi d'*Espagne* de la Maison d'*Autriche*, lui revenoient, comme au plus proche Héritier, en consequence des Renonciations de deux Infantes d'*Espagne*, *Anne d'Autriche*, Epouse de *Louis XIII.* Roi de *France*, & *Marie Thérése*, Epouse de *Louis XIV.* Le Duc d'*Anjou*, qui prit le nom de *Philippe V.* étant demeuré, après une longue Guerre, maitre de la plus grande partie des Etats de son Prédécesseur, a cedé entr'autres à Sa Majesté Imperiale les Provinces des *Païs bas*, qui à cause de cela sont aujourd'hui nommez *Autrichiens*: mais c'est comme chacun sait, par les Armes des *Provinces-Unies*, & de leurs Hauts Alliez, que ces Provinces ont été conquises & aquises, au profit de Sa Majesté Imperiale. Leurs Hautes Puissances n'avoient garde sans doute de s'emploier si puissamment à faire changer de maitre

aux

aux Habitans des *Païs-bas Espagnols*, pour que le changement se fit d'une maniere qui tournât le moins du monde au prejudice de leur Commerce des *Indes*, c'est-à-dire, d'un de leurs plus grands interêts.

§ XIX. Elles avoient déja pris les devants, par le *Traité de la Grande Alliance*, conclu avec Sa Majesté Imperiale & Sa Majesté Britannique, le 7. de *Septembre* de l'année M. DCC. I. Car il est stipulé dans l'Article VIII. que la Paix ne pourra être concluë, sans avoir obtenu pour les Sujets des *Provinces-Unies*, aussi bien que pour les *Anglois*, *une pleine & entiére faculté d'user & de jouïr de tous les mémes Privileges*, *Droits*, *Immunitez*, *& Libertez de Commerce tant par Terre que par Mer*, *en* Espagne, *& sur la* Mer Méditerranée, *& dans tous les Païs & Lieux que le Roi défunt d*'Espagne *possedoit au tems de sa mort*, *tant en* Europe, *qu'ailleurs*; d'en user, dis-je, & d'en jouïr, DE LA MÊME MANIERE DONT ILS EN USOIENT ET JOUÏSSOIENT ALORS; *comme aussi de ceux dont les* SUJETS, *ou de part & d'autre*, *ou* DE CHACUN EN PARTICULIER, *pouvoient user & jouïr*, *avant la mort du susdit Roi d*'Espagne, *en vertu d'un* DROIT AQUIS PAR DES TRAITEZ, *par des Conventions*, *par Coutûmes*, *ou de quelque autre maniére que ce puisse être.*

Ce qui est assuré par la Grande Alliance.

§ XX. C'est aussi sur ce pié-là qu'a été fait le dernier Traité, qu'on appelle *Traité de Barriére*, conclu à *Anvers* le 15. *Novembre* M. DCC. XV. Le Traité de *Munster* y est confirmé bien expressément, par rapport à tous les Articles qui regardent le Commerce, sur tout celui des *Indes*, qui étoit le principal dont il s'agissoit dans le dit Traité. Sa Majesté Impériale, Sa Majesté Britannique, & Leurs Hautes Puissances, sont convenuës, dans l'Article XXVI. *Que le Commerce*, *& tout ce qui en dépend*, *demeurera*, *entre les Sujets de S. M. I. & C. dans les* Païs-Bas Autrichiens, *en tout & en partie*, *sur le pié établi*, *& de la maniére portée par les Articles du Traité fait à* Munster *le* 30. *Janvier* 1648. *entre Sa Majesté le Roi* Philippe IV. *de glorieuse mémoire*, *& lesdits Seigneurs Etats Géneraux*, *concernant le Commerce*; *lesquels Articles viennent d'être confirmez par le présent Traité.* Dans le prémier Article de ce *Traité de Barriére*, la possession des *Païs-Bas* est remise à Sa Maj. Impériale & Catholique, pour en jouïr, lui, ses Successeurs & Héritiers, COMME EN A JOUÏ OU DÛ JOUÏR *le feu Roi* Charles II. *de glorieuse mémoire*, *conformément au Traité de* Ryswyk, par lequel les précedens avoient aussi été confirmez.

Et confirmé par le Traité de Barriére.

§ XXI. Je ne demande autre chose des Lecteurs, si ce n'est qu'ils fassent bien attention à cette suite de faits & de circonstances. Ils y trouveront, à mon avis, une enchaînûre, d'où il résulte une démonstration en ce genre. Tout y est lié indissolublement, & par la nature des choses, & par un fait géneral, dont on ne disconvient pas au fond, c'est que l'entréprise de commercer dans les *Indes* est toute nouvelle de la part des Habitans des *Pays-Bas Autrichiens*

Toutes ces choses font une démonstration en faveur des *Hollandois*.

*trichiens*, qui jusqu'à aujourd'hui n'avoient jamais pensé à faire valoir leur prétendu Droit, & qui par le passé ont tacitement reconnu n'en avoir aucun. Les grands efforts de Mr. *Neny*, & des autres Avocats de la Compagnie d'*Ostende*, n'aboutissent qu'à effleurer & égratigner, si j'ose ainsi dire, quelque anneau de cette Chaine. Mais elle est trop forte: on ne la rompra jamais, en se servant des seuls instrumens légitimes, & en attaquant de bonne guerre.

## CHAPITRE III.

### *Que le Roi* PHILIPPE IV. *fit le Traité de* MUNSTER, *& en qualité de Roi d'*Espagne, *& comme Souverain des* Païs-Bas.

Vaines échappatoires des Autrichiens;

§ I. TOUTES les Batteries qu'on met en œuvre, ou plûtôt tous les remparts qu'on se fait ici, consistent en deux distinctions également subtiles & frivoles, dont apparemment on ne se feroit jamais avisé, si l'on eût cru pouvoir suffisamment éluder le sens naturel des Traitez. Elles auroient été, en ce cas-là, fort inutiles: & si Mr. *Neny* eût eû alors le courage de les avancer, il ne les auroit pas mises en tête, & n'auroit pas témoigné s'y retrancher, comme il fait en les ramenant à chaque page: méthode qu'on suit aussi dans la *Réponse au Discours répandu dans le Public*, &c.

En distinguant entre le Roi d'Espagne & le Duc de Brabant, &c.

§ II. ON distingue, prémiérement, entre le Roi d'*Espagne* (a) considéré *en qualité de Roi d'*Espagne, *& comme Souverain des Etats & Districts, que Sa Majesté Catholique possédoit aux* Indes; & ce même Roi, considéré *comme Duc de* Brabant, *Comte de* Flandres, *ou Souverain des autres Provinces des* Païs-Bas. Il est, dit-on, convenu des Articles du Traité de *Munster*, dont-il s'agit, au prémier égard, & non pas à l'autre.

Et en niant que S. M. I. soit Successeur de feu Charles II. Roi d'Espagne.

On veut ensuite, que Sa Majesté Impériale, aujourd'hui régnante, aît aquis les Provinces des *Païs-Bas Espagnols*, non comme les tenant par Succession du dernier Roi défunt *Charles II.* mais (b) *comme un des Successeurs de la Maison de* Bourgogne, *de la même maniére que ses Augustes Ancêtres les avoient possédez avant l'avénement de* Philippe le Bel *à la Couronne d'*Espagne.

Avantages qu'ils prétendent tirer de ces deux distinctions.

Par la prémiere de ces distinctions, on prétend se tirer de l'embarras où l'on est à donner un sens raisonnable aux Articles du Traité de *Munster*, qui regardent le Commerce des *Indes*, & qui sont comme le centre, où toutes les lignes de la Question aboutissent. Par l'autre, on coupe le nœud, que l'on n'a pû délier, en dégageant tout d'un coup Sa Majesté Imperiale de l'observation des Traitez faits par les Rois d'*Espagne*, qui ont possedé avant elle les *Païs-Bas*.



(a) *Réfutation*, § 1. pag. 4. & § 8. pag. 52.
(b) *Ibid.* pag. 8.

§ III. L'EXAMEN de ces deux suppositions, qui régnent dans toute la *Réfutation* de Mr. *Neny*, nous ménera naturellement à traiter tous les points de la Dispute, sur lesquels il a eu quelque chose à-dire. Commençons par la premiére, qui regarde la qualité sous laquelle *Philippe IV.* s'engagea par les Articles du Traité de *Munster*.

Nous ne contestons pas, qu'un Prince, qui a plusieurs Etats distincts, ne (1) puisse faire quelque Traité qui regardera un de ces Etats, & non pas les autres. Mais comme on ne doit pas, sans de grandes raisons, en excepter une partie de l'obligation d'obéïr à ses Loix, qui sont de telle nature qu'il ne tient qu'à lui de les révoquer quand bon lui semble; il faut être encore plus reservé à présumer quelque exception dans les engagemens publics, par lesquels un tiers a aquis un droit, dont le Prince n'est plus maître de disposer à sa fantaisie. Il n'y auroit rien, qui fournît plus d'occasion & de prétexte à fouler aux pieds la Bonne foi si nécessaire dans les Traitez, & à les éluder ou en tout, ou en partie.

Quelque distincts que demeurent les divers Etats d'un Prince, cela n'empêche pas qu'ils ne soient réunis en ce qui regarde la Souveraineté commune dont ils dépendent; & qu'ainsi ils ne soient également tenus de se soûmettre aux Loix de leur Souverain, & aux engagemens où il entre comme tel. Ainsi lorsqu'il traite sur quelque chose qui peut convenir à tous, il est censé les comprendre aussi tous dans le Traité; à moins qu'il n'y ait une déclaration expresse, que tel ou tel Article n'obligera que ceux-ci ou ceux-là, ou que l'exception ne suive manifestement de la nature même des choses stipulées. Or c'est ce qu'on ne sauroit dire ici, sans supposer ce qui est en question, & sur quoi nous réfuterons ci-dessous les vaines échappatoires auxquelles on a recours.

Un Prince engage tous ses sujets quand il traite en general de quelque chose qui les regarde tous, & qu'il n'en excepte aucun.

§ IV. MAIS la supposition est clairement démentie par les Piéces mêmes du Traité de *Munster*. Dans l'Acte de *Ratification*, qui, comme chacun sait, est ce qui donne au Traité, une pleine & entiere force, *Philippe IV.* traite & en qualité de Roi d'*Espagne*, & comme *Duc de* BOURGOGNE, & *de* BRABANT, *Comte de* FLANDRES, &c. car tous ces titres s'y trouvent, & on ne voit nulle part, dans le Traité même, qu'il promette ou stipule tantôt sous un titre, tantôt sous l'autre. Et

*Philippe IV.* fit le *Traité de Munster* & le ratifia, & comme Roi d'*Espagne* & comme Duc de Bourgogne &c. pour lui ses Heretiers & Successeurs, & pour tous ses sujets sans exception.

(1) C'est autant de papier perdu, que d'emploier (comme fait l'Auteur de la *Reponse au Discours* &c. pag. 32, 33) beaucoup de paroles à prouver une chose comme celle-là, que personne ne lui nie. La question est de savoir, si *Philippe IV.* a traité, dans les Articles dont il s'agit, simplement & précisément comme Roi d'*Espagne*. Cet Auteur pouvoit aussi s'epargner la peine de nous opposer l'autorité de SOLORZANO; & plus encore de reprocher à Mrs. les Directeurs, qu'ils le regardent comme leur *Oracle*, & *qu'il leur a donné tant de goût pour les Constitutions des Pontifes Romains, qu'ils les emploient à tout moment, comme des Loix qui imposent aux Habitans des* Païs-Bas Aûtrichiens, *la nécessité de les observer aux* Indes *&c.* Railleries aussi fades, que fondées sur un mauvais stratagême, dont cet Auteur use souvent, pour tourner en ridicule des raisons & des objections, auxquelles il ne peut répondre qu'en les défigurant à son gré. Voiez ci-dessous. *Chap.* VI. § 15. *Chap.* IX. § 5.

Et afin qu'on ne dife pas, que c'eft feulement un ufage fans conféquence, ou un ftile de Chancellerie, voici une Claufe expreffe, qui ne laiffe aucun lieu à la chicane. *Philippe IV.* déclare formellement, *qu'il approuve & ratifie le Traité pour lui, pour fes Heritiers & Succeffeurs, comme auffi pour fes* VASSAUX, SUJETS & HABITANS DE SES ROIAUMES, ETATS, & SEIGNEURIES, *tant en* Europe, *que hors d'*Europe, *& cela fans exception dans toutes fes parties & fon contenu, &* DANS CHAQUE POINT & ARTICLE SÉPARÉMENT, &c *Il oblige pour cet effet tous & chacun de fes Roiaumes, Païs & Etats, comme auffi tous fes autres biens, préfens & à venir, & fes Héritiers, Succeffeurs & Defcendans* &c.

Je ne fai fi l'on pourroit exprimer en termes plus forts & plus clairs un engagement contracté par un Souverain, confideré comme tel, & par rapport à chacun de fes Etats, de quelque maniére & à quelque titre qu'il les poffède. *Philippe IV.* a prévenu ici toutes les exceptions imaginables. Il oblige *tous fes Héritiers & Succeffeurs*, qui le feront des *Païs-Bas*, auffi-bien que de l'*Efpagne*. Il oblige *tous les Vaffaux*, *Sujets & Habitans* de tout ce qu'il poffède & en *Europe*, & hors d'*Europe*, fans aucune diftinction. Il adftreint & fes Héritiers, & fes Sujets, quels qu'ils foient, à l'obfervation de *tous les Articles* du Traité de *Munfter* en général, & de *chacun* en particulier : or ceux, dont il s'agit, font des plus confiderables; de forte que, s'ils n'avoient été obligatoires que pour une partie de fes Sujets, il y a grande apparence qu'il auroit au moins infinué ici quelque chofe qui donnât à entendre l'exception; qu'il auroit dit, par exemple, *autant que chaque Article peut les regarder.*(2)

Comme il a voit fait la guerre en ces differentes qualitez il fit auffi la paix de même.

§ IV. IL PAROÎT donc, par la teneur même du Traité, que, comme *Philippe IV.* avoit fait la Guerre, & en qualité de Roi d'*Efpagne*, & *en qualité de Duc de Brabant, de Comte de Flandres, ou Souverain des autres Provinces des Païs-Bas*, il fit auffi le Traité de Paix de *Munfter* fous ces deux rélations, également envifagées, dans toute leur étenduë, & dans ce qu'elles ont de commun. Mr. *Neny* lui-même eft obligé d'en convenir : car quoi qu'il diftingue ici entre le Roi d'*Efpagne*, & le *Souverain des Païs-Bas*, il reconnoît, que c'eft fous cette derniere qualité que *Philippe IV.* a Traité pour les *Brabançons*, les *Flamands* &c. Mais quand ce Prince a traité en qualité de Roi d'*Efpagne*, ç'a été auffi comme Souverain des *Efpagnols*. Ainfi les Articles du Traité de *Munfter* les regardent les uns & les autres fous cette rélation commune de Sujets du même Prince, tant qu'on n'a pas prouvé que tel ou tel Article n'a pas été contracté par le Roi d'Efpagne précifément comme Souverain

(2) On pourroit encore ajouter, que s'il y avoit lieu de faire ici diftinction entre le Roi d'*Efpagne* & le Souverain des *Païs-Bas*, cela ne pourroit tourner qu'à l'avantage des *Provinces-Unies*; car elles avoient guerre contre lui principalement en cette derniere qualité, & par conféquent firent la paix avec lui auffi en cette qualité. Et ce même Prince qui avoit le pouvoir d'exclure, en faveur des Caftillans, tous fes autres fujets, quels qu'ils fuffent, de tout Commerce dans les *Indes*, confirma par le Traité de *Munfter* les Privileges, & le Commerce des *Hollandois* dans les *Indes*, & y engagea tous fes fujets.

rain des *Espagnols* ; or c'est là ce qui est en question. On a beau dire, que les *Païs-Bas n'ont jamais été une dépendance de la Couronne d'*Espagne : cela prouve seulement, que le Roi d'*Espagne* n'est pas Souverain des *Païs-Bas*, précisément & uniquement comme Roi d'*Espagne* : mais cela n'empêche pas que depuis qu'il en a aquis la Souveraineté, de quelque maniére que ce soit, & encore même que les *Païs-Bas* ne soient pas incorporez à la Couronnt d'*Espagne*, il ne soit également Souverain des *Espagnols*, & des *Brabançons*, *Flamands* &c. & qu'il ne les oblige également les uns & les autres par les Traitez qu'il fait au nom de tous ses Sujets, quels qu'ils soient, tel qu'est manifestement celui de *Munster*, qu'il ratifie sans exception pour *tous & chacun de ses Roiaumes*, *Païs*, *& Etats*.

§ V. AINSI la distinction de Mr. *Neny* est ici fort inutile, & il en faut toujours venir à l'examen des Articles du Traité de *Munster*, qui regardent le Commerce des *Indes*. Il n'y a que deux moiens de répondre pertinemment aux argumens que nous tirons de ces Articles. L'un seroit, de montrer quelque vice dans la nature même des stipulations que nous prétendons y être contenuës. L'autre, de faire voir, que ces stipulations n'y sont pas effectivement contenuës, ou ne regardent point les Habitans des *Païs-Bas*, aujourd'hui *Autrichiens*. Or on n'a prouvé, & on ne sauroit prouver ni l'un, ni l'autre; comme il paroîtra par les Chapitres suivans.

Ainsi la distinction ne sert de rien.

## CHAPITRE IV.

*Qu'il n'y a rien d'injuste, ni de trop dur, dans les Articles du Traité de* Munster, *qui excluent les* Païs-Bas Espagnols *du Commerce des* Indes.

§ I. S'IL y avoit quelque vice, capable de rendre nulles les stipulations que nous soutenons être contenuës dans les Articles du Traité de *Munster* qui regardent le Commerce des *Indes*, il viendroit ou de ce que les choses stipulées auroient quelque chose de contraire à la Justice & à l'Equité, ou de ce que *Philippe IV.* n'auroit pas eu pouvoir, en vertu des Loix Fondamentales de sa Souveraineté sur les *Païs-Bas*, d'interdire à ces Provinces le Commerce dont il s'agit. Examinons ces deux suppositions l'une après l'autre.

Vices qui pourroient invalider un Traité.

§ II. IL NE peut y avoir ici rien de contraire à la Justice & à l'Equité, qu'en supposant que, par le Droit de la Nature & des Gens, une Nation ne sauroit etre légitimement privée de la liberté de trafiquer où il lui plait.

On peut perdre la liberté de trafiquer par tout ou l'on voudroit.

Je ne sai pas trop bien ce que Mr. *Neny* pense là-dessus. Soit qu'il n'ait pas voulu se donner la peine de se faire une idée nette de diverses questions qui se rapportent à la question principale, soit qu'en habile Avocat il ait cherché à embrouiller la matiére, pour jetter de la poudre aux yeux des Lecteurs ; il est assez difficile de comprendre son système. Il fait beaucoup valoir, en plusieurs endroits, la Liberté de la Navigation & du Commerce avec tous les Peuples qui veulent bien le permettre. Il insinuë, (*a*) que les Clauses d'un Traité, qui bornent cette Liberté, sont *injustes*, *téméraires*, & *contraires au Droit des Gens*. Il veut faire tomber la Compagnie Hollandoise des *Indes-Orientales* en contradiction avec elle-même, comme si, au commencement, (*b*) *lors qu'il s'agissoit d'établir & d'étendre son Commerce en* Asie, *en* Afrique, *en* Amérique, *elle s'étoit prévaluë des mêmes raisons* que l'on allégue aujourd'hui contr'elle.

Mais les grands efforts que fait d'ailleurs Mr. *Neny*, pour éviter de reconnoître que le Commerce des *Indes* a été toûjours défendu aux *Païs-bas Espagnols*, quoique cela soit clair comme le jour, prouvent assez, qu'il sent bien lui-même que l'on peut se dépouiller, ou être dépouillé par une Autorité légitimé, de la Liberté naturelle de commercer par tout, & avec tout autre Peuple. Il y a même un endroit, où, pour répondre à l'objection embarrassante, tirée de ce que *les Habitans des* Païs-Bas Aûtrichiens, *n'ont entrepris de trafiquer dans les endroits en question, que depuis l'avénement de S. Maj. Imp. & Cath. à la Souveraineté des dites Provinces*, il prétend que cette négligence ne diminuë rien de leur droit, (*c*) *puis qu'on ne peut dire qu'elles l'aient négligé* à CAUSE QU'IL LEUR AUROIT ÉTÉ DÉFENDU, *mais parce qu'elles n'avoient pas cru qu'il leur fût avantageux*. Donc, lors qu'il y a quelque *défense*, on peut, selon Mr. *Neny*, perdre, par *un laps de tems*, le droit de commercer en certains endroits. Il reconnoit ailleurs, (*d*) qu'on peut être *exclus par un Traité* de cette Liberté de Commerce. Et l'Auteur Anonyme de la *Lettre à un Ami en Hollande* le suppose manifestement, lors qu'il *vient à la question*, (*e*) *si quelque Traité précedent à pû empêcher Sa Majesté Imp. & Catholique d'exercer cet acte de Souveraineté* qui consiste à permettre, ou défendre, à ses Sujets, comme il le juge à propos, de *trafiquer avec des Nations libres & indépendantes*.

Et on peut s'en dépouiller.

§ III. Et au fond, quelque étenduë qu'on donne à la Liberté naturelle de la Navigation & du Commerce, ce n'est pas un droit inaliénable ou inamissible. Il n'y a aucun principe de la Loi de Nature, qui nous oblige à ne nous en dessaisir jamais, ni qui défende aux autres d'exiger par des voies légitimes que nous y renoncions en leur faveur. Le soin de nôtre propre conservation, ou de celle des autres personnes qui dépendent de nous, ne demande pas que l'on se reserve toûjours cette Liberté en son entier. On peut se dépou-

(a) *Réfutat.* § 7. *pag.* 44. Voiez aussi § 6. *pag.* 39.
(b) § 8. *pag.* 49, 50.
(c) § 7. *pag.* 47.
(d) § 6. *pag* 39. *init.*
(e) *Lettre*, pag. 9.

pouiller de tous les autres (*f*) droits de cette nature : pourquoi ne pourroit on pas se dépouiller d'une partie de celui-ci ?

On perd son droit par une renonciation tacite.

§ IV. Aussi n'y a-t-il rien sur quoi les Jurisconsultes soient plus d'accord. Ils vont jusqu'à admettre une Rénonciation tacite, uniquement fondée sur ce qu'on a été long tems sans faire valoir son droit contre une personne qui s'est emparée seule de la Navigation (1) ou de la Pêche dans un certain endroit de la Mer. Ceux qu'il en a ainsi témoigné exclurre, & qui ne s'y sont pas opposez, comme ils le pouvoient, lui ont donné par cela même un droit particulier, qu'il ne tient qu'à lui de conserver désormais.

Ce ne sont point ici des subtilitez de Droit Civil. C'est une décision de la Raison même, également conforme au Droit Naturel & au Droit des Gens. Il y a mille autres cas, où un consentement tacite, comme celui-là, est reconnu de toutes les Nations civilizées avoir autant de force, que le consentement le plus exprès. C'est le fondement de presque toutes les Prescriptions qui ont lieu entre les Peuples, ou les Puissances Souveraines. Et on ne peut le contester, sans ouvrir la porte à des Différens & des Guerres sans fin, qui mettroient en combustion tout le Genre Humain.

Quand quelcun s'est mis sur le pié d'exercer la Navigation en un certain endroit, d'une maniére à témoigner qu'il prétendit en exclurre les autres, qui ne pouvoient l'ignorer, & qu'après s'être approprié ce droit, il s'est maintenu dans sa possession pendant un long espace de tems, sans que personne l'en empêchât, ou fit le moindre acte d'opposition ; n'y a-t-il pas tout lieu de croire, que personne ne s'en est soucié, & que chacun a consenti que cette partie de la Navigation, auparavant commune, ne le fût plus ? Quelle autre raison peut on donner d'un tel silence ? Y avoit-il rien de plus facile, que de rendre inutiles toutes les prétensions du Navigateur, en déclarant d'une maniére ou d'autre, qu'on ne prétendoit pas se dépouiller du droit qu'on avoit aussi bien que lui ? Un seul acte clair de protestation auroit suffi, & cela coûte-t-il beaucoup. Ou les occasions peuvent-elles en manquer, pendant un long espace de tems ?

Même à l'égard des possessions particuliéres.

§ V. Les Loix autorisent cette présomtion, en matiére même des biens qui appartiennent en propre à quelcun, & sur lesquels par conséquent il a un droit tout particulier. Mon Voisin vient à faire passer (2) sur mon Fonds une Eau dont-il a besoin. Je le vois, je le souffre : il continuë jusqu'au terme requis par la Prescription : je ne puis plus en revenir ; l'*Aqueduc* désormais subsistera, malgre moi ; je suis censé avec raison avoir accordé volontairement



cet

(f) Voiez ci-dessus. *Chap.* II. § 2, *& suiv.*

(1) *Si quisquam in Fluminis publici diverticulo solus pluribus annis piscatus sit, alterum eodem uti jure prohibet.* DIGEST. Lib. XLIV. Tit. III. *De divers. temp. Præscriptionis.* Leg VII.

(2) *Si aquam per possessionem* Martialis, *eo sciente ; duxisti : servitutem, exemplo rerum immobilium, tempore quæsisti.* COD. Lib. III. Tit. XXXIV. *De Servitut. & Aqua*, Leg II.

cet usage de mon bien, dès-là que je n'ai pas empêché, quand je le pouvois, celui qui s'accommodoit ainsi, & qui prenoit droit sur ma complaisance. Les Loix ne font que fixer le terme, au delà duquel cette Servitude est pleinement aquise au Voisin ; mais l'aquisition en elle-même est fondée sur les mêmes principes des Loix de la Nature & des Gens, qui ont lieu & par rapport aux droits particuliers, & par rapport aux droits communs.

A plus forte raison par une convention expresse.

§ VI. A PLUS forte raison la Rénonciation est-elle légitime & irrévocable, quand on l'a faite par une Convention expresse. De l'une & de l'autre maniere, il y a d'autant moins lieu de la trouver injuste ou trop onéreuse, en matiere de Droits communs, qu'on y renonce d'ordinaire plus volontiers, qu'à un Droit particulier ; parce qu'on se passe plus aisément de l'usage de ceux-là, sur tout s'ils sont, comme la Navigation, d'une si vaste étenduë, qu'après avoir même renoncé à une partie de cet usage, qui est tout ce qu'on exige par des Traitez, il en reste encore assez, & plus qu'on n'en a besoin, ou qu'on n'en peut exercer.

Le droit de regler le Commerce est un droit de Souveraineté.

§ VII. IL NE s'agit donc plus, que de voir, si un Souverain, comme tel, a pouvoir d'obliger ses Sujets, par un Traité, à renoncer au Commerce, par mer ou par terre, en certains endroits.

Or c'est une chose constante, que le droit de régler le Commerce des Sujets, & entr'eux, & avec les Etrangers, est une partie de (1) la Souveraineté. Si Mr. *Neny* le nioit, je lui demanderois, pourquoi ceux des *Pays-Bas Autrichiens*, qui ont voulu aujourd'hui entreprendre le Commerce des *Indes*, ont cru avoir besoin d'en obtenir la permission de Sa Majesté Impériale ? Et si cet Auguste Monarque n'auroit pas pû la leur refuser ? Je ne crois pas que ni nôtre Avocat, ni l'Auteur de la *Lettre à un Ami en Hollande*, osent en disconvenir. Il est vrai, que l'Octroi accordé à la Compagnie d'*Ostende* tend aussi à exclurre du Commerce des *Indes* tous ceux des *Pays Bas Autrichiens* qui ne seront pas interessez dans la dite Compagnie : mais, indépendamment de ce privilége, la concession du Commerce en lui-même étoit nécessaire aux nouveaux Sujets de Sa Majesté Impériale, qui ne l'avoient point encore exercé : & si Elle eût jugé à propos de le défendre, Elle auroit en cela *exercé un acte de Souveraineté*, aussi bien qu'Elle a fait en le permettant, comme le reconnoît l'Auteur de (g) la *Lettre*. *L'Empereur*, dit-il encore, *n'a point passé les bornes de la Souveraineté, en accordant à ses Peuples un Commerce avec des Nations libres & indépendantes*. Si Sa Majesté Imp. & Cath. n'a point passé les bornes de la Souveraineté, Elle pouvoit donc, comme Souverain des *Pays-Bas*, leur permettre ou leur refuser le nouveau Commerce dans les *Indes* : autrement cela seroit hors de l'étenduë des droits de la Souveraineté, & par conséquent il ne seroit pas question de la permission du

(1) Voiez CASPAR. ZIEGLER, *De Juribus Majestatis*, Lib. I. Cap. 41.
(g) *Lett. à un Ami*, pag. 9.

du Souverain. Ce qu'on ne peut faire sans que le Souverain le permette, doit être de telle nature, qu'il soit libre au Souverain de le permettre ou de le défendre.

Un Souverain peut engager ses sujets de s'abstenir de certain commerce.

§ VIII. Un Prince, qui a de grands Etats, peut certainement, s'il le juge à propos, interdire à une Province tel ou tel Commerce avec l'autre, soit par terre, soit par mer. Il peut défendre à tous ses Sujets sans exception, de négocier en certains endroits des Païs Etrangers. Et si cela est, il peut aussi s'engager envers quelque autre Puissance, que ses Sujets n'iront point du tout commercer avec tels ou tels Peuples : car c'est alors la même chose que, s'il le leur défendoit lui-même directement, & pour l'intérêt seul de ses Etats. La publication du Traité met dès-lors les Sujets dans l'obligation de s'abstenir d'un tel Commerce, sans autre défense particuliére. Ils ne sont pas moins tenus d'obéïr à leur Souverain, en se soumettant aux engagemens contractez en leur nom, qu'en observant ce qu'il leur prescrit, sans donner droit à un tiers d'exiger l'effet de ses ordres ou de ses défenses.

Sur tout quand l'obligation n'est pas fort onéreuse;

§ IX. Ces sortes de Traitez imposent aux Sujets une obligation d'autant plus indispensable, que les choses auxquelles ils les astreignent se trouvent moins onéreuses, ou qu'il y a eu une pressante nécessité de consentir à de telles conditions. L'un & l'autre a lieu dans les Articles du Traité de *Munster*, dont-il s'agit.

Qu'est-ce, je vous prie, que les Provinces des *Païs-Bas Espagnols* perdirent par là ? Un droit de Navigation & de Commerce, dont elles n'avoient jamais fait usage. Quelle que soit la raison pourquoi cela étoit arrivé, l'exclusion pour l'avenir n'avoit rien qui dût faire beaucoup de peine. Si l'on dit, que les Habitans de ces Provinces s'étoient volontairement abstenus par le passé du Commerce des *Indes*, on tombe d'accord par là, qu'ils n'en avoient pas besoin, ou qu'ils ne s'en soucioient point. Que si l'on convient, comme il est vrai, qu'il y avoit eû des défenses du Souverain, exactement observées, il faut avouer aussi, que leur continuation ne devoit pas être fort fâcheuse. Qui s'est passé d'une chose fort long tems, peut bien s'en passer encore; & beaucoup plus, qui s'en est toûjours passé.

Ou qu'un plus grand intérêt le demande,

Mais, quand même la privation du Commerce des *Indes* auroit paru alors plus insupportable, eû égard à la situation presente des esprits & des affaires du *Païs-Bas Espagnol*, un plus grand interêt demandoit que ces Peuples la souffrissent patiemment, comme ils avoient fait par le passé. Ils étoient las d'une longue Guerre, & la Paix ne pouvoit se conclurre qu'à ce prix. Ils l'auroient même volontiers rachetée, ou dû racheter, par la perte de quelque Privilége incontestable, s'il n'y avoit pas eû moien de l'obtenir autrement. Ces sortes de cas de nécessité font, comme on sait, une exception aux Régles communes, & aux Droits les plus incontestables. Ils autorisent le Souverain à ceder, par des Traitez, des choses dont il n'auroit pû disposer sans cela : & alors, plus que jamais le simple silence des interessez a tout l'effet du consentement le plus solemnel.

§ X.

L'Angleterre a respecté les limites des Espagnols sans y être si positivement engagée par un Traité.

§ X. Ce que nous avons vû arriver de nos jours à la Colonie *Ecossoise* de *Darien*, nous peut servir d'exemple & de preuve de ce que nous avançons, & convient par plus d'un en droit à la question que nous traitons ici. A la fin du dernier Siécle, les *Ecossois*, en vertu des grands Privileges qu'ils avoient pour le Commerce en *Afrique*, & dans les *Indes*, tant *Orientales*, qu'*Occidentales*, voulurent fonder une Colonie dans l'Isthme de *Darien*, qui fait partie de l'*Amérique Méridionale*; & ils croioient n'y trouver aucun obstacle, parce que ce Païs n'étoit pas sous la domination des *Espagnols*. Ceux-ci néanmoins en portérent plainte au Roi d'*Angleterre* Guillaume III. qui non seulement désapprouva l'entreprise des *Ecossois*, comme contraire à la paix & la bonne union entre lui & ses Alliez, mais encore envoia aussi-tôt des Ordres aux Gouverneurs des Colonies Angloises en *Amérique*, portant (1) défenses à tous ses Sujets *d'entretenir, sous quelque prétexte que ce fût, aucune correspondance avec les* Ecossois *de la Colonie de* Darien, *& de leur fournir aucune assistance, soit en Armes, Munitions, Provisions, Vaisseaux, ou en toute autre chose, ou par eux mêmes, ou par autrui*, &c. *sous peine d'encourir la disgrace de Sa Majesté, & les plus rigoureux châtimens.* Ensorte que les *Ecossois*, desavouez par leur Souverain & exposez aux attaques des *Espagnols*, furent obligez d'abondonner cette importante entreprise avec une perte considerable. Ils eurent beau représenter, qu'ils n'avoient rien fait qui ne fût autorisé par leur Octroy; que les *Espagnols* n'etoient pas & n'avoient jamais été en possession de ce Païs, où ils s'étoient établis du consentement des Habitans, peuples libres & independans; enfin qu'ils n'avoient violé aucun Traité avec l'Espagne, par cet établissement: Le Roi Guillaume ne voulut jamais soufrir qu'on soutint cette Colonie, ni qu'on donnât ce sujet de plainte aux *Espagnols*, qui soutenoient que tout l'*Isthme de Darien* étoit une dependance des païs qu'ils possedent en Amerique Septentrionale & Meridionale, & leur étoit necessaire pour entretenir la communication de l'une à l'autre, laquelle pourroit être coupée & interrompue par une Colonie étrangere établie entre deux. Enfin ils declarerent hautement qu'ils ne le soufriroient point.

La liberté des autres n'e prouve rien pour ceux qui ont renoncé à leur droit.

§ XI. Il ne sert donc de rien de débiter ici gravement des Lieux Communs, qui ne sont point au sujet. *C'est*, (h) dit-on, *priver les* Païs-Bas Aûtrichiens *d'une Liberté dont les autres Nations de l'*Europe *jouïssent, & que les* Provinces-Unies *n'oseroient disputer à aucune Ville Anseatique.* La (i) *Mer est libre à toutes les Nations, sans distinction de Puissance, puis que de simples Villes indépendantes font naviger leurs Sujets sous leur Pavillon*, &c.

Tout cela n'a aucune force, qu'en supposant ce qui est en question. Les Com-

(1) Une de ces Proclamations fut publiée à la *Jamaique*, le 9. d'Avril 1699. par ordre du Gouverneur Général de Sa Majesté Britanique, Le Chevalier *Beeston*. On la trouve dans le III. Volume de la *Collection of State Tracts* (ou *Recueil de Traitez*) pag. 535.

(h) *Réfutation*, § 8. pag. 10.

(i) *Lettre à un Ami*, pag 9

Compagnies *Hollandoises* se fondent sur des Traitez : & c'est une maxime incontestable du Droit des Gens, aussi bien que du Droit Civil, que les Conventions n'obligent que ceux qui sont compris dans les engagemens des Articles qu'elles contiennent. *Res inter alios acta, aliis non præjudicat.* Si donc les autres Etats, quelque petits qu'ils soient, ont la liberté d'aller & de négocier dans les Païs des *Indes* libres & indépendans, qui veulent le leur permettre; cela ne fait rien pour les Habitans des *Païs-Bas Autrichiens*, qui en sont exclus par des Traitez authentiques. On peut s'engager, ou ne pas s'engager : mais, quand une fois on s'est engagé, il faut tenir sa parole ; & c'est alors une pauvre raison, de dire, qu'on se voit privé d'un avantage que les autres conservent. Sur ce pié-là, il n'y auroit point d'accord dont on ne pût aisément se dégager.

§ XII. De tout ce que je viens de dire, il paroît, combien est mal fondée la rétorsion dont Mr. *Neny* voudroit user ici contre *les Etats Généraux & leurs Sujets. Ils ont*, dit-il, déclaré autrefois, lorsqu'il s'agissoit d'établir & d'avancer leur Commerce dans les *Indes*, (*k*). *Qu'ils ne vouloient prétendre aucun Commandement, en faisant ledit Commerce de long cours ; qu'ils aimoient la Liberté d'autrui, comme la leur propre ; & qu'ils n'agissoient que pour cultiver les avantages du Droit de Gens, avec toute sorte de bonne foi.* Fort bien : mais les choses ont changé. Comme personne alors ne pouvoit légitimement les exclurre d'une Navigation & d'un Commerce, auquel ils n'avoient jamais renoncé, ils n'avoient non plus & ne prétendoient avoir aucun droit d'en exclurre personne. Ils l'ont aquis depuis ce tems-là, pour un certain districte, par rapport à tous ceux qui étoient alors Sujets de la Couronne d'*Espagne*; & ils en ont conservé jusqu'à présent le titre, & la possession, dans laquelle on vient les troubler. Ainsi ils ne se démentent point du tout : & sans les Traitez authentiques, sur lesquels sont fondées leurs prétensions, bien loin de s'opposer, comme ils font, à l'établissement de la nouvelle Compagnie d'*Ostende*, ils seroient les prémiers à en justifier le projèt, malgré l'intérêt visible qu'ils auroient toûjours à en empêcher le succès par des voies légitimes.

La conduite des Hollandois ne contredit pas ce qu'ils ont autrefois soutenu.

§ XIII. Ce fut aussi sur le pié que je viens de dire ; *qu'on emploia* (*l*) autrefois *le plus grand Personnage de la République, & l'un des plus grands Hommes que l'*Europe *ait jamais eû en fait d'Erudition, pour soûtenir publiquement la Liberté, que le Droit des Gens donnoit aux Provinces Confederées, de naviger & de négocier dans lesdites Régions éloignées, quoiqu'elles eussent été découvertes par d'autres Puissances, qui y avoient commercé longues années avant l'entreprise des Hollandois.* Nous souscrivons de bon cœur à cet éloge de Grotius, & nous le prendrions volontiers pour Arbitre. La question seroit bien-tôt vuidée, à nôtre avontage. Car voici ce qu'il a dit, long tems avant la Paix de *Munster*, qu'il n'a point vuë. Après avoir rapporté divers exemples de Traitez par lesquels la Navigation d'une des Parties est bornée, il ajoû-

Du sentiment de Grotius sur cette matiere.

(k) *Refut.* § 8. pag. 50. Voiez aussi la *Reponse au Discours.* pag. 22, & *suiv.*
(l) § 8. pag 49.

ajoûte : (*m*) *Les Peuples peuvent, aussi bien que les Particuliers, se relâcher en faveur de quelcun, qui y trouve son intérêt, non seulement des droits qu'ils ont en propre, mais encore de ceux qui leur sont communs avec tous les Hommes. Et alors il faut dire, comme le Jurisconsulte* ULPIEN, *au sujet de la Vente d'une Terre, faite à condition que l'Acheteur ne pêcheroit point au Thon, au préjudice du Vendeur; Qu'à la vérité on n'a point pû rendre la Mer sujette à une Servitude, mais que cependant la Bonne Foi demande qu'on se soûmette à la Clause du Contract : qu'ainsi l'Aquéreur, & ceux qui succèdent à ses droits, sont personnellement obligez à observer une telle Clause.* Cette décision de GROTIUS (1) condamne Mr. *Neny* dans tous ses grands moiens de défense, & semble faite pour terminer nôtre différent. De la maniére dont ce Grand Homme avoit été traité par la Patrie, son jugement ne devroit pas être suspect de partialité, quand même il auroit vecu depuis la Paix de *Munster*.

Et de celui de Pufendorf.

§ XIV. VEUT-ON encore l'autorité d'un autre Ecrivain, Allemand de nation, & qui est, avec GROTIUS, un des plus grands & des plus celebres Auteurs, en matiére de Droit Public ? Qu'on lise ces paroles du Baron DE PUFENDORF : (*n*) *Aucun ne sauroit empêcher légitimement, que les autres Peuples voisins de l'Ocean, & qui ne sont point ses Sujets, ne négocient entr'eux ; à moins que quelcun de ces Peuples ne se soit engagé, en sa faveur,* à

(m) *Droit de la Guer. & de la Paix*, Liv. II. Chap. III. §. 15.

(1) Voici ce qu'il dit encore, dans son *Histoire des Pays Bas*, Lib. XXIII. pag. 546. en rapportant les Négociations de la Tréve. Les Ministres d'*Espagne*, pour se dispenser d'accorder l'Article de la Navigation aux *Indes*, alléguoient pour raison, qu'il étoit défendu aux *François*, par le Traité de *Vervins*, & aux *Anglois*, par celui de *Londres*, d'aller dans ces Régions éloignées où les *Espagnols*, & les *Portugais*, après les avoir découvertes, avoient seuls exercé la Navigation depuis un très-long tems. Mais les Ambassadeurs de *France* & d'*Angleterre* répondoient à cela, que, puis qu'il n'y avoit point de Traité qui en exclût les *Provinces Unies*, la libre jouïssance du Droit Naturel, à cet égard, devoit leur être laissée : *Quod Jure Naturæ liceret*, PROHIBITUMQUE FOEDERE NON ESSET, *permissum merito censeri*, &c. J'ajoûterai, que GROTIUS reconnoît, dans son Traité *Du Droit de la Guerre* &c. que les droits qu'il appelle *meræ facultatis*, se *perdent, lorsqu'il y a eu des* DEFENSES, *ou une* CONTRAINTE, *à quoi l'on s'est soûmis avec des marques suffisantes de consentement.* Il ajoûte, que *cela est conforme & au Droit Civil, & à la Raison Naturelle, & par conséquent doit avoir lieu même entre les Puissances.* Liv. II. Chap IV. § 15. à la fin. D'où il paroît, aussi bien que par tout le reste de ce Chapitre, combien mal à-propos on veut se prévaloir, dans la *Réponse au Discours repandu dans le Public*, &c. (pag. 19, & *suiv.*) de l'autorité de ce grand Homme, comme s'il avoit cru, que toute Prescription est purement de Droit Civil. On a beau copier de grands morceaux de son Traité *De la Liberté de la Mer*. Ce n'est point par cet Ouvrage, qu'il reconnoit lui-même pour un fruit de sa prémiére jeunesse (I. *Part. Epist.* 765.) qu'on doit juger de ses sentimens, au préjudice de ce qu'il a établi, long tems après, dans un Livre où il donnoit un Systême méthodique des principes du Droit de la Nature & des Gens.

(n) *Droit de la Nat. & des Gens*, Liv. IV. Chap. V. § 10.

*à ne pas permettre qu'un autre vienne négocier dans son Païs; ou que celui-ci n'ait renoncé au droit qu'il avoit d'aller trafiquer chez l'autre..... Il est libre à chacun de ceder son droit à qui il veut; pourvû que par là on ne porte point de préjudice à un tiers..... Si un Peuple de l'*Europe *a aquis une Contrée dans l'*Afrique, *ou dans les* Indes, *par quelque voie, qui, selon l'usage reçû des Nations, soit un titre suffisant de propriété; il pourra, quand bon lui semblera, n'en permettre absolument l'entrée aux Negocians d'aucun autre Païs, ou ne la leur permettre qu'à certaines conditions & moiennant certaines charges. C'est ainsi qu'on en use tous les jours, & je n'y vois rien, au fond, de contraire au Droit Naturel. Car cette liberté de Commerce, de laquelle on parle tant, n'empêche pas qu'un Etat ne puisse favoriser ses Sujets & procurer leur intérêt, préférablement à celui des Etrangers.*

§ XV. Apres cela, il seroit superflu d'étaler ici un grand nombre de passages d'autres Auteurs, qu'on pourroit citer; qui suivent (1) précisément les mêmes idées. On s'en épargnera d'autant plus la peine, que l'Anonyme, qui est venu au secours de Mr. *Neny*, semble les recuser tous *Je ne vous citerai (2) ni Aitzema, ni Grotius*, dit-il à son Ami de *Hollande*: *les Rois ne sont guére accoûtumez de régler leurs démarches sur les Livres des Historiens ou des Jurisconsultes, & toutes les maximes des meilleurs Souverains ne sont fondées que sur le Droit des Gens, ou sur celui de la Nature, ensuite sur les Traitez qu'ils ont faits ou confirmez, ou enfin sur ce qu'ils croient eux-mêmes juste & équitable, suivant les meilleurs principes, n'étant responsables qu'à Dieu seul de leurs entreprises.* Faisons ici quelques réflexions.

On recuse à tout le jugement des Jurisconsultes, & des Historiens:

On convient avec l'Auteur de la *Lettre*, que les Rois ne s'embarassent pas beaucoup pour l'ordinaire de consulter les Historiens, ou les Jurisconsultes. Mais puis que, de son aveu, ils doivent suivre les maximes du Droit de la Nature & du Droit des Gens; on pourroit lui demander, de qui est-ce que les Princes apprendront mieux ces maximes? De leurs Favoris, qui souvent n'en sont guéres instruits, & qui ne font pas toûjours ceder les vuës de l'Interêt à celles de la Justice; ou des meilleurs Ecrivains, dont toute l'attention a été occupée à consulter les lumieres de la Raison, le jugement des personnes éclairées de tous les Siécles, & l'usage des Nations civilisées, pour en tirer les régles du Droit de la Nature & des Gens, considerées en elles-mêmes, & sans application à aucun cas particulier où ils puissent être intéressez? Si les Rois doivent observer religieusement les *Traitez qu'ils ont faites ou confirmez*, lors qu'il y aura quelque dispute sur le sens d'un Traité, sur tout d'un Traité que le Prince n'a pas fait lui-même, & qu'il est néanmoins obligé de tenir, comme Successeur, ou parce qu'il l'a confirmé expressément; à qui s'en rapportera-t-il, pour éviter d'être trompé par quelque mauvaise interprétation qu'on pourra

Qui vaut mieux que celui des Courtisans, ou des Favoris.

D

(1) Voiez, par exemple, Loccenius, *De jure Maritimo*, Lib. I. Cap. IV. *num.* 7. Leickerr. *de jur. Mar.* Cap. VII. & XII.

(2) *Lettre à un Ami*, pag. 8.

pourra lui proposer? Sera-ce à ceux qui ne se sont jamais donné la peine d'étudier comme il faut, la maniere d'expliquer raisonnablement le sens des paroles, par des principes fondez sur l'Usage & les Circonstances? Ici même il ne suffit pas, que le Prince aît de bonne foi entendu telle ou telle Clause du Traité en un certain sens: il faut voir encore, si l'autre Partie n'a pas eû tout lieu de croire que la Clause avoit un autre sens, & qu'il s'engageoit sur ce pié-là à l'observer. Comme on ne peut pas pénetrer dans le cœur des Rois, non plus que dans celui des autres Hommes, ce n'est point par leurs pensées interieures qu'on doit juger s'ils ont eû dessein, ou non, de s'engager à ceci ou à cela, mais par la nature même des engagemens, & par une juste interpretation des termes du Traité, qui demande toûjours qu'on aît égard au sens dans lequel l'autre Partie a manifestement témoigné les entendre. Que s'il s'agit de faits qui aient du rapport au Traité, & qui servent à l'éclaircir, d'où les tirera-t-on, que des Historiens, ou autres Ecrivains, qui ont eû occasion d'en parler, & qui paroissent en être bien instruits, sans qu'il y ait rien d'ailleurs qui les rende suspects de déguiser la verité? Consultera-t'on sur tout ceci ceux qui ne peuvent en avoir que peu ou point de connoissance, ceux qui sont actuellement interessez à maintenir des explications inventées après coup, pour pousser des projets conçûs & suggerez témerairement, avant que d'avoir bien examiné si l'avantage, qu'on cherchoit à se procurer par là, n'avoit rien qui blessât les droits d'autrui?

Le bon sens seul suffit pour decider cette dispute.

§ XVI. Quoi qu'il en soit, je consens, pour ce qui regarde la question que je viens de traiter, qu'on en juge par les seules lumiéres du Bon-Sens, indépendamment de toute Autorité. Les raisons que j'ai alleguées, tirées de la nature des choses, sont plus que suffisantes, pour démontrer, qu'il n'y a rien d'injuste, ni qui excéde le pouvoir d'un Souverain, consideré comme tel, dans l'exclusion du Commerce des *Indes*, à laquelle les Habitans des *Païs-Bas Autrichiens* sont assujettis par le Traité de *Munster*, en faveur de leurs Voisins.

## CHAPITRE V.

*Que les* Païs-Bas Espagnols *n'avoient point de Privilége qui les mît à couvert de l'exclusion du Commerce des* Indes; *& que Supposé qu'ils en eussent jamais eû quelqu'un, ils l'auroient perdu, avant le Traité de* MUNSTER.

Si le souverain [illegible] pouvoit exclure les Habitans du Commerce des Indes.

§ I. VOIONS maintenant, si *Philippe IV.* pouvoit, sans prejudice des Loix Fondamentales du Gouvernement des *Païs-Bas*, en obliger les Peuples, par le Traité de *Munster* à demeurer exclus du Commerce des *Indes*, en sorte qu'il n'eût plus lui-même la liberté de leur permettre desormais ce que lui, & ses Prédecesseurs, leur avoient constamment défendu jusqu'alors.

Mr. *Neny* semble soutenir la negative: mais il l'insinuë en (a) deux ou trois

(a) *Réfutat.* § 1. pag. 6. § 7. pag. 44.

trois endroits, plûtôt qu'il ne l'établit positivement. Il y a ici un peu de politique. Il a voulu se ménager une porte de derriere, au cas que Sa Majesté Imperiale & Cath. vînt à reconnoître, comme on n'en désespére pas, que c'est sans fondement qu'on lui a persuadé qu'Elle n'étoit point tenuë d'observer les Articles du Traité de *Munster*, dont il s'agit. Il seroit dangereux, en ce cas là, de faire valoir les Privileges; & je doute que Mr. *Neny* voulût pousser sa pointe: comme il y a grande apparence qu'il n'auroit jamais publié de Manifeste, en faveur des *Païs-Bas Autrichiens*, si Sa Maj. Imperiale eût rejetté les propositions de l'établissement de la nouvelle Compagnie, & defendu le Commerce des *Indes* aux Particuliers qui voudroient l'entreprendre de leur chef.

Mr. Neny insinue que non

§ II. L'Auteur de la *Lettre à un Ami en Hollande* est plus décisif. Il nous donne comme (*b*) *un Principe bien établi, celui des Priviléges distinguez de ces Provinces, suivant lesquels le Souverain n'est aucunement en droit de priver leurs Habitans de la liberté de trafiquer par tout où le Droit des Gens le permet* &c. Je laisse à penser, si cela s'accorde bien avec ce qu'il venoit de dire un peu avant, & que j'ai (*c*) rapporté ci-dessus. La crainte qu'il témoigne que Sa Majesté Imperiale ne *retire son Octroi*, quelque assûré qu'il veuille paroître du contraire, auroit dû d'ailleurs lui faire tenir un langage plus couvert. Ce n'est pas pour rien, qu'il tâche si fort (*d*) de persuader à Sa Majesté Britannique, & à la Nation Angloise, qu'il n'est point de leur interêt d'avoir égard aux représentations justes, mais nullement *fatiguantes*, des Compagnies Hollandoises. Il y a là dequoi (*e*) *intimider les Actionnaires de la Compagnie naissante.*

M. de Cal. décide pour la negative.

§ III, Mais, pour en venir à la chose même, s'il y a ici des Privilèges, il ne suffit pas de le dire, il faut le prouver. On sait que ce n'est pas matiére à présomtion; & les Souverains en conviendront encore plus aisément, que les autres. Mr. *Neny*, & les deux Auteurs Anonymes, ne citent aucun Article de la Charte des Priviléges des *Païs-Bas*, par où l'on puisse juger que celui, dont il s'agit, en est un: Dans le (*f*) *Mémoire des Etats de* Brabant, on se contente d'alleguer l'Article 13. de la *Joyeuse Entrée* de Sa Majesté Imperiale & Catholique, aujourd'hui régnante, lequel Article, est-il dit-on *tiré de mot à autre de la Joyeuse Entrée du Roi* Philippe *nommé* le Bel, *de l'Empereur* Charles-Quint, *& du Roi* Philipe II. *de glorieuse Mémoire.* Soit: nous n'avons pas ces Chartres, pour en voir la suite. Mais que porte le dit Article? *Que Sa Majesté maintiendra tous ses Sujets & bonnes gens de* Brabant *& d'Outre-Meuse* dans la libre & *tranquille Navigation, non-seulement*

On ne produit aucun privilege pour le prouver.



(*b*) *Lettre*, pag. [illegible].
(*c*) *Chap. préced.* § 7.
(*d*) *Lettre* pag. 3[illegible].
(*e*) *Ibid.* pag. 3.
(*f*) *Mémoire*, pag. [illegible].

*ment aux Païs de* Hollande *&* *de* Zélande, *mais aussi dans tous autres Païs.* Il s'agit ici du *maintien* d'une Navigation, que les *Brabançons* ou gens d'*Outre-Meuse* excercoient déja, ou avoient droit d'exercer. Il faut donc prouver d'ailleurs, qu'ils ont exercé la Navigation aux *Indes*, ou que rien n'a empeché qu'ils ne l'exerçassent: & il est aisé d'établir le contraire par des raisons aussi fortes qu'on en puisse produire sur un fait de cette nature.

Les Flamans exclus de ce Commerce par tous leurs Princes, depuis la découverte des Indes jusqu'à présent.

§ IV. Les Habitans des *Païs-Bas Espagnols*, aujourd'hui *Autrichiens*, n'ont jamais eû aucune part au Commerce des *Indes Orientales*, avant même que le *Duché de Bourgogne*, dont ils faisoient partie, fut parvenu aux Rois d'*Espagne*. Car on sait, que l'*Amérique* fut découverte par *Christophle Colombe* en l'année M. CCCC. XCII. sous *Ferdinand le Catholique*; & que la division des *Indes* en deux parties, dont l'une étoit reservée aux *Espagnols*, l'autre aux *Portugais*, par la Constitution du Pape *Alexandre VI.* se fit dès l'année suivante, M. CCCC. XCIII. sous le même Roi d'*Espagne*, qui ne permit qu'aux *Castillans* de négocier dans son district. *Philippe le Bel*, son Successeur, & son Gendre Fils de l'Empereur *Maximilien*, & celui qui le prémier aquit les *Païs-Bas*, ne rabbattit rien des prétentions de *Ferdinand*, & fut aussi jaloux de maintenir l'interdiction du Commerce dont il s'agit. Tous les autres Rois d'*Espagne*, de concert avec les *Papes*, ont constamment suivi la même Politique. Où sont donc les Priviléges des *Païs-Bas Espagnols*? D'où viennent-ils? Qui les à accordez? Se trouveront-ils dans quelque Chartre antérieure, où l'on aît déviné que les *Espagnols* & les *Portugais* découvriroient un jour le Nouveau Monde?

Ils n'allèguent qu'un droit commun qui peut toujours être restreint par le Prince.

§ V. Mr. *Neny* reconnoît lui-même, qu'il n'y a point ici de Privilége; puis qu'il fonde uniquement celui des *Païs-Bas* sur le *Droit des Gens*, (ff) *qui accorde*, dit il, *la Liberté de Commerce à toutes sortes de Peuples, quelque arbitraire que puisse être leur Gouvernement.* Mais il s'agit ici d'un *Privilége distingué*, comme parle l'Auteur de la *Lettre à un Ami en Hollande*, ou d'un Privilége qui soit tel, que le Souverain ne puisse l'ôter sans violer les Loix Fondementales de l'Etat, & passer les bornes de son pouvoir: autrement ce ne sera qu'un droit commun à tous les Peuples, sous quelque Gouvernement qu'ils soient, & par consequent un droit qui ne subsistera qu'autant qu'il n'aura point été ôté ou restreint par le Souverain, puis qu'on l'attribuë également à ceux dont la domination est limitée, & à ceux dont elle est *la plus arbitraire*. Ainsi c'est se moquer, que d'appeller un *Privilége* la Liberté de Commerce, en vertu de laquelle on prétend que les *Païs-Bas Espagnols* n'ont pû être exclus du Commerce des *Indes* par les Rois d'*Espagne*; à moins qu'on ne prouve, que le Souverain le plus despotique n'a aucun droit de borner le Commerce de ses Sujets; ou que les Rois d'*Espagne* ont laissé là-dessus aux *Païs-Bas* une pleine & entiére liberté.

§ VI.

(ff) *Réfutat.* § 6. pag. 39.

Ils n'osent ; nier qu'ils ont été toujours exclus.

§ VI. Or que les *Païs-Bas Espagnols* aient été au contraire dépouillez de cette liberté par rapport au Commerce des *Indes*, & en vertu des Loix de leurs Souverains, & en vertu des Constitutions des *Papes*, auxquelles ils (1) se sont soûmis; c'est un fait si certain, que les Avocats de la nouvelle Compagnie d'*Ostende* ou gardent là-dessus un profond silence, ou témoignent seulement la peine qu'ils ont de l'avoüer. L'Auteur de la *Lettre à un Ami en Hollande*, a pris le prémier parti. Mr. *Neny* ne fait nulle mention des Constitutions des Papes, dont on avoit prouvé que les Rois d'*Espagne* s'étoient ici munis pour plus grande sureté. Et pour ce qui est des *Loix d'Espagne*, il glisse là-dessus: il n'en dit qu'un mot (g) en passant. Il se debarrasse de cette objection incommode, en disant d'un air fâché, qu'*il n'est rien de si impertinent ni de si ridicule, que l'application que les Directeurs* de la Compagnie Hollandoise *en font au différent dont il s'agit.* Nous lui répondrons tranquillement, qu'il sent bien lui-même que l'application n'est pas aussi *ridicule*, ni aussi *impertinente* qu'il voudroient le persuader. On a assez vû par ce que nous avons dit ci-dessus, & on le verra encore mieux dans la suite, combien cette circonstance donne de force à nos preuves.

Mr. Ne y convient de l'exclusion generale de tous, hormis les Castillans.

§ VII. On a trop bonne opinion de l'habileté de Mr. *Neny*, & de l'Auteur de la Lettre, pour croire qu'ils eussent négligé un fait si important, s'ils eussent pû le détruire. Mais la force de la Vérité est grande. Mr. *Neny* avoue la chose nettement en un autre endroit. Il convient du Principe, & il se sauve en niant la conséquence, quoi qu'elle soit manifeste. Voici ses paroles. (*h*) *il est connu* dit-il, *de tous ceux qui sont versez dans l'Histoire, que les Rois d'*Espagne *se sont crus tellement Maitres & Souverains des* Indes Orientales *&* Occidentales, *jusqu'aux Révolutions des* Païs-Bas, *même jusques & y compris la Treve de* M. DC. IX. *qu'ils excluoient toutes les Nations de l'*Europe, *de la Navigation & du Commerce desdites* Indes, *à tel point, que, quoi que les* François. *les* Anglois, *& les* Hollandois *l'eussent entrepris quelquefois, sur tout pendant les dites Révolutions, cependant c'étoit par des voies de fait qu'ils l'avoient usurpé à leurs risques & fortune, & même au péril de leurs vies, & nullement comme un droit dont l'usage leur fût permis par les Loix d'*Espagne; *de sorte que quand on voudroit étendre la dite exclusion aux* Brabançons, Flamands, *& autres Habitans des* Païs-Bas, *eú égard au tems passé*,



(1) Messieurs les *Etats de Brabant*, dans leur derniére *Rémontrance*, du 23. de *Mars* 1724. disent, qu'on veut *les dépouiller d'un Droit de la Nature & des Gens, auquel ils n'ont jamais renoncé* &c. Pag. 5. Donc, si l'on fait voir, qu'ils y ont renoncé par leur soumission aux Loix de leurs Souverains, ils sont dépouillez de ce droit. Et ils avouent en même tems par là, qu'ils n'avoient point de Privilége particulier, mais seulement un Droit commun à toutes les Nations, tant qu'elles n'en ont pas été dépouillées par leur propre consentement, ou par une Autorité légitime.

(g) §. 7. pag. 43. 4

(h) § 7. pag. 46.

*passé, il seroit néanmoins constant, qu'elle ne seroit pas obligatoire à leur égard, comme une Loi portée par le Duc de* Brabant, *ou le Comte de* Flandres; *joint à ce que les Rois d'*Espagne, *n'ont pas défendu la Navigation & le Commerce des* Indes *à toutes les autres Nations de l'*Europe, *à la reserve de l'*Espagne, *à peine de la Vie & de la confiscation de Navires & Marchandises des contrevenans, comme Souverains des* Païs-Bas, *mais privativement en leurs dites qualitez de Rois d'*Espagne, *qui croioient à ce titre être en droit d'exclurre tous les autres Européens du Commerce des Regions éloignées, & d'en conserver la jouïssance & les avantages à leur Couronne & à leurs Sujets Espagnols, nommément aux* Castillans; *de sorte que la dite exclusion & défense n'a jamais eû ni pû avoir plus de force contre les* Brabançons *& les* Flamands, *que contre les* François, *les* Anglois, *& autres Européens, non Sujets des Rois Catholiques, lesquels étant pris sur le fait, étoient traitez tous avec la même rigueur & sévérité.* Il y a plusieurs réflexions à faire sur ce passage.

Et par conséquent de l'exclusion des Flamands.

§ VIII. Nous y trouvons d'abord un aveu formel que les Rois d'*Espagne* ont exclu du Commerce des *Indes* tous les autres Peuples, à la reserve de leurs Sujets *Espagnols*: & que même entre ceux-ci, ils ont affecté le privilége aux *Castillans*. Y a-t'il donc apparence, qu'ils aient voulu l'accorder aux *Païs-Bas*? Il est certain, que sur tout autre sujet, ils ont toûjours, autant qu'il se pouvoit, favorisé leurs Sujets *Espagnols*, préférablement à ceux des *Païs-Bas*. Croirons-nous donc, qu'en matiére d'un Commerce si important, & dont ils étoient si jaloux, ils se soient éloignez de leurs maximes ordinaires, dont toute l'Histoire fait foi?

Il accorde au Roi d'Espagne un droit d'exclurre tous les autres peuples & à plus forte raison d'exclurre ses propres sujets les Flamands.

§ IX. Depuis Mr. *Neny* semble d'abord regarder comme bien fondé le droit que les Rois d'*Espagne* s'attribuoient sur les *Indes Orientales & Occidentales*, à l'exclusion de tous les autres Peuples d'*Europe*. Car il traite d'*usurpation* les entreprises des *François*, des *Anglois* &c. pour avoir part à la Navigation & au Commerce des *Indes*. C'étoient selon lui des *voies de fait*, & nullement *un droit dont l'usage leur fût permis par les Loix d'Espagne.* Or comment accorder cela avec l'argument qu'il en tire, que l'exclusion des *Brabançons*, *Flamands*, & autres Habitans des *Païs-Bas*, ne leur doit pas être plus préjudiciable, qu'aux Nations d'*Europe* indépendantes de la domination des Rois Catholiques? Si les Rois d'*Espagne* étoient en droit, comme tels, d'exclurre du Commerce des *Indes* ceux même qui n'étoient pas leurs Sujets, à combien plus forte raison pouvoient-ils l'interdire à une partie de leurs propres Sujets, quelques privilèges que ceux-ci eussent d'ailleurs; à moins qu'ils ne leur en eussent eux-mêmes donné un bien clair, par rapport à ce Commerce?

Quoique ce droit fût mal fondé par rapport aux autres, il est toujours bien fondé par rapport aux Flamands,

§ X. Mais en supposant, comme il est vrai, que les prétensions des Rois d'*Espagne* étoient mal fondées à l'égard des autres Nations, auxquelles ils n'avoient aucun droit de commander; l'argument de notre Avocat n'en est pas moins faux. Car, en matiere de ces sortes de choses, qui de leur nature

n'ont

n'ont rien de bon ni de mauvais, une même Ordonnance ou une même Prohibition peut être injuste par rapport à l'un, & ne l'etre point par rapport à l'autre. Si un Prince, par exemple, rehausse les espéces de Monnoie au delà de leur valeur intrinséque, & qu'il veuille obliger les Etrangers à les prendre sur ce pié-là, on se moquera de lui, & avec raison; mais ses Sujets entr'eux pourroient-ils réfuser de suivre l'estimation qu'il a fixée, & leur fera-t-il aucune injustice, si le bien de l'Etat & la situation des affaires ont démandé ce réhaussement? Il en est de même ici. Les Rois d'*Espagne* n'avoient aucun droit d'interdire à aucun des autres Nations, qui ne dépendoient point d'eux, l'accès des Païs dont ils ne s'etoient pas rendus maître dans les *Indes*, jusqu'à ce qu'ils eussent aquis ce droit par quelque Traité: & ainsi toutes leurs Loix, toutes leurs Défenses, n'étoient, par rapport à elles, que des voies de fait, des *bruta fulmina*, que l'on pouvoit mépriser, quand on se trouvoit assez fort pour leur tenir tete. Mais ces Loix & ces Défenses n'avoient rien que de juste, à l'égard des *Païs Bas*, dont ils étoient Souverains, & auxquels certainement ils défendoient le Commerce des *Indes*, comme *Ducs de Brabant*, *Comtes de Flandres* &c. quelques prétensions qu'ils crussent avoir, par rapport aux autres Peuples, comme Rois d'*Espagne*. L'un n'empêche pas l'autre: & ces distinctions subtiles, qui plaisent tant à Mr. *Neny* n'ont jamais pû venir dans l'esprit des Rois d'*Espagne*, si jaloux de tous leurs droits, & si empressez à les faire valoir avec le plus d'étenduë.

S'ils avoient eu même un Privilege particulier pour ce Commerce ils l'auroient perdu;

§ XI. Ainsi on n'avancera rien, tant qu'on n'aura point produit de Privilege bien clair, accordé sur ce sujet aux *Païs Bas Espagnols*, & qu'on laissera subsister en leur entier les raisons par lesquelles nous avons prouvé, que ces Provinces, au contraire, ont été dès le commencement excluës par les Rois d'*Espagne*, leurs Souverains, de tout commerce dans les *Indes*. Mais supposons pour un moment, que les *Païs Bas Espagnols*, eussent eu quelque Privilege sur ce sujet: on n'aura pas pour cela gain de cause. Car il est facile de montrer, qu'en ce cas-là le prétendu Privilege seroit perdu depuis long tems.

Les Privileges, comme tous les autres droits de cette nature sont sujets à (1) Pres-

(1) Je ne puis qu'admirer ici ce que soûtient hardiment l'Auteur de la *Réponse au Discours répandu dans le Public*, &c (pag. 18.) que la *Prescription ne peut avoir lieu entre des Nations independantes*, parce qu'*elle prend son origine du Droit Civil*, *auquel tous les Jurisconsultes la rapportent*. Ou il confond ici grossiérement l'*Usucapion* & la *Prescription*, entant que les Loix Civiles en réglent le tems & la maniére, avec la *Prescription* en général: ou ce qu'il dit est faux en toutes ses parties. La Prescription en général est aussi nécessaire entre les Nations, & aussi autorisée par l'usage des Peuples civilisez, qu'entre les Particuliers de chaque Etat. L'Exemple seul de *Jephté*, qui n'allégue d'autre droit contre le Roi des *Hammonites*, *Juges*, XI, 14, *& suiv.* suffiroit pour le prouver. Grotius, qui en donne plusieurs autres exemples, (*Liv.* II. Chap. IV.) prouve au long & par la Raison, & par les Coûtûmes des Peuples, que la Prescription a lieu entr'eux, & en vertu dequoi. Pufendorf, après lui, a encore mieux éclairci la matiére. Et, pour ne rien dire dés Commentateurs de l'un & de l'autre, on peut assûrer, que tout ce qu'il y a aujourd'hui de gens un peu versez dans ces matiéres, sont au fond du même sentiment.

Prescription, lors qu'il y a eû une défense, à laquelle on s'est soûmis tacitement, sans faire en son tems les protestations necessaires. Or nons avons ici une telle défense, suivie d'un parfait silence, & du non-usage

[illegible] les Ar[illegible]

§ XII. Si jamais les Provinces des *Païs-Bas Espagnols*, ont dû penser à la conservation d'un Privilége aussi important que celui dont il s'agit, c'étoit sans contredit lors qu'on leur faisoit changer de Maitre. Les Peuples les plus indolens & les plus négligens se reveillent dans une occasion comme celle là, pour s'assûrer la joüissence de leurs droits & de leurs libertez. Les Habitans des *Païs Bas* avoient un sujet particulier de se tenir sur leurs gardes, par le soin que prenoit *Philippe II.* d'apposer tant de clauses à la Cession qu'il fit aux Archiducs, dont nons avons parlé ci-dessus. De sorte que, quand même il n'y auroit point été fait mention expresse du Commerce des *Indes*, quand ils auroient eu auparavant quelque part à ce Commerce, ils auroient dû se precautioner, afin que l'on ne se prévalût de cette révolution pour le leur ôter déformais.

Mais bien loin de là, il y a, comme nous (*i*) l'avons vû, un Article formel de l'Acte de Cession, par lequel *Philippe II.* stipule, sous clause Commissoire, que les Archiduc & Archiduchesse maintiendront soigneusement l'exclusion du Commerce des *Indes*, par rapport à leurs nouveaux Sujets. Et cependant les Etats, les Députez des Provinces des *Païs-Bas*, ne témoignérent pas même là dessus aucun mécontentement.

Lors qu'ils ont reclamé d'autres Privileges.

§ XIII. On ne peut pas dire, que la crainte les en empêcha; car ils osérent bien insister sur d'autres choses concernant leurs Priviléges. Voici ce que nous apprend Emanuel de Meteren: (*k*) *Tellement qu'ils ne pouvoient point entendre à aucune Inauguration* (de l'Archiduc & l'Archiduchesse) *n'est qu'on accomplit les trois points suivans, qui étoient plus que necessaires: A savoir, que, suivant leurs Privileges, on fit sortir toutes les Garnisons, & les Soldats Etrangers, hors du Païs: Que tous les Offices puissent être administrez par gens du Païs. Et que, par l'entremise des Etats du Païs, on pût faire la Paix avec les Etats des Provinces Unies* &c.

Voilà une attention (1) manifeste à conserver les Priviléges, & des Priviléges

(*i*) *Chap.* II. § 6.

(*k*) Liv. XXII. au commencement: sur l'année 1599. p. 469.

(1) Il est à remarquer que ceci s'est passé sur la fin de l'année 1599. D'où il paroît, combien est foible l'argument dont on se sert dans le *Mémoire* des *Etats de* Brabant (pag. [illegible]) pour prouver que la condition à l'Article VIII. de l'Acte de Cession *ne pût causer aucun tort ni prejudice aux Etats & Habitans de la Province de Brabant contre leur Liberté Naturelle; Attendu, dit-on, qu'ils ne se sûmirent à l'obéïssance de leurs Altesses Sereniss. leurs nouveaux Princes, qu'après que l'Archiduc* Albert, *dès le* 25. Août 1599. *leur eût fait le double serment.... de maintenir tous leurs Droits & Priviléges, Libertez* &c. Outre que la question est, si la Liberté du Commerce & de la Navigation dans les *Indes* étoit

léges même sur lesquels il n'y avoit rien dans l'Acte de Cession, qui parût y donner atteinte, du moins directement. D'où vient donc qu'on se tait sur l'exclusion du Commerce des *Indes*, si expressément stipulée par l'Article VIII. que nous avons rapporté tout du long ? N'est il pas de la derniére évidence, qu'il s'ensuit de là, de deux choses l'une, ou que les Habitans des *Païs-Bas Espagnols* n'avoient là-dessus aucun Privilége: ou que, s'ils en avoient, ils y renoncérent alors de la maniere du monde la plus authentique ?

En vain diroit on, qu'ils ne se soucioient point encore d'en faire usage. S'ils avoient dessein de le faire quelque jour, & de conserver leur droit à leurs Descendans, il falloit, de toute nécessité, protester contre un Acte qui les en dépouilloit si visiblement, & aux Articles duquel ils se soûmettoient en pretant serment de fidélité à un nouveau Souverain, qui leur étoit donné sous ces conditions.

§ XIV. Que répond à cela Mr. *Neny*? Il ne peut nier le fait. Il croit en eluder la conséquence, & l'application au Sujet, en la (*l*) traitant *d'impertinente* & de *ridicule*. Les Directeurs de la Compagnie Hollandoise ne font, selon lui, que *battre la campagne en toutes leurs allûres*. C'est ainsi qu'il en use, lorsqu'il se trouve serré de près, & dans l'impuissance de trouver même quelque subterfuge spécieux. Pour ne pas demeurer tout-à-fait muet, comme sur bien d'autres choses, voici l'expédient dont il s'est avisé. Il va encore ici faire tomber Messieurs les Directeurs de la Compagnie Hollandoise en contradiction avec eux-mêmes mais avec autant de succès, qu'il l'a fait (*m*) en un autre endroit. Mauvaises défaites de Mr. *Neny*.

*Il est surprenant*, dit-il, (*n*) *que les Directeurs aient voulu se servir de deux différens moiens, dont l'un détruit l'autre, & la conséquence qu'ils en tirent. Ils disent de l'un côté, que les* Brabançons *& les* Flamands *n'ont jamais eû le droit de commercer aux* Indes, *pour en avoir été exclus par les Loix d'*Espagne; *dans le tems qu'ils avancent, de l'autre côté, que* Philippe II. *n'a voulu ceder & transporter les* Païs-Bas *aux Archiducs, qu'à condition expresse de renoncer pour Eux, leurs Successeurs, & Sujets, au Commerce des* Indes, *par où ils avouent, que, sans cette renonciation expresse, les Habitans des* Païs Bas, *Sujets des Archiducs, auroient été en droit de naviger & de trafiquer dans lesdits Climats.*

E § XV.

étoit comprise sous ces *Libertez & Priviléges*; la preuve, que nous tirons du silence des Etats sur l'Article de la Cession, qui leur ôtoit cette Liberté, demeure la même, & devient par là plus forte; puis qu'ils avoient eû plus d'un an à réfléchir là-dessus, & que cependant ils n'en disent mot, dans les griefs qu'ils proposent sur d'autres Articles. Ainsi on n'est pas mieux fondé, que dans ce qu'on ajoûte (*pag.* 9.) des plaintes, que faisoient les Peuples de *Hollande* & *Zelande*, qui, depuis près de vingt ans, s'étoient délivrez de la domination de l'*Espagne*.

(*l*) *Refut.* § 7. pag. 43.

(*m*) Voiez ci-dessus, *Chap.* IV. § 12.

(*n*) § 7. *pag.* 43. 44.

Cette clause de la Cession n'établissoit pas une nouveauté ; elle continuoit une ancienne exclusion.

§ XV. C'EST ici assûrément une nouvelle Logique, & dont l'invention étoit reservé à Mr. *Neny*. Il fait enlacer les gens à merveille. Supposons pour un moment, qu'il y eût lieu de douter de l'exclusion & des défenses antérieures à la Cession (car pour ce qui est du non usage, on ne sauroit en disconvenir.) De cela seul que *Philippe II.* stipule des Archiducs, sous peine de reversion des *Païs-Bas*, qu'ils empêcheront absolument que leurs nouveaux Sujets n'excercent aucun Commerce ni aucune Navigation dans les *Indes*, pourra-t'on inferer, que ces Peuples, en eussent auparavant la liberté? y a-t'il rien d'ailleurs dans l'Article même, qui l'insinuë?

Cette condition, stipulée sous de si grandes peines, ne donne-t'elle pas au contraire lieu de soupçonner d'abord, que ce n'est qu'une continuation de l'exclusion précedente, dont le Roi d'*Espagne* veut prevenir l'abolition, ou la diminution, qui auroit pû s'en faire à l'avenir par les nouveaux Souverains, intéressez à user de leur pouvoir pour lever les anciens obstacles?

Mais, que les Habitans des *Païs-Bas Espagnols* aient eû, ou non avant ce changement de domination, la liberté de négocier dans les *Indes*, quand ils voudroient; cela empêche-t'il qu'ils n'en aient été privez pour l'avenir, par leur aquiescement tacite à l'Article de la Cession qui les en excluoit si clairement? Or il nous suffiroit, pour le fond de l'affaire, de prouver l'exclusion depuis ce tems-là.

On allegue en vain contre le consentement d'une nation,

§ XVI. NÔTRE Avocat ne réüssit pas mieux à esquiver la conséquence manifeste qui suit du Silence des *Païs-Bas Espagnols* dans une occasion si remarquable, où ils auroient dû faire valoir leur Privilége, s'ils en eussent eû quelcun. *On soûtenoient hautement* (o) nous dit-il, *en* Brabant *& en* Flandres, *après que la Cession des* Païs-Bas *& de* Bourgogne, *faite à l'Infante, y eût été publiée, que ladite Clause exclusive du Commerce des* Indes Orientales *&* Occidentales *étoit injuste, téméraire & contraire au Droit des Gens: Que, comme les* Païs-Bas *n'avoient jamais été une dépendance de la Couronne d'*Espagne, *il n'appartenoit pas à Sa Majesté Catholique d'y faire la loi en sa dite qualité, non plus que dans les Régions éloignées, nommément parmi les Nations qui n'avoient pas reconnu le Roi d'*Espagne *pour Souverain, qui étoient en grand nombre; d'où l'on inferoit, dans les Mémoires faits & publiez en ce tems-là sur cette affaire, que comme* Philippe II. *n'avoit ni le droit ni l'autorité de prescrire aux Habitans des* Païs-Bas *des conditions si onéreuses, & si dures, elles n'étoient pas obligatoires par rapport à eux, comme le certifie* EMANUEL DE METEREN *en son* Histoire des *Païs-Bas*, Livre XX. *sur les événemens de* 1598.

§ XVII.

(o) pag. 44.

§ XVII. A lire ces paroles, on croiroit trouver dans Meteren plusieurs Mémoires *faits & publiez* au tems de la Cession, contre l'Article qui exclut les *Païs-Bas* du Commerce des *Indes*. Mais en consultant l'Histoire cité, on est bien surpris de trouver, que tout se réduit à (*p*) *une certaine Lettre écrite à un Prélat de* Brabant, *qui avoit requis un certain docte Personnage de qualité, de pouvoir entendre son opinion touchant ce transport.* L'Anonyme y dit, entr'autres choses, *Que c'étoit une grande témérité, & un fait contre le Droit des Gens, de défendre à ceux du* Païs-Bas, *desquels le Roi faisoit semblant de chercher si fort le bien & la prospérité, la Navigation & le Trafic ès* Indes Orientales & Occidentales, *où la plûpart des Habitans ne reconnoissoient point encore le Roi; tellement qu'on ne savoit d'où le Roi pouvoit avoir ce droit contre les* Païs-Bas.

Un memoire ou Lettre anonyme & sans aveu.

Voilà un (1) Ecrit sans nom, sans aveu, sans lieu d'Impression, & qui peut avoir été imprimé hors de *Brabant* & même de tous les *Païs-Bas Espagnols*, aussi bien qu'en *Brabant*, quoi qu'adressé à un Prélat de cette Province (2) C'est ce que Mr. *Neny* appelle, *soûtenir hautement* les Priviléges de la Patrie. C'est ce qu'il regarde comme une Protestation des Peuples. Il faut être réduit à une grande disette de preuves, pour avoir le courage d'en alleguer de semblables. Une Lettre comme celle dont il s'agit, peut-elle être regardée comme la voix de la Nation? Peut-on l'opposer au silence & au consentement manifeste de ceux qui représentoient les Provinces des *Païs-Bas Espagnols*?

§ XVIII. Il n'est point de Loi, point de Traité, dont on ne pût détruire la validité, à raisonner de cette maniere. En quel Païs du Monde trouvera-t'on un aquiescement des Peuples si général, qu'il n'y aît pas un seul Particulier, ou même plusieurs, qui ne paroissent pas contents des Actes Publics les plus raisonnables & les plus légitimes? Il est impossible que cela soit, de la maniére que sont faits les Hommes, dont les vuës, les interêts, les dispositions, les génies, ont presque une aussi grande diversité que celle de leurs visages. En *Angleterre*, par exemple, on voit tous les jours publier des Ecrits, ou avec nom ou sans nom d'Auteur, dans lesquels on glose assez ouvertement sur les Actes approuvez par le consentement réüni du Roi & du Parlement: ces Actes en sont-ils moins regardez comme la volonté du Prince & de la Nation?

Autrement il n'y auroit aucune Loi ni Traité qu'on pût dire solide ou stable.



(*p*) Fol. 428.

(1) Notez, que Grotius, dans son *Histoire des Pais-Bas*, rapporte les discours qu'on tenoit au sujet de la Cession, & les choses dont on se plaignoit à cet égard, *Lib.* VII. *pag.* 324. 325. Mais il n'y a pas un mot sur l'Article qui regarde la défense du Commerce des *Indes*.

(2) L'Auteur de la *Réponse au Discours repandu dans le Public* &c, parle d'un *Ecrit publie en Brabant*, & rapporté par Pierre Bor, dans son *Histoire des Guerres des Pais-Bas*, sur l'année 1595. comme s'il étoit différent de celui-ci *pag.* 33, (34.) Mais c'est visiblement le même. On n'a qu'à les confronter.

*Des protestations particulieres confirment un consentement general.*

§ XIX. QUAND Mr. *Neny* pourroit produire d'autres Mémoires, & encore plus authentiques, que le seul qu'il met en avant, il ne feroit que s'enlacer soi-même, & nous fournir une preuve contre lui. Car cela montreroit, que, si les Provinces des *Païs-Bas Espagnols*, ne s'opposerent point à l'exclusion du Commerce des *Indes* stipulée par l'Acte de Cession, ce ne fut point par inadvertence, ou par oubli. On y pensa; on y fit réflexion; & cependant ceux à qui il appartenoit, les Etats, les Deputez des Provinces, n'en dirent mot, pendant qu'ils se récrioient sur d'autres Articles. Ils voulurent donc bien se soûmettre à celui-ci; & une approbation comme celle-là laisse sans force toutes les plaintes de quelques Particuliers.

*Ce consentement confirmé par l'observation de la defense.*

§ XX. MAIS à quoi bon tant de discours, quand les choses parlent? L'interpretation que nous donnons ici au silence a été confirmé depuis par un silence continuel, & par l'observation exacte de l'exclusion du Commerce des *Indes*, stipulée dans l'Article de la Cession.

*L'instruction secrete de Philippe II. à Philippe III. Confirme l'exclusion des Flamands.*

On a une Instruction secréte, que *Philippe II* donnoit à *Philippe III.* son Fils & son Successeur, & qui fut trouvée après la mort du prémier, arrivée en M. D. XCVIII. Entr'autres conseils qui regardent le Gouvernement, ce Prince y représente, d'un côté, l'utilité de se maintenir en possession de la Navigation des *Indes Orientales & Occidentales*; de l'autre, la difficulté d'en fermer entiérement l'accès à la *France* & à *l'Angleterre*, à cause de leur Puissance. Il vient ensuite au *Païs-Bas*, par rapport auxquels il fait souvenir son Fils des précautions qu'il a prises pour empécher (1) que ces Provinces n'eussent aucune part au Commerce des *Indes*. Cependant, dans la pensée que l'état des choses peut venir à changer, il ajoûte, qu'au cas que l'*Angleterre* vînt à faire des progrès dans les *Indes*, il pourra alors (q) *se fortifier de ceux du* Païs-Bas (*quand même ils seroient en partie Hérétiques, & qu'ils voudroient demeurer tels, à condition qu'ils pourront librement vendre leurs Marchandises en* Espagne *& en* Italie, *en paiant les revenus Roiaux & autres droits, & en* OBTENANT PASSEPORT POUR POUVOIR NAVIGER ES INDES ORIENTALES ET OCCIDENTALES, *en donnant pleige ici, & en faisant le serment, qu'en retournant de là, ils viendront décharger en* Espagne, *sur peine d'être punis corporellement, si on trouve qu'ils aient fait autrement.*

*Aussi bien avant qu'aprés la Cession.*

§ XXI. PHILIPPE II. temoigne là clairement l'exclusion où il avoit tenu les *Païs Bas* du Commerce des *Indes*, & avant & aprés la Cession faite aux

(1) Le vieux Traducteur François exprime mal le sens de cet endroit: car il traduit; *Je me suis réservé les Païs-Bas pour vous* &c, au lieu de: *J'ai exclu les* Païs-Bas *en vôtre faveur* &c. comme la suite du discours fait seule entendre qu'il doit y avoir.

(q) *Meteren*, Liv. XX. fol. 444.

aux Archiducs. Le conseil, qu'il y donne à son Fils, la suppose d'ailleurs par lui-même. Le tempérament, avec lequel il croit qu'on pourroit avec le tems en relacher quelque chose, marque aussi combien il jugeoit à propos qu'on ne fit rien qui tendit à la laisser abolir. Il recommande de ne pas permettre ce Commerce indifféremment à tous ceux qui voudroient s'en méler, mais seulement à quelques-uns, auxquels on donneroit pour cet effet des Passeports particuliers. Il veut qu'on les oblige par serment, & sous bonne caution donnée, non dans les *Païs-Bas*, mais en *Espagne*, à ne point retourner d'abord chez eux, avec les richesses qu'ils apporteront des *Indes*, mais à aller tout droit en *Espagne*, y décharger & vendre leurs Marchandises, afin qu'alors même le principal profit de la Navigation revienne au Roi & aux *Espagnols*. *Philippe III.* néanmoins ne suivit point ce conseil, & ne trouva pas bon de rien changer, avec toutes les modifications indiquées.

Le message de Goesman prouve aussi cette exclusion.

§ XXII. En l'année M. DC. *Don Enriques de Goesman*, au raport de Meteren, (*r*) aiant été envoié d'*Espagne*, *eut charge de se plaindre des Marchands d'*Anvers, *de ce qu'ils négocicient sous le nom des* Hollandois *és* Indes, *& sous le nom des* François *&* Ostrelins *en* Espagne, *& se servoient ainsi de moiens & voies obliques*: Pour cet effet *il requit qu'on pût visiter les Comptoirs, Livres de comptes, & écrits de quelques Marchands à* Anvers, *pour voir si on ne trouveroit point telles & semblables fraudes... Il les contraignit enfin à s'accorder, pour ce qui s'étoit passé, & leur fit paier au mois de* Mars, *l'an* 1601. *quelque Six-cents mille Ducats, ou davantage.*

Malgré les chicanes de Mr. Neny.

Sur ce passage Mr. *Neny* se récrie fort: Il prétend (*s*) qu'on a *cité faux*; &, selon les régles de sa nouvelle Logique, il en conclut, que *toutes* les autres *citations* des Piéces precedentes sont sujettes à caution. En voici la preuve. De Meteren *ne dit pas que les plaintes, que* Don Henriques de Goesman *avoit ordre de porter à l'Archiduc à cet égard, étoient fondées sur l'infraction desdites Clauses exclusives, mais uniquement sur ce que lesdits Marchands étoient en societé avec les* Hollandois, *Ennemis de Sa Majesté Catholique & des Archiducs leurs Souverains, dans le Commerce des* Indes, *& qu'ils leur fournissoient sous main de l'argent pour exercer & soûtenir ce Commerce, & pour les mettre par là en état de continuer la Guerre contre l'*Espagne, *pour raison dequoi le dit* Goesman *requit, qu'on lui donnât accés aux Livres & papiers de quelques Marchands d'*Anvers: *mais comme il n'en put venir à bout, l'on arrêta en* Espagne *tous les effets que ceux d'*Anvers *& les autres Negocians des* Païs Bas *y avoient, par où on les réduisit à la nécessité de s'accommoder pour ce qui s'étoit passé, moiennant une somme de Six-cents mille Ducats, non pour avoir contrevenu à l'exclusion portée par la Cession faite à l'Infante, mais seulement pour avoir cooperé criminellement, par leurs soins & par leur argent, à l'accroissement du Negoce & des revenus des Pro-*



(*r*) Liv. XXII. *fol* 487.
(*s*) *Réfut.* § 7 pag. 45. *Reponse au Discours*, pag. 34, 35.

*Provinces Confederées*, *qui étoient en guerre contre le Roi d'*Espagne, *& contre les Archiducs.*

Sur tout étant joint aux autres preuves ;

§ XXIII. Si nous n'avions d'autre preuve, que ce passage, de l'exclusion où nous soûtenons que les *Païs-Bas* étoient, avant & après la Cession, nous n'aurions garde de nous en prévaloir. Mais en le joignant à tous les faits & toutes les raisons qui démontrent cette exclusion, il peut fort bien entrer en ligne de compte.

Car il paroît d'abord par là, que dès-lors les Habitans des *Païs-Bas* connoissoient fort bien l'utilité du Commerce des *Indes*, puis qu'ils y négocioient *sous le nom* des *Hollandois*. D'où vient donc qu'ils n'entreprirent jamais d'y envoier eux-mêmes des Vaisseaux? Le profit auroit été sans doute beaucoup plus grand pour eux. A quoi bon alloient-ils rechercher les *Hollandois*, & contribuer ainsi à l'accroissement de leur Commerce, au hazard d'être eux-mêmes rigoureusement punis par cette seule raison qu'ils trafiquoient en Société avec les Ennemis de leur Souverain ?

Et à d'autres circonstances des affaires d'alors.

§ XXIV. De plus, la Cession des *Païs-Bas* aiant été faite tout fraichement (car il n'y avoit que deux ans de passez) & personne ne pouvant nier que les Archiducs ne se fussent engagez, par l'Acte même de leur investiture, d'empêcher que leurs nouveaux Sujets ne trafiquassent ni directement, ni indirectement, dans les *Indes*; est-il rien de plus naturel, que de rapporter là ces *moiens & voies obliques*, ces *fraudes*, dont on se plaignoit qu'usoient les Marchands d'*Anvers*? Il est vrai, que la raison tirée des *Hollandois* y entroit pour quelque chose: mais ce n'étoit ni la seule, ni la principale. Car on voit que *Philippe III.* recherche & punit aussi ceux des *Pays Bas* qui *trafiquoient sous le nom des* (1) François & Ostrelins en Espagne: or ni les *François*, ni les Peuples de la *Mer Baltique*, n'étoient alors en guerre avec l'*Espagne*; & au contraire il leur étoit permis d'y trafiquer, comme l'affaire même, dont il s'agit, le suppose, au lieu que le Roi d'*Espagne* le défendoit aux *Pays Bas*. Mais il n'interdisoit pas moins à ceux-ci le Commerce des *Indes*, qui étoit pour lui de bien plus grande conséquence, & il fut toûjours aussi soigneux, que son Pére, de maintenir l'exclusion stipulée par l'Acte de Cession faite aux Archiducs, qui eux-mêmes ne contrevinrent jamais à leurs engagemens.

§ XXV.

(1) L'Auteur de la *Réponse* &c. qui resemble fort à Mr. *Neny*, & qui, comme lui, dit (*pag.* 35. *qu'il y a peu de fond à faire sur la fidelité des allégations de Mrs. les Directeurs:* falsifie ici lui-même hardiment les paroles de Meteren. Car il lui fait dire (*pag.* 34.) que *les Négocians d'*Anvers *faisoient le même manege* EN SOCIÉTÉ AVEC LES HOLLANDOIS, *par rapport au Commerce d'*Espagne, *où ils trafiquoient sous le nom des* François *& des Villes Anséatiques* &c. Au lieu que Meteren distingue clairement la Société avec les *Hollandois* pour le Commerce des *Indes*, d'avec la Société avec les *François* & *Ostrelins* pour le Commerce d'*Espagne*; comme il paroît par le passage rapporté ci-dessus.

§ XXV. Cela paroit par d'autres endroits du même Historien, dont nous venons d'examiner la citation. Il rapporte tout du long, sur l'année M. DC. IV. *un petit Livret (t) imprimé en* Hollande, *servant d'advertissement, pour ne point tendre l'oreille à quelques Articles controversez de Paix*; & dont *l'Auteur se disoit être amateur de la Liberté du* Païs-Bas, *& disoit avoir reçû ce discours d'un qui étoit mort, & qui le lui avoit recommandé.* Dans l'endroit de la Piece, où cet Ecrivain s'adresse aux *Catholiques Romains* des Provinces du *Pays-Bas*, il leur dit, entr'autres choses: (u) *Vous voyez déja, que l'Archiduc & l'Infante sont obligez par leur Contract de Mariage, de vous défendre la Navigation ès* Indes Orientales *&* Occidentales &c. Cela suppose manifestement, que les Archiducs observoient & paroissoient alors disposez à continuer d'observer avec soin l'article de l'Acte de Cession, qui regarde l'exclusion du Commerce des *Indes*, pour eux & pour leurs Sujets.

Cette exclusion maintenuë par les Archiducs.

§ XXVI. La même année, (x) *le neufviéme d'*Avril, *on publia à* Lisbonne, *pour l'avancement de la Navigation, un Placart de la part du Roi* (d'*Espagne*) *par lequel on défendoit que dorefnavant nul Etranger*, DE QUELQUE NATION QU'IL PÛT ÊTRE, *encore même qu'il fût Habitant & naturalizé en* Portugal, *n'eût en aucune façon à aller trafiquer ou naviger en aucune place des Conquêtes de la Couronne de* Portugal, *par delà les Iles des* Azores *& de* Madere, *comme ès* Indes Orientales, *au* Bresil, *à Angola*, sur *les Côtes de la* Guinée, *de* Bennin, *de* Malaguetta, *jusques aux Iles de* St. Thomé *ou* Cap - Verd, *ou en quelques Places découvertes par les* Portugais, *ou lesquelles se pourroient encore découvrir: Que les* Portugais *n'eussent point à s'emploier, ni à se laisser employer, ou emploier quelques* NAVIRES, OU PERSONNES ETRANGERES, N'ÉTANT POINT PORTUGAIS, *en aucune desdites Places: Item, que tous les Etrangers, n'étant point Portugais, demeurans és dits Pays, eussent à retourner incontinent en* Portugal, *sans avoir égard s'ils y avoient demeuré long tems, ou point; & ceux qui étoient ès* Indes Orientales, *ou au* Bresil, *& autres Places par delà & par deça le* Cap de Bonne Esperance, *en un an après la publication de ce Placard. Le Roi révoquoit pareillement toutes ses licentes, lesquelles avoient été auparavant octroiées à quelques Etrangers, pour pouvoir aller trafiquer ès dits Lieux & Places*, &c. *Et tout cela sur peine de la vie, sans grace, appel, ou redemtion.*

Et par le Placard de Philippe III. publié à Lisbonne en 1604.

Il n'est pas besoin de Commentaire sur ce Placard. Comme à la faveur des *Portugais*, alors Sujets de la Couronne d'*Espagne*, & en possession d'un grand Commerce dans les *Indes*, qu'ils y avoient autrefois ouvert eux-mêmes pendant qu'ils avoient leur propre Roi, les Etrangers, auroient pû se mêler indirectement

(t) *Meteren*, fol. 557. *vers.*
(u) *Fol.* 562. *vers.*
(x) *Ibid.* Fol. 564. *vers.*

rectement dans ce Commerce; *Philippe III.* fait ici des défenses & prend des précautions, qui ne laissent aucun lieu de douter, que les Habitans des *Pays-Bas* n'y soient aussi compris, & qu'il ne veuille empêcher qu'on n'élude en aucune maniere l'Article de la Cession qui impose aux Archiducs l'obligation de les en tenir exclus. Aussi voions-nous que le MERCURE FRANÇOIS (*y*) parlant du projet qui fut fait en l'année M. DC. VIII de la Compagnie *Hollandoise* des *Indes Occidentales*, dit: *Si l'institution de cette Societé a détourné le profit du trafic des* Espagnols *&* Portugais, *& leur a apporté beaucoup de dommage, il n'y a point de doute; car* EUX SEULS *trafiquoient en l'une & l'autre* Inde &c.

C'est exclusion supposée encore par la Trêve faite en 1609.

§ XXVII. LA Trêve que le Roi d'*Espagne*, & les Archiducs, firent en M. DC. IX. avec les *Provinces-Unies*, suppose la même chose, comme nous l'avons déja remarqué, & comme nous le montrerons encore plus bas. Voici ce que dit encore le MERCURE FRANÇOIS, sur l'année M. DC. XII. *Lesdits Sieurs* (*z*) *Etats étant troublez au Commerce des* Indes Orientales, *par les* Espagnols *&* Portugais, *qui prétendent que quelque Paix ou Alliances qu'ils aient avec les autres Rois, Princes, & Etats Chrétiens,* NUL QU'EUX *ne doit passer la Ligne Equinoctiale, pour aller trafiquer aux* Indes Orientales *&* Méridionales, *ordonnérent qu'au Printems de l'année suivante trente Navires de Guerre partiroient pour aller assûrer contre qui que ce fût leur Commerce en l'une & l'autre* Inde &c. Il n'y eut, à cet égard, aucun changement ni par la mort de *Philippe III.* arrivée le dernier de *Mars* de l'année M. DC. XXI. ni par celle de l'Archiduc *Albert*, qui suivit bien tôt après, le 13. de *Juillet* de la même année; par celle de l'Archiduchesse *Isabelle Claire Eugénie*, qui deceda le 1. Decembre M. DC. XXXIII.

Et approuvée par F. Zypæus Jurisconsulte d'Anvers.

§ XXVIII. NOUS avons une *Notice du Droit des Païs-Bas*, par un Jurisconsulte d'*Anvers*, Protonotaire Apostolique, Chanoine, Official & Archidiacre de cette Ville; où il publia son Livre, pour la (1) prémiere fois, en l'année M. DC. XXXV. Il y pose en fait, *Que la Navigation des* Indes *est défenduë aux autres Nations, excepté les* Espagnols *& les* Portugais (2) Il louë fort le Pape *Alexandre VI.* de l'avoir *défenduë*, *soit pour le Commerce,*

(*y*) *Tom.* I. feuillet 193. *vers.*
(*z*) *Tom.* III. pag. 20.
(1) On m'a assûré qu'il y en a une Edition publiée depuis la Paix même de *Munster*, avec des additions de l'Auteur, qui y fait mention de ce Traité.
(2) *De Navigatione Indica, cæteris gentibus, præter* Hispanos *&* Lusitanos *prohibita... eam* Alexander VI. *commerciorum, aliâve quacumque de causâ susceptam prohibuit sub excommunicationis latæ sententiæ pœna. merito... Qua de causâ, pluribusque Politicis, si rectè* Josaphat *Rex Juda noluit Regem* Israël *ad classem suam in Insulam* Ophir *ex more majorum navigantem admittere, Rex Catholicus, ne alii in Indias navigent, tam justè armis prohibet, quàm* LEGIBUS INTERDICIT. Notit. Jur. Belgic. *Lib.* XII. Tit. ult. *pag. ult.*

*ce, soit pour quelque autre sujet, sous peine d'Excommunication*; & le *Roi Catholique*, de *l'empécher, tant par ses Armes que par ses Loix.* Voilà un témoin, de la Nation méme, & son Livre porte Privilége du Roi, aussi bien qu'Approbation des Examinateurs ordinaires.

§ XXIX. Ainsi c'est mal-à-propos que Mr. *Neny* observe *en passant*, (*a*) que, *comme la reversion des* Païs-Bas, *stipulée par la Cession, a eû son effet par la mort de l'Archiduc* Albert, *sans enfans, il n'est plus question de cette Cession.* On ne gagne rien non plus à dire, comme font Mrs. les Etats de *Brabant*, dans (*bb*) leur *Mémoire*, que *Sa M. I. n'est pas le Successeur ni Descendant des Archiducs.* Car tout cela empéche-t'il qu'il ne soit vrai, qu'en vertu d'un Article formel de l'acte de Cession, les *Païs-Bas* ont été & dû étre exclus du Commerce des *Indes*, pendant tout le tems que cette aliénation a duré; & qu'ainsi il n'y a pas eû le moindre intervalle, dans lequel l'ancienne exclusion aît été interrompuë? S'il y en avoit eû quelcun, ce n'auroit pû étre que sous la domination des Archiducs; le génie & la politique des Rois d'*Espagne* les aiant toûjours portez à empécher de toutes maniéres que les Habitans des *Païs-Bas* n'eussent aucune part au Commerce dont il s'agit. L'exclusion antérieure se trouve donc par là continuée sans interruption, & jointe avec l'exclusion suivante, dans laquelle les Rois d'*Espagne*, redevenus maîtres des *Païs-Bas*, les ont constamment tenus, & cela sans qu'ils s'en soient jamais plaints. En voici une preuve, au sujet de *Philippe IV.* En l'année M. DC. XXXIV. ce Prince aiant donné ordre d'arreter le Duc d'*Arscot*, on fit de grandes plaintes, dans les *Païs-Bas*, contre les *Espagnols*; & il parut là-dessus, au mois de *Juin*, un Ecrit, sous le nom des *vrais Amateurs de la Religion Catholique & de la Patrie.* On y entre dans un assez grand détail de la tyrannie des Ministres du Roi d'*Espagne*, & de l'atteinte qu'ils donnoient aux Priviléges de ces Provinces: mais il n'y a pas un mot au sujet de l'exclusion du Commerce des *Indes*; & au contraire, on insinuë clairement, en un endroit, qu'on la souffre sans murmurer. *Nous* (*b*) *devons esperer*, dit-on, *que le Roi enfin aura pitié de nous, en retirant les* Espagnols; *& que, quand l'extrémité de nos malheurs & des desordres publics lui aura fait connoître la néceßité de ce reméde, il préférera la conservation de la Religion Catholique, de sa propre Autorité, & de nos Priviléges, à l'interêt de quelques Particuliers, qui peuvent desormais trouver plus aisement, & avec moins de préjudice de Sa Majesté, des mines d'Or & d'Argent dans les* Indes, *que dans nos Maisons, tantôt ruinées* &c.

On prouve que cette exclusion a continué sans interruption, jusqu'en 1634.

§ XXX. L'Auteur de la *Lettre à un Ami en Hollande* a eû la bonté de

Et jusqu'à

F

(*a*) *Refut.* § 7. pag. 46. *Reponse* pag. 29.
(*bb*) *pag* 10.
(*b*) *Mercure François*, Tom. XX. pag. 295. 296.

la paix de Munster.

de nous fournir lui-même une autre preuve. C'eſt dans une *Lettre* (*c*) *dont l'Original ſe trouve dans les Archives du Païs*, & *la Copie dans le Recueil imprimé des Placards de* BRABANT, Tom. I. *fol.* 322. *en date du* 25. *Octobre.* 1640. Le Cardinal Infant, Gouverneur des *Païs-Bas*, y déclare, au nom de *Philippe IV.* le deſſein que ce Prince avoit, *pour beneficier ſes bons fidelles Sujets de par deça*, *de leur faire ouverture du Commerce des Indes Orientales avec faculté d'y pouvoir entrer*, *enſemble à tous Inhabitans du Septentrion*, NON-OBSTANT QUE CELA N'AÎT ÉTÉ PERMIS JUSQUES AUJOURD'HUI. Je ferai voir (*d*) ailleurs, que l'avantage & les conſéquences qu'on prétend tirer de cet Octroi projetté, qui n'eut point d'effet, ſont ſans fondement. Il me ſuffit de conclure ici des termes exprès de la Lettre, que, ſelon le témoignage de *Philippe IV.* le Commerce des *Indes* avoit été défendu aux *Païs-Bas* juſqu'au tems où elle eſt écrite; c'eſt-à-dire, huit ans avant la Paix de *Munſter*.

Les Païs-Bas Eſpagnols ont negligé la ſeule occaſion qu'ils ont eüe d'obtenir la Liberté du Commerce des Indes.

§ XXXI. APRÈS tant de preuves ſi authentiques & de l'excluſion où les *Païs-Bas* ont été conſtamment tenus, & de leur patience à la ſouffrir, je ne ſai comment on oſe ici parler de Privilèges. Qu'eſt ce qu'un Privilège, dont on n'a jamais fait uſage, dont l'uſage a toûjours été défendu, ſans qu'on aît ouvert la bouche pour s'en plaindre?

Il n'y avoit qu'un moien, d'aquérir le Privilège du Commerce des *Indes*; & ce moien, les Provinces des *Pays-Bas Eſpagnols* le perdirent par leur faute. Si elles fuſſent demeurées dans la Confédération où elles étoient d'abord entrées avec les Sept Provinces détachées de leur corps, elles ſe ſeroient vraiſemblablement procurées, avec leur Liberté pleine & entiere, la jouïſſance d'un droit dont leurs Souverains les avoient toûjours excluës. Les *Provinces-Unies* auroient volontiers partagé avec elles le Commerce des *Indes*, comme tous les autres avantages propres à ſe ſoutenir mutuellement: & il n'y auroit point eû de diſpute là-deſſus, comme il y en a aujourd'hui.

Ce n'eſt pas par negligence ou faute de connoiſſance qu'ils n'ont pas cherché ce Commerce

§ XXXII. ON ne ſauroit d'ailleurs alleguer aucune raiſon plauſible de l'indifference & de la négligence des *Pays-Bas Eſpagnols* à faire uſage du Commerce des *Indes*, ſuppoſé qu'ils en euſſent eû le droit. Ils connoiſſoient fort bien l'avantage de ce Commerce, puis que, comme nous (*e*) l'avons vû ci-deſſus, pluſieurs Marchands cherchoient à y avoir part ſous le nom des *Hollandois*. Ils n'ont jamais négligé aucune ſorte de navigation, de negoce, ou autre maniere de ſubſiſter & de s'enrichir, qui leur a été ouverte. Ce ſeroit une ſtupidité & indolence inconcevable, s'ils avoient regardé le Commerce des *Indes* comme ne leur étant point avantageux, ainſi que Mr. *Neny* (*f*) voudroit l'inſinuer.

Il

(*c*) *Lettre.* pag. 11. (*d*) *Chap.* VIII §. 14.
(*e*) § 22, 23. (*f*) *Réfutation*, § 7. pag. 47.

Il n'eſt pas mieux fondé à dire, que (g) *les Habitans des* Païs-Bas Autrichiens *n'ont pû entreprendre par le paſſé le Commerce desdites Régions éloignées à cauſe des Guerres continuelles, dont ils étoient accablez, pour ainſi dire ſans interruption, depuis le Commencement des Révolutions, juſques au Traité de* Radſtadt, *&* *de* Bade. Mais croit-on, que perſonne ne ſache la Carte & l'Hiſtoire de ces Provinces? C'eſt une opinion commune, que la Guerre les nourrit. L'Auteur de la *Lettre à un Ami en Hollande*, dans l'endroit où il décrit ſi pathetiquement la condition déſavantageuſe, ſelon lui, & la triſte ſituation des *Païs-Bas Autrichiens*, pour toucher de compaſſion les Puiſſances de l'*Europe*, reconnoît (h) que, *ſi par des influences de hazard, ils n'euſſent été choiſis pendant bien des années pour le Théatre Principal de la Guerre, la pauvreté & le manque d'argent y auroient paru au ſuprême degré* &c. Les Guerres les enrichiſſent donc, & par là les mettent plus en état d'entreprendre divers Commerces. Elles ne les ont pas autrefois empêché d'exercer, pour le moins autant que les autres Nations, la Navigation & le Commerce en *Europe*, hors de l'*Eſpagne*, où leurs Souverains ne le leur permettoient guéres plus, que dans les *Indes*. On ſait auſſi que les *Provinces-Unies*, moins riches par elles-méme, ont établi & pouſſé leur Commerce dans ces Climats éloignez, au fort même de la Guerre avec l'*Eſpagne*. Eſt-il poſſible que les Habitans des *Païs-Bas Eſpagnols*, n'euſſent jamais été en état, ou ne ſe fuſſent jamais aviſez, de pénétrer juſqu'aux *Indes*, s'il n'y avoit eû quelque défenſe & quelque empêchement de la part de leurs Souverains? C'eſt une épine, que Mr. *Neny*, & les autres Avocats de la Compagnie d'*Oſtende*, ne ſe tireront jamais du pié.

Ni à cauſe des guerres où ils ont été engagés.

§ XXXIII. Mais toutes ces conjectures deſtituées de la moindre apparence, ſont démenties par Meſſieurs les *Etats de* Brabant eux-mêmes. Ils (i) avouent de bonne foi, que, par *le changement de Maître*, qui les a fait paſſer ſous la domination de l'Auguſte Maiſon d'*Autriche*, *ils ſe trouvent heureuſement débarraſſez de deux obſtacles qui leur avoient empêché l'excercice de la Navigation aux* Indes; *l'un provenu autrefois de la prohibition & défenſe que leur Prince Souverain, comme Roi* d'Eſpagne, *leur avoit faite, de naviger & de négocier aux* Indes, *au préjudice des* Caſtillans: *& l'autre conſiſtant en ce qu'ils n'avoient jamais pû obtenir de S. M. Catholique la protection dont ils avoient beſoin pour ſoûtenir cette Navigation aux* Indes Orientales &c. Il eſt vrai, qu'ils prétendent, que ce n'etoient que des *obſtacles accidentels, Facti non juris*, & que les Rois d'*Eſpagne* leur avoient interdit la Navigation aux *Indes*, comme Rois d'*Eſpagne*, & non pas comme Ducs de *Brabant* &c. mais le contraire paroît manifeſtement & par ce que nous avons déja dit, & par ce que nous dirons dans la ſuite. L'aveu du fait nous ſuffit ici.

Aveu des Etats de Brabant ſur les obſtacles.

F 2 CHA-

(g) *Refut. Pag* 43

(h) *Lettre*, pag. 7

(i) *Mémoire des Trois Etats du* Brabant. pag. 12.

# CHAPITRE VI.

*Où l'on fait voir, à quelle fin & de quelle maniére on a pretendu se prévaloir du* Traité de TRÊVE; *& l'on établit le vrai sens du* Traité de MUNSTER.

Réfutation des chicanes de Mr. *Neny*

§ I. J'AI fait voir, dans les Chapitres précedens, que *Philippe IV.* traita véritablement comme Souverain des *Païs-Bas*, aussi bien qu'en qualité de Roi d'*Espagne*, dans les Articles du Traité de *Munster* qui regardent le Commerce des *Indes*; & qu'il n'y a rien d'ailleurs dans la stipulation même de ces Articles, appliquée aux Habitans des *Païs-Bas*, aujourd'hui *Autrichiens*, qui soit capable de les exemter des engagemens que *Philippe IV.* contracta pour lui & pour tous ses Sujets sans exception, en faveur des Compagnies Hollandoises privilégiées par Leurs Hautes Puissances. Il faut maintenant examiner le vrai sens desdits Articles, & le défendre contre la (*a*) *futilité des raisonnemens* de Mr. *Neny*; pour me servir de ses propres termes dans une application contraire, mais qui, à mon avis, paroîtra plus juste.

L'Art. IV. de la Trêve prouve les Hollandois en possession du Commerce des Indes,

§ II. IL commence par réfuter l'usage qu'on a fait de l'Article IV. du *Traité de* TRÊVE, conclu en M. DC. IX. & il (*b*) s'étend beaucoup là-dessus. Mais il se bat avec son ombre, & donne hardiment le change au Lecteur. Il suppose, que Mrs. les Directeurs des Compagnies, Orientale & Occidentale, fondent précisément & directement sur ce IV. Article, leurs droits exclusifs de ceux des *Païs-Bas*, autrefois *Espagnols*. Point du tout. Voici à quelle fin & de quelle maniére ils se prévalent de l'Article de la *Trêve*.

Ils prouvent par là, prémiérement, le progrès & la longue possession de leur Commerce dans les *Indes*.

Avec l'approbation du Roi d'Espagne,

Ils disent ensuite, (*c*) que *Philippe III.* reconnut alors & *admit*, *quoi qu'avec peine*, *leurs Privilèges*. Or cela est incontestable, par les paroles mêmes du Traité, puis que le Roi d'*Espagne* s'y engage à ne point empêcher, en aucune maniére, qu'ils commercent librement, hors de l'*Europe*, & par conséquent dans les *Indes*, avec tous les Potentats & Peuples qui le leur auront permis, ou voudront le leur permettre, pendant le tems de la Trêve.

Et l'exclusion des Flamands

Ils inférent de là, enfin, que les Habitans des *Païs Bas Espagnols* demeurérent alors exclus, comme auparavant, du Commerce des *Indes*; puis que la liberté de commercer, entre les Sujets de part & d'autre, est restreinte expressément à l'*Europe*.

§ III.

(*a*) *Réfutation*, § 2. pag. 11.
(*b*) *pag.* 12. *& suiv.*
(*c*) *I. Dissertat.* § 4.

§ III. Cette dernière conséquence n'est pas moins évidente, que les autres. Les Archiducs traitoient ici, aussi bien que le Roi d'*Espagne* avec les *Provinces-Unies*, & ils traitoient chacun pour tous leurs Sujets. Si donc il eût été permis aux Sujets des Archiducs d'exercer quelque Navigation & quelque Commerce dans les *Indes*, où ceux des *Provinces-Unies* pouvoient le faire en vertu du Traité même; n'auroit-on rien dit d'eux à cet égard, & les Archiducs se seroient-ils contentez d'assûrer la liberté réciproque du trafic & du commerce de leurs Sujets en *Europe*?

Preuve de cette exclusion.

D'ailleurs, il est certain qu'ils étoient engagez, en vertu même du titre de leur Souveraineté sur les *Païs-Bas*, de n'envoier ni permettre qu'aucun de leurs Sujets envoiât des Vaisseaux dans les *Indes*. Ils n'avoient jamais été déchargez de cet engagement: & s'ils avoient voulu ou pû s'en faire décharger pour l'avenir, ils auroient dû le stipuler ici par une clause expresse; autrement l'exclusion se sousentendoit d'elle-même.

§ IV. Mais cette exclusiòn est manifestement confirmée en ce que la prémiére Clause de l'Article IV. du *Traité du Tréve* porte un engagement réciproque, du Roi d'*Espagne*, & des Archiducs, d'un côté; & de l'autre, des *Provinces-Unies*: au lieu que, dans la Clause suivante, qui regarde le Commerce des *Indes*, c'est le Roi d'*Espagne* seul qui stipule, & qui s'engage envers les *Provinces-Unies*. Est-ce donc que les *Provinces-Unies* auroient voulu qu'on laissât aux Archiducs la liberté de troubler leur Navigation & leur Commerce dans les *Indes*, pendant qu'elles exigeoient du Roi d'*Espagne*, qui avoit eû tant de peine à y consentir, qu'il n'y apportât aucun empechement? Quand donc on ne feroit pas d'ailleurs assûré, que les *Païs-Bas* étoient exclus du Commerce des *Indes*, la différente maniére, dont les deux Clauses de cet Article sont conçuës, feroit seule sentir d'abord, qu'il s'agit dans la derniére, d'une chose qui ne regardoit point du tout les Archiducs, & sur quoi il ne pouvoit y avoir rien à démêler, qu'entre le Roi d'*Espagne* & les *Provinces Unies*.

Autre preuve de l'exclusion.

§ V. Mr. *Neny* en (*d*) convient lui même; & il en allégue pour raison, que *les Archiducs n'avoient ni possessions*, *ni établissemens*, *dans les Régions éloignées*. D'où il conclut, que le Traité, à cet égard, ne les regardant point, ne pouvoit obliger ni eux, ni leurs Etats.

Mr. *Neny* réfuté sur cela.

Mais, s'il avoit été permis aux Archiducs, & à leurs Sujets, d'envoier des Vaisseaux dans les *Indes*, ils auroient pû, d'une maniére ou d'autre apporter quelque obstacle au Commerce des *Provinces Unies*, quoi qu'ils n'eussent encore alors aucunes possessions, aucun établissement, dans ces Régions éloignées. Or c'est assûrément sur quoi Leurs Hautes Puissances n'auroient pas manqué de prendre bien leurs précautions dans l'Article du Traité qui regarde ce Commerce.

F 3 De

(*d*) § 2 *pag.* 16.

De plus, on va chercher ici une raison imaginaire, pendant qu'il s'en présente une très-naturelle, fondée sur un fait, que l'on ne sauroit nier. Les Archiducs, en conséquence de l'Acte même de la Cession qui leur avoit aquis la Souveraineté des *Païs-Bas*, étoient dans l'obligation la plus indispensable de n'exercer, ni permettre que leurs Sujets exerçassent aucune Navigation, aucun Commerce dans les *Indes*. Cet engagement subsistoit toûjours: on n'a point prouvé, & on ne peut prouver qu'il leur eût été relâché par la Couronne d'*Espagne*; ni qu'eux-mêmes eussent seulement essaié de s'en dispenser. Faut-il autre chose, pour se convaincre, que l'intention de *Philippe III.* étoit d'insinuer, par la différence des deux Clauses à l'égard des Parties contractantes, que la derniere Clause ni ne regardoit, ni ne pouvoit regarder les Archiducs, ou leurs Sujets, à cause des mesures que *Philippe II.* avoit prises, pour empêcher que l'exclusion, où ils avoient toûjours été, du Commerce des *Indes*, ne cessât point par le changement de Souverains?

La Trêve fournit un bon argument aux Hollandois; mais ils le fondent principalement sur le Traité de Munster.

§ VI. Sur ce pié-là, Messieurs les Directeurs de la Compagnie Hollandoise ont eû raison de tirer du Traité de Trêve un argument qui sert beaucoup à leur cause. Du reste, ils n'ont jamais pensé à prétendre, qu'en vertu de ce Traité seul, l'exclusion, où il laissoit les Provinces des *Païs-Bas Espagnols*, eût dés-lors quelque effet en faveur des Compagnies privilégiées des *Provinces-Unies*. Le Traité de *Munster* est la (1) grande époque, d'où ces Compagnies dattent leur droit plein & entier à cet égard. C'est aux Articles de ce Traité, qu'elles rapportent tout; c'est là qu'il faut s'attaquer sérieusement. Quelques legéres escarmouches, quelques chicanes sur les termes, n'emporteront pas un Fort aussi imprenable.

La repugnance des Rois d'Espagne à accorder ces Articles,

§ VII. On étale ici (*e*) d'abord, & par rapport aux Négociations de la Trêve, & par rapport à celles du Traité de Paix de *Munster*, la grande repugnance que les Rois d'*Espagne*, *Philippe III.* & *Philippe IV.* temoignérent à accorder les Articles qui regardoient le Commerce des *Indes*.

Mais cela ne sert de rien pour détruire ni la conséquence que nous tirons de l'Article IV. du Traité de Trêve, comme confirmant la continuation des défenses du Commerce des *Indes* faites aux *Païs-Bas Espagnols*; ni le sens que nous donnons, & qu'on a toujours donné aux Articles V. & VI. du Traité de *Munster*. Il n'est pas question de savoir, si l'on a eû plus ou moins de peine, à convenir de ceci ou de cela: il s'agit de savoir, dequoi on est

(1) Il est bon de faire attention à cela, parce que l'Auteur de la *Réponse au Discours répandu dans le Public* &c. n'aiant pas grand' chose à ajoûter aux raisonnemens de ses Confréres, s'étend beaucoup, sans aucune necessité, a montrer, que Mrs. les Directeurs de la Compagnie Hollandoise ont tort de fonder leur droit sur une *Possession de long usage ou de Prescription* pag. 18-24. Si l'on dit quelque chose là-dessus dans la *I. Dissertation*, § 8. ce n'a été que par surabondance de droit. On se fie assez sur la droite interprétation du Traité de *Munster*, pour n'avoir pas besoin d'un tel secours.

(*e*) *Refut.* pag. [illegible], & *suiv.*

eſt convenu. Il n'y a point de Traité, de la nature de ceux-ci, où chaque Partie ne cherche autant qu'elle peut, à éviter ou adoucir les conditions un peu onéreuſes qu'on exige d'elle,

§ VIII. Il est certain d'ailleurs, que Leurs Hautes Puiſſances ne ſe montrérent pas moins fermes à demander, que le Roi d'*Eſpagne* à refuſer; & qu'Elles ne voulurent conclure ni l'un ni l'autre Traité, ſans obtenir ce qu'Elles prétendoient, ſelon qu'il convenoit aux circonſtances de ces deux tems. Elles ſe contenterent de s'aſſûrer, par la Tréve, la jouïſſance paiſible de leurs poſſeſſions & de leur Commerce dans les *Indes*: mais Elles pouſſérent plus loin leurs demandes, dans le Traité de *Munſter*. La ſituation des affaires leur étoit alors beaucoup plus favorable. L'*Eſpagne*, laſſe d'une longue Guerre, vouloit la Paix, à quelque prix que ce fût. Elle marchanda: mais elle étoit reſoluë de conclurre le marché. Ainſi ces difficultez mêmes ſont contre l'Avocat de la Compagnie d'*Oſtende*. Elles prouvent, qu'on demandoit beaucoup: & puis qu'on étoit en état de demander avec ſuccès, la préſomtion eſt qu'on a beaucoup obtenu.

Et la Fermeté des Etats à insiſter là deſſus; avantageuſes aux Hollandois.

§ IX. Mais, pour venir aux Articles mêmes du Traité de *Munſter*, par leſquels après tout il faut décider la queſtion; le ſens, que nous leur donnons, eſt fondé ſur les régles les plus certaines & les plus inconteſtables de l'Interprétation de tout Acte, ſoit public, ou particulier. C'eſt ce que je vais montrer en peu de mots: après quoi, je réfuterai toutes les raiſons dont on ſe ſert, pour établir un ſens nouveau & inconnu juſqu'ici.

Examen de la premiere clauſe de l'Art. V. du Traité de Munſter

Il s'agit de ſavoir, ſi ce qui eſt ſtipulé dans la Clauſe finale de l'Article V. du Traité de *Munſter*, regarde uniquement les *Eſpagnols*, ou *Caſtillans*, dont il y eſt fait mention: & ce qu'il faut entendre par l'engagement où ceux dont il s'agit entrent de *retenir leur Navigation en telle maniére qu'ils la tiennent pour le préſent ès* Indes Orientales, Sans pouvoir s'étendre plus avant. Tout roule ſur ces deux points.

§ X. Pour commencer par le prémier, les Avocats de la Compagnie d'*Oſtende* preſſent ici la *lettre*: & ſous prétexte que les *Eſpagnols*, ou *Caſtillans*, ſont ſeuls nommez dans le Traité, ils veulent que la Convention ne regarde & n'oblige en aucune maniére les autres Sujets du Roi d'*Eſpagne*.

Si ſous les mots de *Caſtillans* ou *Eſpagnols* on a compris tous les Sujets du Roi d'Eſpagne.

Je leur demanderai d'abord, ſi c'eſt une choſe fort extraordinaire, que tous les Sujets d'un Prince, qui a pluſieurs Provinces ou pluſieurs Etats diſtincts, ſoient déſignez par ceux qui en ſont la partie la plus conſiderable. Il n'y a rien de plus commun dans le langage ordinaire; & qui voudroit feuilleter les Traitez, y en trouveroit grand nombre d'exemples. Dans ceux que la *France* a faits avec quelque autre Puiſſance, ſi toutes les fois qu'on y voit le mot de *François*, on s'alloit imaginer que les Sujets des Places & Villes conquiſes par la *France* en *Allemagne*, dans les *Païs-Bas*, ou ailleurs, n'y ſont point com-

compris, on renverseroit le sens & le but des Conventions les plus claires ; & on ouvriroit la porte à mille chicanes.

Raison pourquoi on a nommé une partie pour le tout.

§ XI. J'AVOUË qu'on ne doit pas s'éloigner de la lettre sans nécessité. Mais s'il se presente quelque raison particuliere, pourquoi on a emploié, & pû emploier sans inconvenient, le nom d'une partie des Sujets, pour donner à entendre tous les Sujets, sans exception ; dès-lors l'extension n'a rien que de très-plausible. Or nous avons ici une raison comme celle-là claire & certaine, puisqu'il s'agit d'un Commerce, que les Rois d'*Espagne* ne permettoient, entre leurs Sujets, à d'autres qu'aux *Espagnols*, & aux *Castillans* en particulier. Ainsi il suffisoit de parler de ceux-ci. Les engagemens, où *Philippe IV.* entroit, par rapport à ce Commerce, devoient, à plus forte raison, regarder tous leurs autres Sujets, de la part desquels il n'y avoit rien à craindre à cause de leur exclusion. La chose est d'autant plus évidente, à l'égard de ceux des *Païs-Bas Espagnols*, qu'on a plus de preuves particulieres du soin que les Rois d'*Espagne* ont toûjours eû de leur fermer la Navigation & l'accès des *Indes*. De sorte qu'on ne sauroit assez admirer comment l'Auteur de la (*f*) Lettre anonyme a cru pouvoir tirer d'ici une *conséquence infaillible* en faveur de sa cause, & faire même tomber Messieurs les Directeurs de la Compagnie des *Indes Orientales* en contradiction avec eux-mêmes. Si les *Castillans* étoient les *seuls capables de posseder*, il s'ensuit, selon lui, que le Roi d'*Espagne ne sauroit être soupçonné d'avoir traité pour d'autres Nations, qu'uniquement pour lesdits* Castillans: Qu'*il n'a donc pas cru traiter pour les* Flamands, *& que le V. Article ne regarde ni l'Empereur, ni ses Sujets aux* Païs-Bas : *Par conséquent que Mrs. les Directeurs se contradisent eux-mêmes.* Le Lecteur jugera, quelle conséquence est mieux fondée. Pour moi, il me semble, que rapporter ce raisonnement, c'est le refuter.

La nature de la chose exige qu'on l'entende de tous.

§ XII. QUE si, outre la raison que je viens d'alleguer, la nature même de l'affaire, dont il s'agit, demande nécessairement qu'on étende à tous les Sujets sans aucune distinction, les Clauses où il n'y a qu'une partie des Sujets qui soient désignez nommément ; on ne sauroit alors, sans renoncer aux lumiéres du Bon-Sens, & à tout principe de Bonne Foi, s'attacher scrupuleusement à la lettre, en abandonnant ce qui fait l'ame de tous les Traitez & de toutes les Conventions. Jamais cela n'eut lieu plus sensiblement, que dans la dispute presente sur le sens de la Clause finale de l'Article V. du Traité de *Munster*.

Et l'intention des deux parties.

§ XIII. CAR 1. L'intention des Parties contractantes, du Roi d'*Espagne*, & des *Provinces-Unies*, concourt ici à montrer, que ce qui est dit des *Espagnols*, ou *Castillans*, doit être entendu, à plus forte raison, des autres Sujets de *Philippe* IV.

Les

(*f*) *Lettre*, pag. 13. dans la *Note* a.

Les *Provinces-Unies* vouloient sans contredit avoir désormais un droit propre & particulier de Commerce, dans l'étenduë du district, où leurs Compagnies l'avoient établi & exercé jusqu'alors; & par conséquent un droit exclusif de tous les Sujets du Roi d'*Espagne*, quels qu'ils fussent. Les difficultez mêmes & les contestations qu'il y eut là dessus pendant long tems, le font voir. S'il n'eût été question que de la possession des Lieux que les *Provinces-Unies* occupoient actuellement, & de la liberté de trafiquer avec les autres Peuples & Potentats, qui voudroient le leur permettre, il n'y a nulle apparence que le Roi d'*Espagne*, qui souhaittoit fort la Paix, & qui, vû l'état de ses affaires, avoit grand sujet de la souhaitter, eût eû tant de peine à convenir des Articles qui regardoient le Commerce des *Indes*; puis que, par le Traité même de Tréve, son Prédécesseur avoit laissé tout cela à ces Provinces, sur lesquelles il ne désesperoit pas encore de recouvrer ses anciens droits.

Celle des Hollandois à avoir tout le District de leurs Octrois libre des Sujets d'Espagne,

De plus, la concession du Roi d'*Espagne* est ici rélative aux Octrois des Compagnies Hollandoises, qu'il a confirmez d'abord dans toute leur étenduë: *La Navigation & le Trafic des* Indes Orientales *&* Occidentales, *sera maintenu selon & en conformité des Octrois sur ce donnez ou à donner ci-après.* Or les Octrois de ces Compagnies ne se bornoient pas aux Lieux qu'elles occupoient actuellement, & à la liberté de trafiquer dans les autres. Ils excluoient de tout leur district, déterminé par certaines bornes, tous les Sujets des *Provinces-Unies*. Le Roi d'*Espagne*, en confirmant ces Octrois, pour ce qui le regardoit & qu'on avoit besoin d'exiger de lui, devoit donc les confirmer aussi pour tous ses Sujets.

§ XIV. D'autre côté, l'interêt même du Roi d'*Espagne* demandoit que cette confirmation fût obligatoire pour tous ceux qui dépendoient de lui. Après avoir consenti avec peine au réglement des limites pour le Commerce des *Indes*, hors des Lieux non occupez par l'une ou l'autre des deux Parties, il n'avoit garde de vouloir rendre sa condition plus désavantageuse, comme elle l'auroit été, s'il eût laissé à ses Sujets des *Païs-Bas* la liberté de trafiquer, soit dans son district, ou dans celui des *Provinces-Unies*. Car, de l'une & de l'autre maniére, cela ne pouvoit que tourner visiblement à la Diminution du profit des *Espagnols*, pour qui il s'intéressoit préférablement à tous ses autres Sujets, & sur tout à ceux des *Païs-Bas*, que lui & ses Prédécesseurs avoient toûjours si soigneusement exclus de tout Commerce dans les *Indes*.

Et celle Du Roi d'Espagne à ne pas préjudicier aux Castillans.

Il n'y avoit donc nulle nécessité, ni de la part du Roi d'*Espagne*, ni de la part des *Provinces-Unies*, de nommer, dans les Articles du Traité de *Munster* qui regardoient ce Commerce, d'autres que les *Espagnols*, ou *Castillans*. L'exclusion de ceux des *Païs-Bas* subsistoit toûjours, & étoit confirmée par cela même qu'elle n'étoit pas expressément révoquée ou adoucie. Et en consequence des engagemens du Traité, *Philippe IV.* la rendoit désormais irrévocable, par rapport aux *Provinces-Unies*, dans toute l'étenduë des limites réglées par les *Octrois donnez* ou *à donner* aux Compagnies Hollandoises.

En ne revoquant pas ici l'exclusion des Flamands, on l'a confirmée, & rendue irrevocable

G

§ XV

Refutation d'un faux fuïant de la *Reponse au Discours* &c.

§ XV. **Voila** à quoi aboutit l'avantage que nous tirons, & que nous pouvons tirer raisonnablement de ce que les *Païs Bas Espagnols* avoient toûjours été exclus jusqu'alors du Commerce des *Indes*, par les Constitutions des Papes, & les Loix d'*Espagne*. C'est ce qu'il faut bien remarquer, parce que l'Auteur de la *Réponse au Discours repandu dans la Public* &c. tourne la chose tout de travers. *Comme les Constitutions* (ff), dit-il, *des Souverains Pontifes, & les Loix d'*Espagne *touchant le Commerce des* Indes, *n'ont pas été faites pour attribuer des Priviléges aux Compagnies des* Provinces-Unies, *ni pour avantager leur Négoce dans les Régions éloignées; Mrs. les Directeurs les apportent mal-à-propos pour servir de titre ou de prétexte à leurs prétensions, car tant s'en faut, que les Législateurs les aient voulu favoriser dans l'exercice dudit Commerce, qu'au contraire il est notoire, que leur intention étoit de les en exclurre, avec tous les autres* Européens, *à la reserve des* Espagnols.

Il faudroit avoir perdu l'esprit, pour prétendre, que les Constitutions des Papes, & les Loix d'*Espagne*, eussent été faites en faveur des *Provinces-Unies*, soit pendant le tems que ces Provinces étoient encore sous la domination de l'*Espagne*, ou après qu'elles en furent délivrées. C'est se moquer, ou prendre les Lecteurs pour duppes, que de changer si visiblement, & d'une maniere si absurde, la pensée de ceux avec qui l'on dispute. Tout l'usage qu'on a pretendu faire de l'exclusion, où étoient les *Païs-Bas Espagnols*, du Commerce des *Indes*, avant & dans le tems du Traité de *Munster*, se réduit à ceci : Que les Habitans des *Païs-Bas Espagnols* aiant pû être exclus de ce Commerce, & l'aiant été effectivement, par les Loix de leur Souverain, soûtenuës de l'autorité des Papes, & accompagnées d'un consentement tacite de leur part; cette exclusion par elle-même avoit la vertu de les faire regarder comme compris, à plus forte raison, dans les engagemens de la Clause finale de l'Article V. du Traité de *Munster*, quoi qu'il n'y fût fait mention expresse que des *Espagnols*, ou *Castillans*. Ainsi, en même tems qu'elle servoit à déterminer l'étenduë du sens des termes, elle devint par là obligatoire pour l'avenir, par rapport aux *Provinces-Unies*, en faveur desquelles se faisoit la stipulation de la dite Clause.

Absurdité qu'il y auroit à restreindre la fin du V. Art. aux Espagnols seuls.

§ XVI. 2°. **La** nature même de l'affaire, dont il s'agit, demande encore qu'on rejette tout sens, d'où il suit quelque absurdité : c'est une Régle des plus certaines & des plus incontestables, pour l'interprétation de ce qu'il peut y avoir d'obscur & d'ambigu dans les termes d'un Traité. Or il y a ici une absurdité palpable, si l'on restreint la Clause finale de l'Article V. du Traité de *Munster* aux *Espagnols* ou *Castillans*, sous prétexte qu'il n'est fait mention que d'eux.

On ne sauroit douter, que l'intention des *Provinces-Unies* ne fût de conserver leur Commerce, pour le moins d'une maniere aussi avantageuse qu'elles l'avoient exercé jusqu'alors, & sans aucune diminution. Or il est constant, qu'à

(ff) Reponse au Discours. p. 28.

qu'à la reserve des *Espagnols*, & en particulier des *Castillans*, les autres Sujets du Roi d'*Espagne* n'avoient jamais trafiqué dans les *Indes*; & que sur tout les Habitans des *Pays-Bas Espagnols* avoient été exclus de ce Commerce plus expressément encore, que les autres. Si donc, nonobstant l'Article dont il est question, les Sujets du Roi d'*Espagne*, non-*Espagnols*, avoient pû envoier des Vaisseaux aux *Indes*; qui ne voit, que les *Provinces-Unies* auroient beaucoup plus perdu, que gagné, par un Traité, où cependant Elles profitoient des conjonctures favorables pour obtenir des conditions très-avantageuses?

Les Habitans des *Pays-Bas Espagnols* sont même ceux de tous les Sujets du Roi d'*Espagne*, qu'il seroit le plus absurde de regarder comme n'étant point compris dans la défense d'empietter sur les limites du district laissé aux *Provinces-Unies* par le Traité de *Munster*; parce que ce sont les plus industrieux, les plus adonnez au Négoce, & les plus en état d'ailleurs, par leur voisinage, de nuire au débit des Marchandises que les Vaisseaux de la Compagnie Hollandoise apportent des *Indes*, & d'engager même les Sujets des *Provinces-Unies* à s'intéresser indirectement dans leur Commerce.

§ XVII. Il est donc clair, que, selon le nouveau sens inventé par les Avocats de la Compagnie d'*Ostende*, *Philippe IV.* auroit ôté d'une main aux *Provinces-Unies*, ce qu'il leur donnoit de l'autre, & beaucoup plus. De sorte que cette supposition tend à autoriser une infraction indirecte de la Clause dont il s'agit, également contraire & à la Bonne Foi, & à la déclaration expresse que fait le Roi d'*Espagne*, dans l'Acte de Ratification du Traité de *Munster*, Qu'il empêchera qu'aucun de ses Sujets ne contrevienne à *tous* les Articles du Traité en général, & à *chacun* en particulier, *ni directement*, *ni indirectement*. Illustrée par un exemple.

Supposons que les Provinces de *France*, voisines des *Pyrénées*, étant infestées par les *Miquelets*, qui se tiennent d'ordinaire dans ces Montagnes, le Roi d'*Espagne* se fût engagé, par un Traité, de mettre bon ordre, à ce que les *Miquélets* ne fissent plus de courses sur le *Béarn*, le *Languedoc*, la *Gascogne* &c. & qu'il vînt ensuite de *Castille*, ou d'*Andalousie*, des gens qui, avec la permission ou par la connivence du Roi d'*Espagne*, commissent les mêmes désordres. Dira-t'on, que parce que ces gens-là ne sont pas des *Miquelets*, ni de leur troupe, le Roi d'*Espagne* ne soit point responsable de ce qu'ils ont fait. Je ne sai si Mr. *Neny* lui-même oseroit le soutenir: je ne pense pas aux moins, que personne, en ce cas-là, fût de son avis. Cependant, à raisonner comme il fait, il seroit aussi facile de disculper à cet égard le Roi d'*Espagne*, que d'excepter les Habitans des *Païs Bas Espagnols* de l'engagement du Traité de *Munster* par rapport au Commerce des *Indes*. Les *Miquélets*, diroit-on, ne sont que des Bandits, qui font métier de détrousser les Passans. Donc il ne faut pas comprendre sous ce nom les autres Sujets du Roi d'*Espagne*, dont le genre de vie n'a rien que de très-honnête. Les

*Miquélets* se tiennent dans les *Pyrénées*, & font de là des courses sur les Païs voisins: ceux-ci sont venus de *Castille*, d'*Andalousie* &c. Si quelcun dit, que la raison pourquoi il n'est fait mention que des *Miquélets* dans le Traité, c'est qu'il n'y avoit qu'eux alors de qui on eût à craindre, & qu'ainsi il seroit absurde de s'imaginer qu'on eût voulu, en se précautionnant contr'eux demeurer exposé d'ailleurs à de semblables hostilitez de la part des autres Sujets du Roi d'*Espagne*. On répondra, selon les principes de Mr. *Neny*: Il faut s'en tenir à la lettre du Traité. Il n'y est parlé que des *Miquélets*: & ceux qui ont ravagé les frontiéres, de *France*, sont d'honnêtes gens, bons Bourgeois, Gentilshommes, *Castillans*, *Andalousiens* &c. Voilà justement nôtre cas, & rien n'est plus aisé que l'application. On pourroit alleguer mille autres exemples, où une absurdité qui saute aux yeux se sauveroit ainsi, à la faveur d'un attachement servile à suivre la lettre, & non l'esprit, des Traitez.

L'Argument *a majori ad minus*, bien appliqué ici.

§ XVIII. L'ARGUMENT du plus au moins, *à majori ad minus*; est donc ici très-bien appliqué. En vain l'Auteur de la *Réponse au Discours* &c. vient-il nous dire, (*gg*) qu'*il ne peut avoir lieu, que dans les cas où le moins est compris sous l'étendüe de ce que le plus contient ou signifie suivant sa propre nature:* or, ajoûte-t'il, *les Peuples des* Païs-Bas *ne sont pas* Espagnols, *& n'ont jamais dépendu en rien d'eux, ni des Rois Catholiques, comme tels* &c. Il suppose toûjours mal-à-propos, qu'il faut se borner ici, à ce que les termes signifient librement. Mais il suffit, que les choses ou les personnes désignées renferment quelque rélation ou quelque idée commun, qui puisse s'appliquer à d'autres; telle qu'est ici la rélation de *Sujets*. Les *Espagnols* étoient Sujets du Roi d'*Espagne*: les Peuples des *Païs-Bas* l'étoient aussi. Voilà qui rend l'argument du plus au moins non seulement très plausible, mais nécessaire, par les raisons que nous avons établies. Cet Auteur qui cite souvent GROTIUS, & PUFENDORF, y auroit pû voir des exemples tout semblables. Un *Boeuf* ou un *Ane*, ne sont pas plus un *Mouton*, qu'un *Brabançon* n'est *Espagnol*. Cependant, en vertu de la Loi de *Moïse* (EXODE, XXI, 33 &c.) si un Mouton vient à tomber dans une Citerne, que le propriétaire a negligé de couvrir, celui-ci pourra-t'il se dispenser, sous ce prétexte, de paier la valeur du Mouton, ou de tel autre Animal domestique? Comme l'extension se fait alors par une conjecture certaine de la volonté du Legislateur, elle doit avoir lieu, dans nôtre cas, par une présomtion aussi forte de l'intention des Parties contractantes. Que les *Païs-Bas* ne dépendissent pas des *Rois Catholiques*, comme tels, cela ne fait rien au Sujet, tant qu'on n'a point prouvé que, dans les Articles du Traité de *Munster* dont il s'agit, *Philippe IV.* traitoit uniquement comme Souverain des *Espagnols*.

§ XIX.

(*gg*) *Réponse*, pag. 60.

On prouve le sens de la Clause par les Mémoires des Directeurs :

§ XIX. 3°. C'EST aussi une Regle prescrite par le Bon-sens, & confirmée par le jugement de toutes les personnes éclairées, que les Actes, qui ont quelque rapport entr'eux, doivent être éclaircis & expliquez les uns par les autres, quoi que faits en divers tems & même en differentes occasions. Cette Régle nous fournit dequoi confirmer de plus en plus le sens que l'on nous conteste.

On a produit des Mémoires présentez à Leurs Hautes Puissances, dans le tems du Congrès de *Munster*, par Mrs. les Directeurs des deux Compagnies des *Indes Orientales* & *Occidentales*, & précisément au sujet des Négociations qui se faisoient alors touchant les Articles qui regardent ce Commerce. Mr. *Neny* (g) reconnoît lui-même que *l'on convint dans la suite desdits Articles, à peu près de la maniére que lesdits Directeurs respectifs les avoient projettez, & que les Etats Généraux les avoient fait proposer aux Ministres du Roi Catholique:* Or Mrs. les Directeurs, en parlant des Sujets du Roi d'*Espagne* en géneral, y disent indifféremment, les *Espagnols*, les *Castillans*, les *Sujets du Roi de Castille*, ou du Roi d'*Espagne*.

Dans (h) un de ces Mémoires après avoir parlé d'abord des *Sujets du Roi de Castille*, ils les appellent un peu plus bas, *Castillans*.

Et quand ils n'auroient jamais nommé que les *Espagnols*, ou les *Castillans*, peut-on croire de bonne foi qu'ils voulussent laisser aux autres Sujets du Roi d'*Espagne* la liberté de partager avec eux un Commerce qu'ils témoignent, par leurs réprésentations, avoir tant à cœur de maintenir & d'étendre, à la faveur du Traité? Si les Avocats de la Compagnie d'*Ostende* se mettent à leur place, & qu'ils veuillent parler sincérement, ils conviendront avec nous, que les demandes de Mrs. les Directeurs tomboient & ne pouvoient être entenduës que comme tombant sur tous les Sujets de *Philippe IV.* quels qu'ils fussent. Puis donc que, de l'aveu de Mr. *Neny*, les Articles du Traité de *Munster* sont rélatifs à ces Mémoires, il faut aussi y entendre de même les mots d'*Espagnols* & de *Castillans*, comme signifiant tous les Sujets du Roi d'*Espagne*, , entre lesquels il (1) n'y avoit que les *Espagnols*, ou *Castillans*



(g) *Réfut.* § 2. pag. 18, 19.

(h) *I. Dissertat* § 13.

(1) Cette raison est décisive; & suffit pour détruire tout ce que le nouvel Auteur de la *Réponse au Discours répandu dans le Public* &c. vient de dire, avec beaucoup de verbiage (*pag.* 54 *& suiv.*) & en ne faisant que repeter ce qui est en question, Que le Roi d'*Espagne*, traitoit précisément & uniquement comme Roi d'*Espagne* &c. Il faut dire la même chose de la réponse qu'il fait à l'argument qu'on a tiré de ce que dans l'Article VI. du Traité de *Munster*, où les Parties contractantes sont les mêmes, ces défenses regardent tous *les Sujets & Habitans des Royaumes*, *Provinces*, *& Terres des Seigneurs Roi & Etats respectivement.* Il prétend, que (*pag.* 57.) la généralité des termes doit être restrainte aux *Espagnols* ou *Castillans*, nommez dans la Clause finale de l'Article V. La régle sur laquelle il se fonde, est mal appliquée ici: Elle n'a lieu, que quand il ne paroît point d'ailleurs de raison suffisante, pourquoi on a emploié & pû emploier, tantôt les termes *specifiques*, tantôt des termes *généraux*, comme signifiant la même chose. On nous

*ſans*, a qui la Navigation dans les *Indes* fût permiſe, & qui par conſequent puſſent nuire au Commerce des Compagnies Hollandoiſes.

Et par les termes de la Clauſe qui ſont les mêmes que dans lesdits Mémoires.

§ XX. Cela paroît encore manifeſtement par la teneur de la Clauſe même, qui fut dreſſée ſur la *Conſultation* de la Compagnie des *Indes Orientales*.

*Nous eſperons*, diſent là Mrs. les Directeurs, *que*, *ſoit qu'on faſſe la Paix*, *ou ſimplement une Trêve*, *Leurs Hautes Puiſſances auront ſoin que les* Caſtillans *retiennent leur Navigation de la même maniére qu'ils l'ont euë juſqu'à preſent*, SANS POUVOIR S'ÉTENDRE PLUS AVANT. Voilà les propres termes, dans leſquels eſt conçuë la fin de l'Article V. du Traité de *Munſter*. Toute la difference qu'il y a, c'eſt qu'on nomma les *Eſpagnols*, au lieu des *Caſtillans*, par la raiſon ſi ſouvent alleguée; à cauſe dequoi auſſi, dans la ſtipulation qui répond à celle-ci, de la part du Roi d'*Eſpagne*, on ne parle que des *Caſtillans*, quoi qu'il s'agiſſe ſans doute des mêmes. Car dira-t'on, que, ſi les *Arragonois*, par exemple, euſſent eû alors ou fuſſent venus depuis à avoir quelques Places dans le deſtrict du Roi d'*Eſpagne*, les Sujets des *Provinces-Unies* euſſent pû ſans infraction du Traité, les *frequenter*, comme n'étant point occupées par les *Caſtillans?* C'eſt néanmoins ce qui leur auroit été permis, à raiſonner comme font ici les Avocats de la Compagnie d'*Oſtende*, puis que les *Aragonois* ne ſont pas plus *Caſtillans*, ſi l'on prend ce dernier mot à la lettre, que *Brabançons* ou *Flamands*.

De même que par le but des Directeurs.

§ XXI. Pour ce qui eſt de la ſtipulation en faveur des *Provinces-Unies*, le vrai ſens en paroît clairement par la même *Conſultation*. Mrs. les Directeurs n'y penſent pas à demander, comme on voudroit le faire accroire, la jouïſſance paiſible de leurs Poſſeſſions, & la continuation de la liberté de trafiquer avec les Peuples des *Indes*, libres & indépendans, qui le leur permettroient. Ils n'avoient aucune crainte, ni aucun doute là-deſſus. Ils ſavoient fort bien, que ce n'étoit plus matiere à conteſtation; & ils ſe feroient épargnez la peine de faire des répréſentations à Leurs Hautes Puiſſances, pour être portées au Congrès, s'ils n'avoient prétendu autre choſe. Ils vouloient s'aſſûrer pour l'avenir, excluſivement aux Sujets du Roi d'*Eſpagne*, toute l'étenduë du diſtrict où ils exerçoient leur Navigation & leur Commerce: & c'eſt pour cela

nous avons ici une telle raiſon, fondée ſur un fait inconteſtable. Cet Auteur avouë lui-même (*pag.* 56. qu'*il auroit ſuffi de parler des* Eſpagnols *en général*, *ſans ſpécifier les* Caſtillans &c. *mais que*, *comme c'etoient eux*, *qui étoient principalement intereſſez dans la Navigation & dans le Commerce des* Indes, *on jugea qu'il convenoit de les énoncer ſpétialement*. Nous pouvons dire avec autant de raiſon, que les *Eſpagnols* ou *Caſtillans* étant les ſeuls qui pouvoient être intereſſez à ce Commerce, il ſuffiſoit de parler d'eux; & il n'étoit nullement néceſſaire de faire mention des *Pais-Bas*, qui en demeuroient exclus, comme ils l'avoient toûjours été. Supposé qu'on n'eût parlé que des *Caſtillans*, cela n'auroit-il pas dû néanmoins s'entendre auſſi du reſte des *Eſpagnols*?

cela qu'ils exposent la nécessité de ne pas permettre au Roi d'*Espagne* d'y entrer sous le prétexte le plus plausible du monde, qui étoit celui de conquérir quelcune des Places occupées par les *Portugais*, qu'il regardoit encore comme des Sujets rebelles.

C'est aussi dans la même vuë, qu'il fut stipulée par la prémiere Clause du même Article V. que les Etats seroient censez en possession, non seulement *des Lieux & Places que les* Portugais, *depuis l'an* M. DC. XLI. *avoient pris & occupez sur eux*, & sur lesquelles ils pouvoient avoir droit par cette raison, mais encore de tous les autres Lieux & Places *qu'iceux Seigneurs Etats ci-après*, *sans infraction du présent Traité*, *viendroient à conquérir ou posséder*, dans les *Indes*. Cette stipulation, à laquelle on n'en voit point de réciproque qui y réponde en faveur du Roi d'*Espagne*, l'exclut manifestement de faire aucune aquisition, à quelque tître & de quelque maniére que ce fût, dans le district des *Provinces-Unies*, afin qu'il n'eût aucune occasion, aucune raison apparente, d'empietter sur leurs limites.

§ XXII. Enfin, le sens de la Clause en question est clair comme le jour par les Mémoires des Ambassadeurs mêmes d'*Espagne* au Congrès de *Munster*. Ils s'y plaignent comme d'une chose injuste qu'on (*i*) *veuille empêcher le Roi d'*Espagne *de s'avancer vers le* Bresil, *ou dans les* Indes Orientales, *pour mettre à la raison les* Portugais, *ses Sujets rebelles*; *& d'exercer sa Navigation & son Commerce dans les autres Lieux des* Indes Orientales, *qui étoient* (1) *libres & indépendans*, *ou qui pouvoient lui permettre de négocier avec eux*.

Et enfin par les Memoires des Ambassadeurs d'Espagne à Munster.

Les Ministres de *Philippe IV*. ont donc entendu précisément comme nous, les demandes que Leurs Hautes Puissances faisoient à la sollicitation des Compagnies Hollandoises. Ils ont trouvé les conditions dures; & cependant, après

(*i*) I. *Dissert.* § 11.

(1) En jettant par hazard un coup d'oeil sur l'Extrait de la I. Dissertation de Mr. *Westerveen* qui, après avoir été dans la Gazette d'*Amsterdam*, a passé dans les LETTRES HISTORIQUES, *Octob.* 1723. je me suis apperçû, qu'on a traduit cet endroit d'une maniére qui pourroit faire tort à nôtre cause dans l'esprit de ceux qui ne lisent que ces sortes de pieces. Ainsi on ne trouvera pas mauvais que j'en avertisse. Voici la traduction, dont il s'agit. *En d'autres lieux qui lui appartenoient & qui pouvoient lui fournir de bonnes occasions de négocier.* On n'a point entendu ici ni les mots Flamands, *die haar eygen meester zyn*; ni les Latins, *quæ sui juris erant*; lesquels signifient, des Lieux qui sont *maîtres d'eux-mêmes*, & non pas, qui appartiennent au Roi d'*Espagne*. Puis que j'y suis, je remarquerai encore, que, sur le § XIII. de la Dissertation, où l'Auteur cite LEON *Cons.* 25, num. 6. c'est-à-dire, *Elbertus Leoninus* Jurisconsulte, en son vivant Professeur à *Louvain*; le Traducteur en fait une *Constitution de* LEON, qui ne se trouvera pas assûrément dans le Recueil de celles de l'Empereur. On a aussi copié, sur le § XII. une faute d'impression, dans le passage de SELDEN, où il faut lire *Valdesius* (*Jacobus*) Jurisconsulte Espagnol; & non pas *Valesius*, ou *Mr.* DE VALOIS. Auteur François très-connu. Au reste, depuis cette Note écrite, j'ai vû la *Réponse au Discours* &c, de Mr. *Westerveen*; & je rends justice avec plaisir à l'Auteur, en ce qu'il a corrigé tacitement la prémiere des fautes, que je viens d'indiquer; car il a mis ainsi, *En d'autres lieux indépendans*, &c.

près avoir inutilement tâché d'obtenir qu'on en rélâchât quelque chose, ils y ont consenti au nom de leur Maître. Une interpretation peut-elle avoir de meilleur garant, que le temoignage de la Partie même, pour qui la Clause, dont on conteste le sens, a quelque chose d'onéreux?

Ce n'est que dans les cas douteux qu'on explique le Contract contre celui qui a fait les conditions.

§ XXIII. De tout ce que nous venons de dire, il paroît, combien l'Auteur de la *Réponse au Discours* &c. applique mal ici une Régle, qui a d'ailleurs son usage. C'est celle (k) qui porte, qu'*en cas de doute, on doit expliquer les Contracts & les Stipulations, contre celui qui a fait la propositi-on, ou la demande*, ou *prescrit les conditions, & qui pouvoit & devoit par-ler clairement*.

Selon Grotius, & les Jurisconsultes Romains, ou leurs Interprêtes, de l'autorité desquels on se munit, cette Régle, comme les autres semblables, n'a lieu que quand on manque de toute raison & de toute conjecture suffisante, pour découvrir l'intention de celui qui parle, telle que l'autre l'a pû connoître. Ils posent, qu'avant toutes (1) choses on doit examiner ce qu'ont eû dans l'esprit les Parties contractantes; & que, (2) si cela paroît, il faut le regarder comme dit expressément. Ils raisonnent ainsi en particulier sur le cas d'un *Vendeur*, contre qui se fait ordinairement l'interprétation, par la raison alleguée. Si l'on est convenu (c'est un des exemples qu'ils alleguent) *Que les Canaux & les Gouttiéres d'une Maison venduë demeureront tels qu'ils sont*; sans marquer de quels Canaux & de quelles Gouttiéres, on entendoit parler, il faut voir prémiérement, s'il y a lieu de croire qu'on a pensé à tels ou tels; mais quand il n'y a pas moien de rien déterminer là-dessus par conjecture, la clause doit s'expliquer au préjudice du Vendeur, comme étant alors ambiguë.

Ainsi, après tant de raisons très-fortes, par lesquelles nous avons prouvé l'intention de *Philippe IV.* & des *Provinces-Unies*, dans la stipulation des Articles du Traité de *Munster* qui regardent le Commerce des *Indes*, les Avocats de la Compagnie *d'Ostende* n'ont aucune ressource dans une Régle subsidiaire d'interprétation, dont le secours, qui n'est que pour la derniére extremité, est ici rejetté par les autres Régles superieures les plus communes.

CHA-

(k) *pag.* 57.

(1) *Semper in stipulationibus, & in cæteris contractibus, id sequimur, quod actum est* &c. L. 34. D. *De Reg. Jur.*

(2) *Nam in contrahendo, quod agitur, pro cauto habendum est.* L. 3. D. *De Reb. Cred.*

(3) *Quum in lege venditionis ita sit scriptum: Flumina, Stillicidia, uti nunc sunt, ut ita sint; nec additur, quæ flumina, vel stillicidia: primum spectari oportet, quid acti sit: si non id appareat, tunc id accipitur, quod Venditori nocet; ambigua enim oratio est.* L. 37. D. *De contrah. empt.* Voiez par exemple Joseph. Averan. *Interpr. Jur.* Lib. II. Cap. II. *num.* 26. Just Henn. Böhmer. Dissert. *De interpr. faciend contra eum qui clarius loqui debuisset*, num. 15. Ant. Schulting *in* Tit. Pandect. *De Pact.* num. 37. *Et alii passim.*

# CHAPITRE VII.

*Examen des raiſonnemens étrangers, & des conjectures érronées, dont on ſe ſert pour éluder le ſens des Articles du Traité de* MUNSTER, *qui regardent le Commerce des* INDES.

§ I. IL n'y a rien de plus facile, que de refûter tout ce que dit Mr. *Neny* pour éluder le ſens des Articles du Traité de *Munſter*, que nous venons d'établir. Il ne répond à rien directement: il ne cherche qu'à dépaïſer ſes Lecteurs, & à leur faire perdre de vuë les raiſons tirées du fond même de nôtre cauſe. Il en paſſe la plûpart ſous ſilence; & il n'oppoſe à quelques-unes que de faux raiſonnemens, ou des ſuppoſitions arbitraires.

Addreſſe de Mr. *Neny* pour éluder le ſens des Articles du Traité de Munſter.

§ II. VOICI ce qu'il dit d'abord, au ſujet des Mémoires de Mrs. les Directeurs des Compagnies Hollandoiſes, ſur leſquels, de ſon propre aveu, les Articles du Traité de *Munſter*, qui regardent le Commerce des *Indes*, furent dreſſez.

Il pretend que les Hollandois ne demandoient à Munſter qu'une ſimple liberté de trafiquer dans les Indes &c.

*Toutes les demandes* (a) faites de la part des deux Compagnies, dans le Congrès de *Munſter*, *n'alloient*, ſelon lui, *qu'à obtenir du Roi d'*Eſpagne, comme une *tolérance*, *la permiſſion & la liberté de naviger & de trafiquer dans l'entenduë de leurs Octrois. Il eſt donc ſurprenant*, ajoûte-t'il, *& choquant au dernier point, de vouloir étendre à l'heure qu'il eſt la permiſſion que Sa Majeſté Catholique leur a accordée à cet égard, à l'excluſion de ceux qui étoient ſes propres Sujets, dans des Païs où les Etats Généraux ne croioient leur Commerce ni fondé, ni en ſûreté, à moins que ledit Prince ne l'autoriſât par la confirmation deſdits Octrois, qui devoient être confirmez par lui, à cauſe qu'ils avoient été accordez pendant la Guerre, & dans un tems que le Roi* d'Eſpagne *ne reconnoiſſoit pas les Etats Généraux pour libres & Souverains, mais les conſideroit comme ſes Sujets.*

§ III. MAIS il y a beaucoup plus lieu d'être ſurpris, que l'Avocat de la Compagnie d'*Oſtende* vienne nous parler de la ſimple liberté de naviger & de trafiquer dans les *Indes*, comme d'une choſe pour laquelle les Compagnies Hollandoiſes avoient beſoin, au tems du Traité de *Munſter*, d'une *tolérance* que le Roi d'*Eſpagne* leur accordât de ſa grace. Les choſes étoient bien changées depuis la Tréve, où néanmoins on avoit obtenu à cet égard quelque choſe de plus, qu'une liberté précaire, ou dont on ſe reconnût redevable au bon plaiſir de la Couronne d'*Eſpagne*. La Souveraineté des *Provinces-Unies* n'étoit plus pour le fond un point ſur lequel on conteſtât, non plus que leur droit de trafiquer dans les *Indes*. Elles s'étoient ſi bien affermies dans l'un

Ils avoient deja plus que cela par la Trêve, & y étoient devenus ſi forts depuis, que l'Eſpagne ne cherchoit qu'à aſſurer ce qui lui en reſtoit.



(a) *Réfutation.* § 2. pag. 19.

l'un & dans l'autre, que *Philippe IV.* ne pouvoit se flatter, avec la moindre apparence, de les en déposter, ou de leur en rien ôter. Il ne pensoit qu'à empêcher l'accroissement & l'étenduë de leur Commerce dans les *Indes*, au préjudice du sien. Toutes ses démarches, & celles de ses Ministres, le témoignent.

Il avance des fictions contre le temoignage positif des Ministres de ce Congrès

§ IV. COMMENT ose-t'on d'ailleurs étaler ici des raisons de convenance & des conjectures sans fondement, contre le témoignage authentique des Ambassadeurs du Roi d'*Espagne* au Congrès de *Munster*? Est ce demander une simple *tolérance* de Commerce, que de prétendre que le Roi d'*Espagne ne s'avance dans le* Bresil, *ou dans les* Indes Orientales, pas même pour réduire à son obéïssance les *Portugais*, *ses Sujets rebelles*, & qu'il *n'exerce pas sa Navigation & son Commerce dans les autres Lieux des* Indes Orientales, *quelque libres & indépendans* qu'ils soient? Ne faut-il que se taire sur des autoritez de ce poids, pour leur ôter leur force, & pour persuader au Lecteur de pures chiméres?

Objection que Mr. *Neny* fonde sur la prétenduë Amnistie stipulée dans ce Traité.

§ V. LA preuve, que Mr. *Neny* tire ensuite de l'Article même du Traité de *Munster*, n'est pas mieux fondée. *Les Etats Généraux y ont*, dit-il, stipulé *une Amnistie générale en faveur des Directeurs des Sociétez Hollandoises, & de tous les autres Officiers, Soldats, Matelots, & Suppôts des mêmes Compagnies, lesquels Messieurs les Etats ne croioient pas en sûreté, ni à couvert des poursuites criminelles, qui pourroient être intentées contr'eux de la part du Roi d'*Espagne, *sans ladite Amnistie.*

Mais Leurs Hautes Puissances n'avoient garde d'entrer dans une telle pensée, Elles s'étoient reposées, à cet égard, sur un simple Traité de Tréve: comment auroient-Elles rien appréhendé, après un Traité de Paix solemnel, où l'on reconnoissoit pleinement, & sans détour ni reserve, leur entiére indépendance?

Qui n'étoit qu'une précaution pour qu'on ne leur fit point de chicanes en Espagne &c.

D'ailleurs, la sureté & la liberté d'aller & venir, stipulée par la seconde Clause de l'Article V. ne regarde pas seulement *ceux qui avoient été*, *ou qui étoient* actuellement au service des deux Compagnies, mais encore *ceux qui y seroient desormais*, & par rapport auxquels la raison inventée par Mr. *Neny* ne sauroit avoir lieu en aucune maniére, après une Paix comme celle-ci, qui effaçoit toute trace de l'ancienne sujettion.

Ce n'est donc rien moins qu'une Amnistie. C'est, comme je (*b*) l'ai remarqueé ci-dessus, une précaution prise en faveur des Membres ou Gens des Compagnies Hollandoises, afin que sous ombre des grands Priviléges accordez à ces Compagnies, on ne prétendit point qu'ils n'eussent pas la même liberté, que les autres Sujets des *Provinces Unies*, de trafiquer dans les Etats d'*Europe* dépendans du Roi d'*Espagne*.

§ VI.

(*b*) *Chap.* II. § 13.

§ VI. La *confirmation* que les Compagnies Hollandoises demandoient à *Philippe IV.* tendoit uniquement à obtenir de lui, que, comme en vertu de leurs Privileges, tous les Sujets des *Provinces-Unies* étoient exclus de la Navigation & du Commerce dans toute l'étenduë de leur district, il s'en abstint aussi lui-même, & empêchât tous ses Sujets d'y envoier des Vaisseaux. Ce n'est que pour cela, que Leurs Hautes Puissances avoient besoin de l'approbation & des engagemens du Roi d'*Espagne*. Elles savoient bien, sans lui, pourvoir, par rapport à leurs propres Sujets, au maintien des Octrois de leurs Compagnies. Il est ridicule de prétendre, qu'un Souverain, traitant comme tel, exige d'un autre ce qui dépend uniquement de sa Souveraineté, par rapport à quoi cet autre n'a ni le droit ne le pouvoir, de rien faire pour le procurer, ou pour l'empêcher. Ainsi je ne sai à quoi pense l'Auteur de la *Lettre à un Ami en Hollande*, (*c*) lors qu'il prétend tirer avantage *de cette prémiére période de l'Article en question*, par le raisonnement que voici. *L'on sait assez, que la confirmation d'un Octroi ne sauroit lui donner plus d'étenduë, que ne l'a pû faire l'autorité de ceux qui l'avoient accordé, de sorte que les Etats Généraux ne pouvoient donner un Octroi à leurs Sujets, qu'à l'exclusion de quelques autres de leurs Sujets, & malgré toutes les clauses qu'ils auroient pû y inserer pour en exclurre des Peuples indépendans de leur Souverain, lesdites clauses ne seroient pourtant d'aucune valeur, &* ipso facto *nulles, de même que les confirmations de quelque Prince que ce puisse être.* Mais à qui est-il jamais venu dans l'esprit, que les Etats Généraux en déterminant par des Octrois le district de leurs Compagnies, le leur eussent affecté à l'exclusion d'autres que de leurs Sujets, ou qu'ils dussent avoir l'autorité de le faire, pour que le Roi d'*Espagne* confirmât ces Octrois? Au contraire, c'est précisément à cause que leurs Octrois par eux-mêmes n'étoient obligatoires que par rapport aux Sujets des *Provinces-Unies*, qu'ils en demanderent au Roi d'*Espagne* la confirmation par rapport à ses propres Sujets: Confirmation qui n'etoit nécessaire, que pour cet effet, mais qui étant une fois faite par le Traité, excluoit les Sujets du Roi d'*Espagne* en vertu de sa Souveraineté même du droit de laquelle il avoit usé dans les engagemens du Traité.

La confirmation qu'on demanda au Roi d'Espagne du Privilege de la Compagnie Hollandoise, étoit pour qu'il eût le même effet contre tous ses Sujets, comme contre les leurs.

§ VII. Une autre échappatoire de Mr. *Neny*, c'est qu'il veut que les paroles de la Clause finale de l'Article V. du Traité de *Munster*, SANS POUVOIR S'ÉTENDRE PLUS AVANT ès Indes Orientales, ne bornent la liberté du Commerce des *Castillans*, que (*d*) pour empêcher que le Roi d'*Espagne* ne fit des Conquêtes sur les *Portugais*. Il prétend même, que c'étoit-là l'unique but du Mémoire présenté par Messieurs les Directeurs de la Compagnie des *Indes Orientales*. Et il en conclut, que, *tous ces motifs étant venus à cesser par les Traitez de Paix conclus entre l'*Espagne *& le* Por

Mr. *Neny* prétend que les Hollandois ont voulu borner les conquêtes des Espagnols aux Indes, & non pas leur commerce.



(*c*) *Lett.* pag. 11. Voiez aussi la *Refutat.* pag. 28, 29.
(*d*) *Refut.* § 2. pag. 17. & § 5. pag. 30.

Portugal, *& entre le* Portugal *& les* Provinces-Unies; *la Clause finale dudit Article V. du Traité de* Munster, *n'est plus obligatoire, pas même par rapport à l'*Espagne.

Ce qui est contraire à ce qu'il avoit dit ci-dessus § II.

§ VIII. Je remarque ici d'abord, qu'il n'est donc pas vrai, que *toutes les demandes faites du côté* des Compagnies Hollandoises *dans les Conférences* pour la Paix de *Munster n'allassent qu'à obtenir du Roi d'*Espagne *la permission & la liberté de naviger & de trafiquer dans l'etenduë de leurs Octrois;* ce que Mr. *Neny* soûtient néanmoins un peu plus bas, comme nous l'avons vû. Demander que les *Espagnols* (e) *soient exclus des* Indes *des* Portugais *par une stipulation expresse*, c'est sans contredit vouloir resserrer les bornes de la Navigation du Roi d'*Espagne*.

Il est forcé de reconnoître un district & des bornes privatifs pour les Hollandois aux Indes Orientales.

§ IX. De plus Mr. *Neny*, qui, dans toute sa *Réfutation*, tâche si fort d'éloigner l'idée d'un district de Navigation & de Commerce laissé privativement aux *Provinces-Unies*, est forcé de le reconnoître en un endroit. (f) *Cette Convention*, dit-il, *ne se borne pas à maintenir les parties contractantes dans leurs Possessions aux* Indes Orientales, *comme il avoit été réglé auparavant par la seconde Clause, à l'égard de toutes lesdites Régions éloignées, mais ôte de plus aux* Castillans *la liberté d'étendre leur Commerce aux* Indes Orientales, (1).

On a exclu les Espagnols des places Portugaises, afin de leur ôter tout pretexte de venir dans les bornes de l'Octroy des Hollandois.

§ X. Que ce fût (g) *pour empêcher, que les* Espagnols *ne s'emparassent des établissemens & Places, que les* Portugais *avoient aux* Indes, *& qu'ils ne s'approchassent de trop près par là des Habitations de la dite Compagnie, & en vuë de reconquerir sur les* Portugais *les Places, Pais, & districts, que ceux-ci avoient conquis sur les Compagnies Hollandoises;* tout cela ne prouve point, qu'il n'y eût pas une autre raison générale, savoir celle de se maintenir dans la jouïssance privative de toute l'étenduë de leurs Octrois, à l'exclusion des Sujets du Roi d'*Espagne*. C'est au contraire dans cette vuë principalement qu'on voulut prévenir le pretexte spécieux que le Roi d'*Espagne* auroit pû avoir de passer les limites réglées, pour réduire à son obéïssance des Sujets rebelles. D'où vient aussi qu'on demanda, & qu'on obtint, qu'il fût exclu de toutes les *Indes Portugaises* sans éxception, & non pas seulement des *Places, Pais, & Districts, que les* Portugais *avoient conquis sur les Compagnies Hollandoises.*

§ XI.

(e) *Ibid.* pag. 17. (f) *pag.* 30. (g) *pag.* 17.

(1) C'est aussi ce que reconnoît l'Auteur de la *Reponse au Discours répandu dans le Public* &c. pag. 79. où il se plaint sans raison, qu'on ait attribué à Mr. *Neny* de soûtenir, *que les* Espagnols *mêmes ne seroient exclus de la Navigation & du Commerce des* Indes, *que dans les endroits qui appartiennent en propre à la Compagnie d'Orient des* Provinces-Unies &c. Mais n'est-ce pas ce à quoi tend le titre & le contenu de toute la Section II. autant qu'on peut en comprendre les raisonnemens embarrassez?

§ XI. Il ne faut d'ailleurs que lire le Mémoire des Directeurs de la Compagnie des *Indes Orientales*, auquel Mr. *Neny* en appelle, pour reconnoître d'abord, que ce qui regarde les *Portugais* y est proposé d'une maniére qui, bien loin d'exclurre la détermination de certaines limites générales & perpetuelles du Commerce des *Espagnols*, la suppose & la confirme dans le sens que nous l'entendons.

Le Mémoire des Directeurs fait voir, qu'ils ont cru necessaire non seulement d'empêcher les Espagnols d'étendre leur commerce au delà de ce qu'ils faisoient alors;

Les Directeurs ne témoignent nullement douter, comme Mr. *Neny* (b) voudroit le faire accroire, que Leurs Hautes Puissances les fassent comprendre dans le Traité, soit de Tréve, soit de Paix, qu'on négocioit. S'ils disent, qu'*il leur seroit plus avantageux de continuer la Guerre avec les* Castillans *dans les* Indes Orientales, ce n'est pas qu'ils craignent *d'être exclus dans l'un & l'autre cas*: mais *parce qu'en tems de Paix, aussi bien qu'en tems de Guerre, ils sont également obligez d'être toûjours sous les armes & en état de défense.* Ce qu'ils demandent, au cas qu'on fasse Paix ou Trêve, c'est qu'ils soient non seulement maintenus dans leur Navigation, telle qu'ils l'exerçoient auparavant, mais encore que les *Castillans* ne puissent pas désormais *étendre la leur plus loin qu'ils n'avoient fait jusqu'alors, dans les* Indes Orientales, & par conséquent qu'ils laissent à la Compagnie Hollandoise une Navigation privative dans tout ce qui est au delà des Lieux que le Roi d'*Espagne* occupe actuellement.

§ XII. Ensuite, pour plus grande sûreté, Messieurs les Directeurs représentent à leurs Hautes Puissances, s'il ne seroit pas à propos de faire mettre dans le Traité, outre la Clause générale dont ils viennent de parler, une Clause particuliére, qui confirmât l'autre, & empêchât d'y donner atteinte en aucune maniére; savoir, Que les *Espagnols* ne pourroient point passer leurs limites, sous prétexte d'user de leur droit pour réduire à l'obéïssance du Roi d'*Espagne* les *Portugais*, qu'il regardoit encore comme des Sujets rebelles. On craignoit, que *Philippe IV.* ne se prévalût dans la suite de cette exception, comme si elle eût été tacitement renfermée dans la Clause générale qui défendoit aux *Espagnols* d'étendre plus loin leur Commerce dans les *Indes Orientales*. On fait donc considerer à leurs Hautes Puissances, que, quand même le Roi d'*Espagne* penseroit uniquement à conquérir les *Indes Portugaises*, cela ne laisseroit pas de beaucoup nuire au Commerce de la Compagnie Hollandoise, parce que de telles Expéditions la tiendroient en échec, & l'exposeroient à des allarmes continuelles. Ainsi cela même prouve l'attention extrême que la Compagnie des *Indes Orientales* avoit à se faire assûrer une jouïssance privative, pleinement libre, de toute l'étenduë de son district. Les Directeurs ne disent même absolument rien du dessein de reconquérir les Places, que les *Portugais* leur avoient prises.

Mais aussi d'entrer dans les bornes des Hollandois sous pretexte de reduire les Portugais rebelles.

H 3 § XIII.

(b) pag. 16, 17.

Les Ambassadeurs d'Espagne à Munster comprirent les demandes des Hollandois dans ce sens.

§ XIII. C'est aussi de cette maniere, que les Ambassadeurs du Roi d'*Espagne* au Congrès de *Munster* entendoient les propositions des *Provinces-Unies*. *Il est injuste*, disoient-ils, *de vouloir empêcher le Roi de s'avancer dans le* Bresil, *ou dans les* Indes Orientales, *contre les* Portugais, *ses Sujets rebelles*; OU *de prétendre qu'il n'exerce pas sa Navigation & son Commerce dans* D'AUTRES LIEUX QUI *sont libres & indépendans*, *ou qui peuvent lui permettre d'y négocier*. On ne sauroit marquer plus distinctement la demande générale, & la demande particuliere, tendante à assurer l'autre.

Cependant on se contenta d'insérer la Clause générale pour restreindre les Espagnols dans leurs bornes présentes.

§ XIV. CEPENDANT, quoy que la précaution de Messieurs les Directeurs de la Compagnie des *Indes Orientales* ne fût pas mauvaise, on ne jugea pas à propos de faire inserer expressément dans le Traité de *Munster* une clause spéciale, qui défendît au Roi d'*Espagne* d'attaquer les *Indes Portugaises*. On crut que la Clause générale, *sans pouvoir s'étendre plus avant*, suffisoit, comme renfermant par sa généralité seule les *Indes Portugaises*, qui se trouvoient dans l'enceinte des limites prescrites par là aux *Espagnols*.

D'ailleurs, cela suivoit naturellement de ce que, par une Clause précedente du même Article V. le Roi d'*Espagne* reconnoissoit, comme faisant partie des Possessions des *Seigneurs Etats*, non seulement *les Lieux & Places*, *que les* Portugais, *depuis l'an* M. DC. XLI. *avoient prises & occupées sur eux*, mais encore *celles qu'iceux Seigneurs Etats ci-après*, *sans infraction du present Traité*, *viendroient à occuper* dans les *Indes Orientales*, & *Occidentales*. Si tout cela étoit regardé comme actuellement possedé par les *Provinces-Unies*, le Roi d'*Espagne* ne pouvoit donc rien faire pour s'en mettre lui-même en possession: autrement il y auroit une contradiction manifeste. Et c'est une pure chicane que celle que l'Auteur de la *Réponse au Discours repandu dans le Public* &c. fait (*i*) à Monsieur *Westerveen*, comme si, dans le *Sommaire de l'Article V. du Traité de* Munster, il en avoit *altéré l'esprit & la lettre*; sous prétexte qu'il a traduit: *Sont cedez par le présent Traité*... *les Lieux & Places* &c. C'est le sens manifeste des paroles: *En ce compris spécialement les Lieux & Places*, *que les* Portugais &c. On n'en sauroit donner un autre raisonnable.

Les Traitez entre l'Espagne & le Portugal, & entre le Portugal & la Hollande ne changent rien à celui de Munster.

§ XV. AINSI, quoy qu'en dise (*k*) Monsieur *Neny*, *les Traitez de paix conclus depuis entre l'*Espagne *& le* Portugal, *& entre le* Portugal *& les* Provinces-Unies, ont laissé subsister, pour le fond, celui de *Munster*, qui n'étoit nullement fondé sur rien qui eût du rapport aux *Portugais*. Il seroit absurde de s'imaginer, que ce fût pour l'avantage des *Portugais* mêmes, & pour les mettre à l'abri des entreprises de l'*Espagne*, que les *Provinces Unies* eussent voulu exclurre les *Espagnols* dès *Indes Portugaises*. Or c'est ce qu'il faudroit supposer, pour que les Traitez faits par le Roi d'*Espagne* avec ce lui de

(*i*) *Réponse au Discours*, pag. 8, 9 (*k*) *Réfutation*, § 2 pag. 17.

de *Portugal*, reconnu légitime Souverain, puſſent apporter ici quelque changement.

Et pour ce qui eſt des Traitez entre le Portugal & les *Provinces-Unies*, comme ils ne regardent que ces deux parties contractantes, le Roi d'*Eſpagne* & ſes Succeſſeurs n'en ſauroient tirer aucun avantage, pour éluder les engagemens du Traité de *Munſter*. Quand les *Provinces-Unies* auroient conſenti à ceder aux *Portugais* quelques Poſſeſſions, ou quelque Commerce, dans l'étenduë de leurs Octrois, cette rénonciation ne feroit rien pour les Sujets du Roi d'*Eſpagne*, à moins qu'ils ne fuſſent eux-mêmes compris dans la Convention.

§ XVI. Tant de raiſons étrangéres, & de fauſſes ſuppoſitions aux quelles Monſieur *Neny* eſt obligé d'avoir recours, font d'abord ſentir combien il ſe défie lui-même de trouver ſon compte aux termes & à la teneur du Traité. L'excluſion du Roi d'*Eſpagne*, & de ſes Sujets, de la Navigation & du Commerce dans un vaſte diſtrict, hors des Lieux même non occupez par la Compagnie Hollandoiſe, c'eſt-à-dire, dans toute l'étenduë de ſes Octrois; y eſt marquée ſi clairement, que, pour peu qu'on y faſſe attention, elle ſe préſente d'elle-même à l'eſprit. C'eſt ce qui paroîtra encore mieux par ce que nous allons dire dans le Chapitre ſuivant.

Les termes du Traité ſont clairs en faveur des Hollandois.

## CHAPITRE VIII.

*Du réglement des limites, en vertu du quel les Sujets du Roi d'*Eſpagne *ſont exclus de la Navigation & du Commerce dans toute l'étenduë du diſtrict affecté aux Compagnies Hollandoiſes par leurs Octrois, & confirmé par le Traité de* MUNSTER.

§ I. Je ne repéterai pas ici ce que j'ai dit ſuffiſamment (*a*) au ſujet de la confirmation, que le Roi d'*Eſpagne* ſait d'abord des Octrois accordez aux Compagnies Hollandoiſes des *Indes Orientales* & *Occidentales*, (1) confirmation, qui emporte par elle-même un conſentement à ne point empietter ſur leurs limites, ni par lui-même, ni par ſes Sujets. Mr. *Neny* a beau dire & redire le contraire, il a beau expliquer cette confirmation d'une maniére qui ou ne ſignifie rien ou ſuppoſe faux: la conſequence n'en eſt pas moins naturelle & moins évidente.

Mr. *Neny* tache en vain d'anéantir l'effet de la confirmation du Roi d'Eſpagne.

§ II.

(*a*) Ci deſſus Chap. II. §. 14. & ſuiv. Chap. VII. §. 6.

(1) L'Auteur de la *Réponſe au Diſcours* &c. Se glorifie mal-à-propos (*pag.* 52.) *qu'on a laiſſé tomber cet argument dans la Seconde Diſſertation; ſans doute*, ajoûte-t-il, *à cauſe que Mr. Neny avoit mis en évidence, qu'il n'etoit pas ſoutenable.* Mais s'il avoit lû ſeulement la prémiére page de cette Seconde Diſſertation, avec quelque ſoin, il y auroit trouvé en autant de termes, que, par la Paix de *Munſter*, tout le diſtrict contenu dans leurs Priviléges, leur a été cedé par le Roi d'*Eſpagne à l'excluſion de ſes Sujets* &c. On raiſonne d'ailleurs ſur cette ſuppoſition, dans toute la Piece.

Si la Clause touchant les possessions respectives se réduit à confirmer ce qu'on possédoit actuellement de part & d'autre.

§ II. VENONS à la Clause suivante, qui regarde les Possessions respectives. *Il consiste*, dit (*b*) Mr. *Neny*, *par la lettre de cette seconde Clause*, *que la convention y fait*, *qui s'étend aux* Indes Orientales *&* Occidentales, *& aux* Côtes d'Asie d'Afrique, *&* d'Amerique, *se réduit à confirmer les possessions que les Puissances contractantes y avoient réellement de part & d'autre*, *y compris*, *du côte des Etats*, *les Pays*, *Places*, *&* *Lieux qu'ils comptoient de reconquerir sur les* Portugais: *mais cette clause ne renferme rien qui ôte aux* Espagnols, *ou aux* Hollandois, *la liberté d'étendre & d'exercer paisiblement leur Commerce dans lesdites Régions*, *par tout où les Parties contractantes n'avoient point de possessions privatives*, *& où les autres Nations de* l'Europe *trafiquoient en commun*, *sans opposition de la part de qui que ce soit.*

*Et qui plus est*, *il n'est pas parlé dans la dite seconde Clause de l'Art.* 5. *des Sujets du Roi d'*Espagne, *ni de ceux des Etats Généraux*, *beaucoup moins y a t on prescrit des bornes au Commerce des uns ou des autres &c.*

Elle confirme aux Hollandois tout ce qu'ils pouvoient gagner dans la suite, & non pas aux Espagnols:

§ III. MAIS, s'il n'y a ici autre chose qu'un réglement des Possessions de part & d'autre, d'où vient que le Roi d'*Espagne* céde & laisse aux *Provinces Unies*, des Possessions qui ne sont nullement réelles; sans stipuler pour lui rien de semblable? Cela ne fait-il pas d'abord penser, qu'il y a quelque autre raison plus générale, pourquoi il s'engage lui seul à s'abstenir, en faveur des *Provinces-Unies*, de certains endroits dont elles ne sont point en possession, & qui plus est, de Lieux occupez par des gens qu'il regarde encore comme des Sujets rebelles.

Il ne sert de rien, de dire, que c'étoient des Païs, ou *Places*, que les *Portugais* avoient prises sur les Etats. Car ne lui en avoient-ils pas aussi enlevé à lui-même? Ou plûtôt, ne regardoit-il pas encore comme prises sur lui même toutes celles dont les *Portugais* étoient en possession? Et cependant il ne se reserve point la liberté de les reprendre.

D'ailleurs, il ne s'agit pas seulement ici des Places que les Etats vouloient reconquerir: toutes les autres, qu'ils pourront désormais *conquérir & posséder* dans les *Indes Orientales* & *Occidentales*, sont regardées comme s'il les tenoient déja, qui que ce soit que les occupe pour le présent. Le Roi d'*Espagne* auroit pû en *conquerir & posseder* lui-même à l'avenir; d'où vient qu'il n'exige pas aussi, qu'elles soient mises au nombre de ses possessions présentes?

Qui par là sont exclus du district des Hollandois.

§ IV. UNE difference si considerable, & si fort à l'avantage des *Provinces-Unies*, méne tout droit à reconnoitre, que ces Places devoient être dans un district de Navigation & de Commerce, qui leur étoit affecté. Il n'y a pas moien de l'expliquer autrement.

Elle exclut aussi, par une conséquence nécessaire, tous les Sujets du Roi d'*Espagne*, dont à cause de cela il étoit fort inutile de parler. Qui s'engage

(*b*) *Refutat.* § 5. pag. 29.

ge à ne pas troubler les Poſſeſſions d'autrui, ou reputées telles, s'engage par cela ſeul à ne pas permettre qu'aucun de ceux qui dépendent de lui les trouble. Je nai ſai ce que veut dire Mr. *Neny*, avec ſon, *Et qui plus eſt, il n'eſt pas parlé des Sujets de Roi d'*Eſpagne &c. Eſt-ce donc, que *Philippe IV.* promettoit pour lui ſeul, que les Etats demeureroient paiſibles Poſſeſſeurs *des Seigneuries, Villes, Châteaux, Fortereſſes, Commerces & Pays, qu'ils tenoient & poſſedoient* actuellement? Car, à cet égard, il n'eſt pas plus fait mention de ſes Sujets.

Et bornez à la navigation qu'ils faiſoient alors:

§ V. Quand on joint à tout ceci la Clauſe finale; *En outre, il a été conditionné & ſtipulé, que les* Eſpagnols *retiendront leur Navigation en telle maniere qu'ils la tiennent pour le préſent ès* Indes Orientales, Sans pouvoir s'étendre plus avant: peut-on s'empêcher d'y voir un réglement de limites, qui met comme une Barriére entre le Commerce des *Eſpagnols*, reſſerré d'un côté, & celui des *Provinces-Unies*, étendu de l'autre? Toute idée de ſimple engagement par rapport aux Poſſeſſions, diſparoît ici. Il s'agit de la *Navigation*, qui ne peut être défenduë vers les Lieux que l'on poſſéde, ou que l'on peut poſſeder légitimement. Elle eſt donc interdite aux *Eſpagnols*, au delà de leurs limites, dans les Lieux même libres & indépendans, où ils voudroient aller trafiquer.

Ce que Mr. Neny a reconnu pour les Indes Orientales.

§ VI. Cela eſt ſi vrai, que Mr. *Neny* n'a pû s'empêcher de le reconnoître, comme nous l'avons (*c*) remarqué ci-deſſus; où nous avons réfuté en méme temps le *motif* imaginaire, tiré de la conquête des *Indes Portugaiſes*, par lequel il prétend faire regarder la Clauſe, dont il s'agit, comme n'étant plus obligatoire depuis long tems.

Il dit encore, que (*d*) *ce retranchement de liberté*, qui ôte aux *Caſtillans* le droit d'*étendre leur Commerce aux* Indes, *eſt limité en termes précis aux* Indes Orientales, *& aux* Caſtillans: qu'ainſi *on ne peut l'étendre ni aux* Indes Occidentales, *ni aux Côtes d'*Afrique, *ni aux Habitans des* Païs-Bas, *quand même Sa Majeſté Impériale ſeroit en poſſeſſion de l'*Eſpagne *& des* Indes.

Mais ſi la Compagnie des *Indes Occidentales* ne ſe peut pas prévaloir de la Clauſe finale du V. Article, qui ne la regarde point, ſon diſtrict eſt aſſez marqué & par la confirmation générale de ſes Octrois, faite dès l'entre du méme Article, & par l'Article IV. Pour ce qui eſt des *Pays-Bas*; qu'on veut excepter ici, c'eſt toûjours la méme chanſon, ſur quoi il ſuffit de renvoier à ce qui a été dit ci-deſſus.

Si les Eſpagnols ne ſont exclus que des endroits dont les Hollandois ſont en poſſeſſion

§ VII. Mr. *Neny* a cru auſſi trouver, à la fin de l'Article VI. du Traité de *Munſter*, une preuve que ni l'un ni l'autre de ces Articles n'excluent les *Eſpagnols de trafiquer* (*e*) *dans tous les Lieux & Places où Meſ-*

 *ſieurs*

(*c*) *Chap.* VII. § 9, *& ſuiv.* (*d*) *Réfutation*, § 5. *pag.* 30, 31.
(*e*) § 5. pag. 34.

*ſieurs les Etats n'avoient nulle Poſſeſſion qui leur fût propre, & où toutes les autres Nations commerçoient librement en commun.*

Il eſt ſtipulé, en cet endroit, Qu'*entre les Places des Indes Occidentales, dont les Seigneurs Etats ſont en poſſeſſion, ſeront compriſes celles que les* Portugais, *depuis l'année* 1641. *ont priſes ſur leſdits Seigneurs Etats; comme auſſi toutes autres Places qu'ils poſſedent à préſent*, TANDIS QU'ELLES DEMEURERONT AUX DITS PORTUGAIS; *ſans que le precedent Article puiſſe déroger au contenu du preſent.* Voici comment Mr. Neny raiſonne là-deſſus.

Raiſonnement de Mr Neny pour prouver cela.

(*f*) *Il eſt conſtant*, dit-il, *que les lieux conquis par les* Portugais *ſur Meſſieurs les Etats depuis* 1641. *juſqu'au tems du Traité de* Munſter, *& dont ces derniers ſont reputez Poſſeſſeurs, ſuivant ces ſtipulations ſpéciales, à l'effet d'exclurre les* Eſpagnols *de leur Commerce, tandis qu'ils ſeroient occupez par les* Portugais, *ſur tout aux* Indes Occidentales, *ſont compris dans l'étenduë des Octrois deſdites Societez. Et il eſt également certain, que, ſans les dites Conventions expreſſes, il ſeroit permis aux* Eſpagnols *de trafiquer dans leſdits lieux, & d'y étendre leur Commerce, quoi que le* Breſil, *& les autres lieux, dont il étoit quéſtion ſoient ſituez dans l'étenduë des bornes deſdits Octrois; autrement ces ſtipulations ne produiroient aucun effet. Il faut donc conclurre, ou que les Sujets du Roi d'*Eſpagne *ne ſont point exclus du Commerce de tous les lieux compris dans les limites des Octrois deſdites Societez, où elles n'ont point de poſſeſſions privatives, ou que leſdites ſtipulations ſpéciales ſont inutiles, & n'opérent rien; mais comme ce ſecond membre de l'alternation eſt ridicule & inſoutenable, & ne peut même être préſumé, il faut embraſſer le premier.*

Il ne concluroit, s'il étoit bon, que pour les Indes Occidentales.

§ VIII. Je répons 1°. Qu'il s'agit ici uniquement *des* Indes Occidentales, & non des *Orientales*, auxquelles, comme Mr. *Neny* nous l'a lui-même objecté, ſe rapporte la Clauſe finale de l'Article V. Ainſi, ſelon ſon propre raiſonnement, l'argument qu'il fait ici, ſuppoſé qu'il fût bon, ne prouveroit rien par rapport aux *Indes Orientales*, dans leſquelles, cette Clauſe défend aux Sujets du Roi d'*Eſpagne de s'étendre plus avant* pour la Navigation & pour le Commerce.

Il entend mal la fin de l'Art. VI

§ IX. 2°. Nôtre Avocat entend très-mal la Clauſe finale du VI. Article. Car il prétend (*g*) qu'*il y fut convenu, que parmi les poſſeſſions de Mrs. les Etats ſeroient compriſes les Places conquiſes ſur eux par les* Portugais, *tandis que les* Portugais *les occuperoient.*

Rien moins que cela. Les Places conquiſes par les *Portugais* ſur les Etats, ſont clairement diſtinguées de *toutes les autres Places que les* Portugais *occupent à préſent*; & ce n'eſt qu'aux derniéres (1) que ſe rapporte la reſtitution

(*f*) § 5 p. 35. (*g*) *pag.* 33.

(1) C'eſt ce que fait bien ſentir, par la ſeule ponctuation, la Traduction Latine du Traité

tution, *tandis qu'elles demeureront aux dits Portugais.* Les Etats se reservent ici, aussi bien que dans l'Article précédent, les Places que les *Portugais* leur avoient enlevées, & veulent qu'elles soient mises au nombre de leurs Possessions, dont par conséquent le Roi d'*Espagne* doit s'abstenir toûjours. Ainsi la restriction, *tandis qu'elles demeureront aux dits Portugais*, ne sauroit tomber sur celles-ci. Mais à l'égard des autres, situées dans les *Indes Occidentales*, & possédées par les *Portugais*, ils relâchent quelque chose. Ce qui, bien loin de favoriser la cause de Mr. *Neny*, nous donne lieu de retorquer l'argument contre lui même.

§ X. CAR 3°. Si sans déroger à l'Article V. du Traité de *Munster*, les Sujets du Roi d'*Espagne* eussent pû trafiquer dans tous les endroits où les *Provinces-Unies* n'avoient aucune Possession privative, il n'auroit pas été nécessaire de stipuler expressément qu'ils pourroient faire des Conquêtes dans les Places occupées par les *Portugais*, & sur lesquelles, selon la supposition, les *Provinces-Unies* n'avoient encore aucun droit, comme n'étant pas du nombre de celles qu'on leur avoit prises. Ainsi cette exception même montre clairement, que, sans une stipulation particuliére, le Roi d'*Espagne* n'auroit pas eû la liberté d'étendre son Commerce dans les *Indes Occidentales*, pas même en faisant des Conquêtes sur les *Portugais*, ses Sujets rebelles. Son raisonnement fait contre lui.

§ XI. C'EST aussi ce que donnent à entendre les paroles suivantes: *Sans que le précedent Article puisse déroger au contenu de celui ci.* Qu'on lise & relise l'Article V. on n'y trouvera autre chose sur quoi puisse être fondée la contrariété & le conflict dont on a voulu prévenir ici les inconvéniens, si ce n'est que les Lieux, dont il s'agit, étoient compris dans le destrict de la Compagnie Hollandoise des *Indes Occidentales*, & dans l'étenduë de ses Octrois. Il falloit, à cause de cela, une clause spéciale, en vertu de laquelle le Roi d'*Espagne* fût autorisé à se mettre en possession, quand il en trouveroit le moien, de quelques-unes des Places occupées par les *Portugais* dans les *Indes Occidentales*. Pour quelle fin on fit cette stipulation dans le VI. Article.

On remarquera encore ici, que, selon cette Clause même, jusqu'à ce que le Roi d'*Espagne* se fût actuellement rendu maître de ces Places, elles demeuroient comprises dans le district de la Compagnie Hollandoise des *Indes Occidentales.* Et cette Compagnie pouvoit s'en emparer, aussi bien que lui, si l'occasion s'en présentoit, de quelque maniére que ce fût: car elle ne s'ôte point cette liberté, & il pouvoit y avoir d'autres voies, que celle de la Conquête.



Traité de *Munster*, imprimée chez les *Elzevier*, en 1651. *Et inter loca à prædictis Dominis Ordinibus possessa etiam comprehendantur ea, quibus* Lusitani *prædictos* D D. *Ordines ab anno* 1641. *spoliarunt; ut & omnia alia loca, quæ iidem nunc possident, donec sub* Lusitanis *erunt* &c.

Des pauvres raisons des Avocats de la Compagnie d'Ostende.

§ XII. On voit par là, que Mr. *Neny* n'est pas heureux à inventer des argumens, pour se tirer d'affaires; puisque la plûpart du tems, il fournit des armes contre lui-même. Tel est le sort de ceux qui s'embarquent à défendre une mauvaise cause. L'Auteur de la *Lettre à un Ami en Hollande* s'est avisé de deux nouvelles raisons dont il croit pouvoir tirer cette *conclusion infaillible*, que (*h*) *quand même Sa Majesté Imp. & Cathol. se trouveroit aujourd'hui en possession de la Monarchie d'*Espagne, *Elle auroit été pleinement autorisée d'accorder à ses Sujets* la *Concession de trafiquer aux* Indes, *sans contrevenir en aucune façon au Traité de* Munster.

La prémiére est, que de telles Concessions *se trouvent expressément confirmées par l'Article V.* du Traité, *& les paroles*, Octrois sur ce donnez ou à donner ci-après, *qui sont tout-à-fait reciproques.* De sorte que, selon cet Auteur, (*i*) *les deux Parties contractantes se sont reservées réciproquement la faculté de vouloir maintenir les Octrois ou Concessions déja données de part & d'autre, ou bien celles qu'on voudroit donner ci-après.*

Dont on fait voir le ridicule.

§ XIII. Ici je ne puis m'empêcher de dire, que j'ai de la peine à en croire mes yeux, & que c'est prendre les Lecteurs pour duppes, que d'alleguer des raisons comme celles-là avec une si grande confiance. On doit rendre justice à Mr. *Neny*, il s'est bien gardée de faire ici violence au sens manifeste des termes.

Il ne faut que lire l'endroit où sont les paroles citées, *Octrois sur ce donnez ou à donner*, pour être convaincu qu'il s'agit là uniquement des *Provinces-Unies*, & des Compagnies autorisées par Elles pour le Commerce des *Indes Orientales & Occidentales.* Car immediatement après on ajoûte: Pour sûreté *de quoi servira le présent Traité, & la Ratification d'icelui, qui de part & d'autre sera procurée: Et seront compris sous le dit Traité tous Potentats, Nations & Peuples avec lesquels* LESDITS SEIGNEURS ETATS, OU CEUX DE LA COMPAGNIE *des* Indes Orientales & Occidentales *en leur nom* ENTRE LES LIMITES DE LEURS DITS OCTROIS, *sont en amitié & en alliance.* Y a t'il rien là, qui regarde en aucune maniére le Roi d'*Espagne?* Et ces paroles, *entre les limites de leurs dits Octrois*, laissent-elles aucun lieu de douter, qu'il n'y avoit, & qu'il ne pouvoit y avoir d'autres Octrois pour la Navigation & le Commerce des *Indes*, dont il est question, que ceux qui avoient été accordez, ou qui le seroient désormais, par *lesdits Seigneurs Etats.* Au lieu que, dans la Clause suivante; où les Possessions respectives sont confirmées, on dit toûjours, *Les susdits Seigneurs Roi & Etats.* Cela paroit encore par l'Article VII. où l'on traite du tems auquel la Paix doit commencer dans les *Indes*. On y parle toûjours des *Octrois donnez ou à donner*, par les *Etats Généraux* aux Compagnies des *Indes Orientales* & *Occidentales :* jamais d'aucun Octroi qui soit ou puisse étre

(*h*) *Lettre*, pag. 14. (*i*) *Ibid.* pag. 12.

être accordé par le Roi d'*Espagne*. Je croirois faire tort au Lecteur, & abuser de sa patience, si je m'étendois davantage sur une chose si claire.

§ XIV. Ainsi il ne sert de rien à l'Anonyme, de produire ici, pour faire valoir sa fausse explication & la conséquence qu'il en tire, une Lettre du Cardinal Infant d'*Espagne*, en datte du 25. *Octobre* 1640. où ce Gouverneur des *Pays-Bas* déclare aux Magistrats d'*Anvers* le dessein que *Philippe IV.* avoit formé de *faire ouverture* à ses Sujets des *Pays-Bas*, *du Commerce des* Indes Orientales, *avec faculté d'y pouvoir entrer*, *ensemble à tous Inhabitans du* Septentrion, *non-obstant que cela n'ait été permis jusques aujourd'hui*.

La Lettre du Card. Infant ne prouve rien pour les Flamands.

C'est là certainement avancer des raisons frivoles, par lesquelles on nuit à sa Cause, sans en retirer aucun avantage. Car, comme je l'ai déja remarqué, on nous fournit ici une bonne preuve de ce fait qu'on a tant de peine à avouer, & dont néanmoins on n'ose pas disconvenir nettement, c'est que, selon le témoignage d'un Gouverneur des *Pays-Bas*, le Commerce des *Indes Orientales* n'y avoit point été permis jusqu'alors, & qu'il ne pouvoit l'être, si le Souverain ne l'*ouvroit* par une grace Spéciale, *pour bénéficier ses bons & fideles Sujets de par deçà*.

Mais au contraire prouve que le Commerce des Indes leur étoit defendu.

Mais qu'est-ce au fond que cette prétenduë *Concession*, ou *Octroi*, comme on voudra l'appeller? Un simple projet, & un projet qu'on savoit bien ne devoir être d'aucune suite, comme il n'en eut point effectivement. *Philippe IV.* vouloit traverser ou épouvanter les *Provinces-Unies* avec qui il étoit encore en Guerre, en faisant semblant d'être disposé à permettre aux Habitans d'*Anvers* quelque Commerce dans les *Indes*, plûtôt sous le nom de *leurs Amis & Correspondans du Septentrion*, que sous le leur propre. Il falloit *s'adresser à* Don Miguel de Salamanca, *pour de lui entendre plus à plein l'intention de Sa Majesté*, *& arrêter avec lui des conditions sortables.* Mais le Roi vouloit vendre cette liberté si cher, & la donner avec tant de restrictions, que tout l'effet de cette Lettre s'est reduit à *demeurer dans les Archives*, ou dans un *Recueil de Placards* imprimé, pour servir de preuve authentique d'une exclusion non interrompuë. De sorte que quand même il seroit aussi vrai, qu'il est faux, que les *Octrois donnez ou à donner ci-après*, dont il est parlé au commencement de l'Article V. du Traité de *Munster*, pussent s'entendre des Octrois accordez par *Philippe IV.* celui-ci ne pourroit jamais entrer en ligne de compte, comme *naturellement compris & confirmé par le contenu dudit Article V.* Je parlerai plus bas d'un autre, qu'on attribuë à *Charles II.* comme donné en l'année 1698.

Cette concession n'aboutit à rien.

§ XV. L'autre *nouvelle preuve*, que l'Anonyme a découverte, (*k*) est *tirée du Traité de la Marine conclu à* La Haye *le* 17. Decembre 1650. *entre*

De la Clause reciproque du Traité de marine.



(*k*) *Lettre*, pag. 14, 15.

*entre Sa Majesté Catholique* Philippe IV. *& les Seigneurs Etats Généraux, où par l'Article* XV. *qui regarde la Navigation des Sujets respectifs, il est dit :*

*Les Sujets dudit Seigneur Roi auront* reciproquement *même droit & liberté en leurs Navigations & Trafic aux regards desdits Seigneurs Etats Généraux des* Provinces-Unies, *que leurs Sujets au regard dudit Seigneur Roi d'*Espagne, *s'entendant que la* réciprocité *&* égalité *sera en tout & de part & d'autre, même au cas que ci-après ledit Seigneur Roi eût amitié & neutralité avec aucuns Rois, Princes, ou Etats, qui vinssent à être Ennemis desdites* Provinces-Unies, *usant reciproquement les deux parties des mêmes conditions & restrictions exprimées aux Articles ci-dessus.*

Là dessus l'Auteur de la Lettre conclut ainsi : *Le susdit Article n'a pas besoin d'une explication ultérieure; mais je vous prie d'observer sur tout, combien il appuye sur cette* réciprocité *&* égalité, *& puis que ce Traité de Marine a été fait en confirmation de celui de* Munster, *il doit nécessairement prouver & confirmer la* réciprocité du V. *Article dudit Traité, en ce qui concerne les* Castillans, *& les Habitans des* Provinces-Unies.

Elle ne regarde pas le Commerce des Indes.

§ XVI. Voila dequoi éblouir d'abord les Lecteurs. Mais il n'y aura que ceux qui ne voudront pas ou qui ne pourront pas consulter les Pieces mêmes, qui trouveront ici le moindre fondement à l'explication que l'Anonyme donne de cet Article, & à la conséquence qu'il en voudroit tirer, puis qu'il ne s'agit là en aucune maniére de rien qui ait du rapport aux limites de la Navigation & du Commerce des *Indes*.

Si ce nouvel Auteur ne se mettoit ouvertement au dessus des Régles les plus raisonnables que les personnes éclairées ont prescrites & suivies, dans l'interprétation des Actes, soit Publics, ou Particuliers, il auroit dû penser que les termes, quelque generaux qu'ils paroissent, doivent toûjours être expliquez & restraints par la suite du discours, & la nature de l'affaire dont il s'agit.

Or il paroit par l'Article XVI. qui suit immediatement, que *le present Traité doit servir à l'éclaircissement & l'explication d'un Article conclu séparément à* Munster, *le* 4. *de* Fevrier *de l'an* 1648. Et c'est aussi ce qui a été déclaré dès l'entrée du Traité même: *Comme depuis la Paix concluë à* Munster *entre les Seigneurs Roi d'*Espagne *& Etats Généraux des* Provinces-Unies, *il est survenu quelques contestations & différens concernant le vrai sens d'un Article conclu séparément le* 4 *de* Fevrier *de l'an* 1641. *touchant la Navigation, le Commerce, la sûreté, liberté, & facilité d'icelui* &c.

Mais la maniere de faire le commerce avec les ennemis des uns ou des autres.

§ XVII. Dequoi est-il donc question dans cet Article separé? De la maniére dont le Commerce s'exercera de part & d'autre avec les Nations Amies ou Neutres, si elles sont ou viennent à être Ennemies de l'une ou l'autre Partie contractante, du Roi d'*Espagne*, ou des *Provinces-Unies*; & des sortes de Marchandises dont, en ce cas-là, il sera permis de trafiquer. Voici les termes des premiers Articles de ce Traité. *Les*

*Les Sujets & Habitans des* Païs-Bas Confederez *pourront naviger & trafiquer en toute ſûreté & liberté, dans tous les Roiaumes, Etats, & Pays, qui ſont ou ſeront en amitié on neutralité avec les Etats des* Provinces-Unies, *ſans être troublez ou inquiétez dans leur ſuſdite Navigation & Trafic, ſous prétexte d'hoſtilité qui eſt ou ſera ci-après entre le ſuſdit Seigne urRoi d'*Eſpagne, *& les ſuſdits Roiaumes, Etats, ou Païs, ou quelques-uns d'entr'eux; qui ſoient en amitié & neutralité avec les ſuſdits Seigneurs Etats; de telle ſorte neanmoins qu'il ne ſera pas permis de porter aux Ennemies du ſuſdit Seigneur Roi des Marchandiſes deſendues, ou de contrebande. Et pour obvier à cela, ſans que le cours des Commerces ſoit interrompu, ſeront tenus, en entrant dans quelque Port du ſuſdit Seigneur Roi, & en ſortant de là pour aller dans quelque Port de ſon Ennemi, de montrer leurs Saufconduits ou Paſſeports, contenant la ſpécification de la charge de leurs Vaiſſeaux* &c. Tout le reſte roule là-deſſus.

§ XVIII. Il n'y a pas autre choſe dans le Traité de Marine, dont il s'agit, fait pour expliquer & éclaircir ce qu'on vient de lire. La ſubſtance en eſt repetée dans les deux prémiers Articles. Le III. porte que *cela s'etendra, au regard de la* France, *à toutes ſortes de Marchandiſes & Denrées, que l'on avoit accoûtumé d'y tranſporter avant qu'elle fut en Guerre avec l'*Eſpagne. *En ſorte neanmoins* (ajoûte le V. Article *que les Sujets des* Provinces-Unies *s'abſtiendront d'y porter des Marchandiſes venues des Etats du ſuſdit Roi d*'Eſpagne, *leſquelles puiſſent ſervir contre lui & ſes Etats.* Le V. Article régle ce qui regarde les autres Etats Amis ou Neutres.

Le precis de ce Traité de Marine

Dans les Articles VI. & VII. & VIII. on détermine ce qui doit être compris ſous le nom des *Marchandiſes de Contrebande*; comme auſſi la maniére dont les Paſſeports ſeront produits & vérifiez.

Les Articles IX. X. & XI. traitent des Vaiſſeaux Marchands que l'on rencontrera en pleine mer, ou ſur les côtes, mais qui ne voudront entrer dans aucun Port. On y marque, de quelle maniére on pourra agir avec eux.

Enfin, les Articles XII. XIII. & XIV. regardent les cas de Confiſcation des Marchandiſes de Contrebande, & déterminent juſqu'où s'étendra cette Confiſcation.

§ XIX. Suit l'Article. XV. qu'on nous objecte. Je demande maintenant à tout Lecteur deſintéreſſé, ſi l'on peut avec la moindre apparence de raiſon, entendre ici la *reciprocité & l'égalité* ſtipulée, par rapport à autre choſe, qu'à la liberté de trafiquer même avec les Ennemis de l'autre Partie contractante, pourvû qu'on ne leur apporte pas des Marchandiſes de Contrebande, & qu'on obſerve les *conditions & reſtrictions* ci-devant ſpécifiées. Je ne ſaurois me perſuader, que ceux qui oſent, ſur ce fondement, étendre l'obligation récipoque du contenu du V. Article du Traité de *Munſter*, ſoient eux-mêmes bien ſatisfaits de leur argument.

Prouve ſuffiſamment qu'il n'a aucun rapport au Commerce des Indes.

Ce

Ce qui me confirme dans cette pensée, c'est que l'Anonyme (l) pose, un peu plus haut, pour maxime générale, *Que tous les Traitez, ou toutes les Conventions doivent être réciproques.* D'où il conclut, *qu'on a observé dans celui de* Munster *la même réciprocité usitée.* Parler ainsi, c'est donner lieu de croire qu'on ne parle pas sérieusement; à moins qu'on n'aît nulle connoissance de l'Usage le plus commun; & nous n'avons garde de faire cette injure à l'Auteur de la *Lettre à un Ami en Hollande.* Il a sans doute vû bien des Traitez, & dans l'Histoire Ancienne, & dans la Moderne, où les conditions stipulées ne sont nullement réciproques.

L'Auteur de la Lettre se joue de ses lecteurs.

§ XX. VOICI encore une autre preuve, que l'Auteur de la *Lettre à un Ami en Hollande* se jouë manifestement. On avoit remarqué, que dans le tems même des Négociations du Traité de *Munster*, les Ministres des autres Puissances présens au Congrès entendirent l'Article V. du Traité de *Munster* de la maniére que nous faisons: & pour cet effet, on avoit cité les paroles suivantes d'une Lettre écrite au Roi de *France* par ses Plénipotentiaires, en datte du 21. *Decembre* 1646. *Une autre chose qui nous donne à penser, est le relâchement des* Espagnols *sur le fait des* Indes, *qui est sans doute l'un des plus considérables Articles de tout le Traité, auquel les* Hollandois *trouvent un avantage qu'ils n'avoient pas espéré, & qui ne leur a pas été accordé sans quelque motif extraordinare. Le Roi* d'Espagne *consent de ne pouvoir étendre ses limites dans les Indes Orientales, & de les borner à ce qu'il y occupe presentement.*

Notre Anonyme dit là-dessus à son Ami: *L'approbation* (m) *que vos Messieurs donnent à cette période est très juste, & confirme la véritable interprétation qu'il convient de donner à ces termes de l'Article* V. *s'étendre plus avant; de sorte que je ne doute pas qu'ils ne soient convaincus que ces paroles du dit Article ne sont que pour fixer les conquêtes ou aquisitions des* Espagnols, *lesquelles en regagnant peut-être le dessus, pouvoient porter un prejudice notable aux établissemens de la* Compagnie Hollandoise; *& celle-ci, pour s'en assûrer la possession tranquille, engagea* l'Espagne *à la promesse de ne pas étendre sa domination; ainsi qu'il n'y fut point question du simple* Commerce *avec des* Nations *indépendantes.*

On reconnoit le poids de cette Lettre des Ministres de France.

§ XXI. ON reconnoit donc ici, que cet Extrait de Lettre fait au sujet: ce que Mr. *Neny* aussi a avoué par son silence. Et effectivement des Ministres si attentifs à examiner tout ce qui se passoit & se négocioit entre les diverses Puissances d'un Congrès où ils étoient envoiez pour cela, devoient bien savoir les dispositions des Parties négociantes, & le sens des Articles proposez ou conclus entr'elles. Le témoignage des Plenipotentiaires de *France* est ici d'un poids d'autant plus grand, qu'on sait que cette Couronne traversoit

(l) *Lettre*, pag. 13. (m) *Lettre*, pag. 38, 39.

foit de tout fon pouvoir la conclufion de la Paix entre l'*Efpagne* & les *Provinces-Unies*.

Mais, au lieu que Mr. *Neny* a pris la partie de ne rien répondre fur une autorité qu'il n'a pas trouvé moïen d'expliquer à fon avantage, l'Anonyme, plus hardi, prétend s'en fervir pour *confirmer la véritable interpretation qu'il convient*, felon lui, *de donner à ces termes de l'Article* V. NE PAS S'ETENDRE PLUS AVANT. Ils bornent, non *le fimple Commerce avec des Nations indépendantes*, mais la *domination* du Roi d'*Efpagne*. Les *Efpagnols* peuvent trafiquer où il leur plairra; mais il leur eft défendu de faire de *nouvelles conquêtes ou aquifitions* dans les *Indes Orientales*, pour ne pas *porter un prejudice notable aux établiffemens de la Compagnie* Hollandoife.

§ XXII. QU'EST donc devenuë l'explication, que nôtre Anonyme a lui-même donnée ci-deffus? *Dans la* (*n*) *derniere periode de l'Article fufdit* (c'eft-à-dire, du V.) *on prefcrit des* BORNES AU COMMERCE *des* Indes Orientales. *Mais à quelle Nation? Les noms d'*Efpagnols *& de* Caftillans *y font exprimez & même repetez* &c. Voilà fes propres paroles. A quelle interpretation nous tiendrons-nous? A celle du corps de la Lettre, ou à celle du *Pofcriptum*? Dans l'une, on veut que le *Commerce* des *Efpagnols* foit borné par la dite Claufe, dans l'autre, on prétend que c'eft le pouvoir d'étendre leur *domination*. Et cependant chacune de ces interpretations eft propofée comme feule *véritable*, exclufivement à tout autre fens.

L'Auteur de la Lettre &c fe contredit.

Qu'eft devenuë encore la *reciprocité & l'egalité* parfaite, qu'on a foûtenu fe trouver dans le V. Article du Traité de *Munfter*, *en ce qui concerne les* Caftillans, *& les Habitans des* Provinces-Unies? Sont-ce donc des conditions égales, lors qu'une des Parties contractantes eft tenuë par le Traité du ne plus faire de *nouvelles conquêtes ou aquifitions* dans une vafte étenduë de Mers & de Terres, pendant que l'autre ne s'engage à rien de femblable, & promet feulement *de ne pas frequenter les Lieux* qu'elle occupe la prémiere?

§ XXIII. APRES des contradictions fi évidentes, que peut-on penfer & de la Claufe même, & de ceux qui la défendent?

Il n'y a rien dans les paroles des Ambaffadeurs de France qui favorife l'explication qu'en veut donner cet Auteur.

Pour ce qui eft maintenant des paroles, dans lequelles l'Anonyme a cru trouver dequoi confirmer une de fes explications oppofées, il n'y a rien du tout qui montre que les Ambaffadeurs du Roi de *France* entendiffent les mots, *fans pouvoir s'étendre plus avant*, comme fi le Roi d'*Efpagne* s'engageoit feulement à *fixer fes Conquêtes ou Aquifitions* dans les *Indes Orientales*. Ils parlent d'un *relâchement fur le fait des* Indes: felon la teneur des propofitions debattuës au Congrès, & le ftile courant, cela fe rapportoit à la Navigation & au Commerce dans ces Regions éloignées. Ils difent que *le Roi d'Ef-*



(*n*) pag. 12.

*d'Eſpagne conſent de ne pouvoir étendre ſes limites dans les* Indes Orientales; ce ſont les *limites de la Navigation & du Commerce*, auſſi bien que celles des *Conquêtes*; & les derniéres ſont établies en vuë des prémiéres principalement. Si les *Conquêtes auroient porté un préjudice notable aux établiſſemens de la Compagnie Hollandoiſe*, la *Navigation & le Commerce* des *Eſpagnols* ne lui en auroit pas moins porté.

Mais au contraire elles ſont toutes favorables à la Compagnie Hollandoiſe.

§ XXIV. Qu'on péſe bien d'ailleurs toutes les expreſſions de la Lettre, dont il s'agit: ceux qui l'ont écrite paroitront pleins de l'idée d'un ſens fort vaſte, au profit des *Provinces-Unies*. Ils y trouvent *un avantage* que les *Hollandois* eux-mêmes *n'avoient pas eſperé*: ils ſont ſurpris du *relâchement des* Eſpagnols; ils l'attribuent à des *motifs extraordinaires*. Qui ne voit qu'ils donnoient à la Clauſe, *ſans pouvoir s'étendre plus avant*, la même ſignification, que Mrs. les Directeurs de la Compagnie des *Indes Orientales*, & que les Miniſtres mêmes du Roi d'*Eſpagne*, dont le témoignage auroit toûjours plus de force, quand même ceux de *France* ſe ſeroient fait d'autres d'idées de la nature & de l'étenduë des Demandes, en conformité deſquelles on n'a pû nier que les Articles du Traité de *Munſter* n'aient été dreſſez & approuvez?

L'intention & l'interêt des Hollandois requeroient qu'on prevint auſſi bien le commerce que les conquêtes des Eſpagnols.

§ XXV. Ce que l'Auteur de la *Lettre à un Ami en Hollande* dit ici du but de la Convention, nous conduit à une autre preuve aſſez forte du véritable ſens, qu'il conteſte. Il avouë, que la Compagnie Hollandoiſe ſe propoſoit de prévenir par là ce *qui pouvoit porter un préjudice notable à ſes établiſſemens*, & à leur *poſſeſſion tranquille*. Or cette intention, & la nature du Commerce que la Compagnie Hollandoiſe vouloit s'aſſûrer, demandoient qu'on obligeât le Roi d'*Eſpagne*, par le Traité de *Munſter*, non ſeulement à s'abſtenir de faire de nouvelles Conquêtes & de nouvelles Aquiſitions dans les *Indes Orientales*, mais encore à ne point envoyer de Vaiſſeaux ſimplement pour la Navigation & pour le Commerce avec des Nations indépendantes, au delà des Lieux qu'il occupoit actuellement.

Les Poſſeſſions ne ſervent qu'à ſoûtenir le commerce.

§ XXVI. Les Poſſeſſions de la Compagnie dans les *Indes Orientales*, ſont la moindre partie de ce en quoi conſiſte l'utilité de ſon Commerce. Si elle conſerve avec ſoin les Lieux & Places qui lui appartiennent, c'eſt principalement pour pouvoir trafiquer dans d'autres endroits libres & indépendans, ou pour ſervir d'entrepôt aux Marchandiſes qu'on en apporte. Il n'y a nul Commerce à *Macaſſer*, à *Timor*, à *Ternate*, & en pluſieurs autres lieux: on y tient pourtant de fortes Garniſons, & on y fait de grandes dépenſes, ſeulement pour garder les Iles où croiſſent les Aromates. *Batavia*, qui eſt comme le centre des *Indes Hollandoiſes*, ne fournit pas beaucoup de Marchandiſes, & il ne revient pas grand profit de ſa poſſeſſion en elle-même:

(2) Mais c'est-là que vont se rassembler les Vaisseaux qui ont ramassé des Marchandises achetées de tous côtez jusqu'au fond des *Indes Orientales*. On entretient en un grand nombre d'endroits des Maisons d'entrepôt, des Loges, des Factoreries, des Comptoirs, des Châteaux, des Forts, des Colonies: on fait des Traitez de Commerce avec les Princes des *Indes*: on ameliore les Païs, pour les rendre propres au Négoce: le tout à si grands frais, que, par l'avantage que la Compagnie tire de ses Possessions propres pour le Commerce qu'elle fait par leur moien avec les autres Lieux libres & indépendans, elles lui deviendroient non seulement inutiles, mais encore elles lui seroient à charge, de sorte qu'il vaudroit mieux les abandonner, que de les retenir à ce prix-là.

§ XXVII. Cette Compagnie auroit donc été bien mal avisée, si, après avoir fait de prodigieuses dépenses pour etablir ainsi son Commerce, elle se fût contentée de demander que le Roi d'*Espagne* la laissât en paisible possession des Lieux qu'elle possedoit en propre, ou tout au plus qu'il ne fît pas lui-même des conquêtes ou des aquisitions dans l'étenduë des Octrois de la Compagnie. Outre que, pour empêcher ces nouvelles aquisitions, il étoit manifestement nécessaire que le Roi d'*Espagne* ne pût point désormais exercer la Navigation & le Commerce dans le district de la Compagnie Hollandoise, avec les Nations libres & independantes, puis qu'il y avoit tout lieu de craindre que cela ne lui fît prendre envie & trouver aisément l'occasion de s'emparer de quelques endroits de ce district.

Les Hollandois avoient l'occasion favorable pour s'assûrer tous les deux.

Il est aussi hors de toute apparence, que Leurs Hautes Puissances se voiant en état, par la supériorité de leurs Armes, & l'empressement du Roi d'*Espagne* à rechercher la Paix, d'obtenir les conditions les plus avantageuses, aient négligé de s'en prévaloir, pour l'interêt de la Compagnie & le leur propre.

De si fortes présomtions autoriseroient à aider même à la lettre. Mais elles forment une démonstration en ce genre, quand on les joint aux termes du Traité, comparez avec les Mémoires sur lesquels ont été dressez les Articles qui regardent le Commerce des *Indes*, & avec la maniére dont les demandes, contenuës dans ces Mémoires, ont été entenduës par les intéressez mêmes, par les Ministres du Roi d'*Espagne*. L'Auteur de la *Lettre à un Ami en Hollande*

Ce qu'ils ont fait par le Traité.



(2) C'est ce que reconnoît l'Auteur d'un *Discours*, que je citerai ailleurs, *touchant l'établissement d'une Compagnie Françoise pour le Commerce des Indes Orientales.* AUTOUR *de* Batavia (dit-il) *il ne se recueille presque rien, & il faut que la Compagnie y fasse venir de loin du Ris; de la Viande, & autres Vivres nécessaires pour vingt-cinq ou trente mille personnes: ce qui ne peut se faire qu'avec de grands embarras & de grands frais.... Quand les* Hollandois *sont à* Batavia, *il faut qu'ils reviennent sur leurs pas, & avec les mêmes vents qui les raméneroient en* Europe, *afin d'aller trafiquer dans le Golfe de* Bengale, *sur les Côtes de* Coromandel *& des* Malabares; *à* Zeylan, *à* Surat, *dans le* Sein Persique, *& sur les Côtes d'*Ethiopie. *Puis il faut qu'ils retournent porter leurs marchandises à* Batavia, *où ils font leurs cargaisons pour la* Hollande &c. pag. 35. 36.

*lande* auroit dû essaier du moins d'imaginer quelque expedient pour éluder le sens des plaintes que faisoient ces Ambassadeurs, qu'on voulût *empêcher le Roi* d'Espagne *d'exercer sa Navigation & son Commerce dans les Indes Orientales, en des lieux libres & indépendans, ou qui pouvoient le lui permettre.* Il y auroit du plaisir à voir ce que la subtilité d'esprit de nôtre Anonyme, dégagée de toute sujettion à suivre les régles des Maitres de l'Art, pourroit lui fournir pour tordre des paroles si claires, & sauver l'objection accablante qui en résulte.

Cette exclusion générale confirmée par l'*Usage*.

§ XXVIII. Je conclus, qu'il en faut nécessairement venir à reconnoître, que la Clause, *Sans pouvoir s'étendre plus avant*, exclut le Roi *d'Espagne*, & tous ses Sujets, de toute Navigation & de tout Commerce dans les Mers & Places des *Indes Orientales*, au delà des Lieux occupez par les *Espagnols*, qui y en avoient peu alors, & qui ne possedoient presque que les *Iles Manilhes*, ou *Philippines*.

C'est ce qui paroît aussi par l'Usage, le meilleur Interprête des Traitez; comme nous allons le justifier. De sorte que toutes les preuves les plus incontestables de la vérité d'un sens se trouvent jointes ici en faveur de celui que nous soûtenons.

## CHAPITRE IX.

*Que le sens auquel nous entendons les Articles du Traité de* Munster, *est confirmé par l'Usage.*

Les Etrangers ont reconnu l'*Usage* du droit de la Compagnie, tel qu'elle prétend l'avoir.

§ I. Nous avons montré, dans le Chapitre précedent, que les Octrois de la Compagnie Hollandoise, & leur utilité, ne consistent pas dans les Possessions qu'elle a aux *Indes Orientales*, mais dans un amas de plusieurs Négoces que ces Possessions lui fournissent moien d'exercer par toutes les Mers & Terres de son district. C'est ce que les Etrangers versez dans l'Histoire & dans les matiéres de Politique & de Commerce reconnoissent.

Preuve tirée d'un Auteur *François*.

§ II. Il me tombe sous la main un *Discours d'un Fidéle Sujet du Roi* (de *France* touchant l'établissement *d'une Compagnie Françoise pour le Commerce des Indes Orientales*. Cette Piéce fut publiée, par ordre de *Louis XIV.* au mois *d'Avril* de l'année M. DC. LXIV. & l'Auteur y parle ainsi de la Compagnie Hollandoise: (*a*) La principale *place de cette Compagnie dans les* Indes,

(*a*) C'est à la page 28. de l'Edition de *Hollande*, imprimée l'année suivante 1665. Le Discours est de la façon du célébre CHARPENTIER, de l'Académie Françoise. Il publia sous son nom, peu de tems après, une *Rélation de l'établissement de la Compagnie Françoise pour le Commerce des Indes Orientales*, imprimée aussi à *Amsterdam*, en 1666. Et il ne manque pas d'y faire mention du *Discours*, comme des *prémices de ce dessein*, pag. 14. Voiez le *Journal des Savans*, Année 1702. pag. 813. *Ed. de Holl.*

*Indes, s'appelle* Batavia. *C'est une Ville qu'ils ont bâtie dans l'Ile de* Java Major *près de* Sumatra. *Là sont leurs magazins, & là ils font l'amas de toutes les choses qu'ils rapportent en* Europe, *& qu'ils tirent de tous les divers Païs des* Indes, *du* Japon, *de la* Chine, *& des autres Roiaumes. Ils possédent aussi* Colombo *dans l'Ile de* Zeylan, *aiant depuis peu conquis cette Ville sur les* Portugais, *& c'est dans cette Ile qu'on trouve la Canelle, qui se débite ensuite par tout le monde. Enfin ils ont encore plusieurs Places depuis le Golfe de* Perse, *jusqu'à l'extrémité de la* Chine, *& il y a long tems que l'on leur comptoit trente-sept Magazins dans les* Indes, *& vingt Forteresses considérables. Pour se rendre encore le Commerce plus libre, ils entretiennent des Agens auprès des Rois de tous ces quartiers là, comme auprès du Roi de* Perse, *du* Grand Mogol, *des Rois de la* Chine, *du* Japon, *de la* Cochinchine, *& plusieurs autres. Voilà jusqu'à quel point de grandeur cette Compagnie est parvenuë* &c.

Le même Auteur dit en un autre endroit: (*b*) que les *Hollandois sont déja en possession du Commerce des* Indes Orientales, *où ils sont puissamment établis* &c. & il répond à l'objection qu'on tiroit de là, comme la plus forte, pour décourager ceux qui voudroient s'intéresser au projet de la nouvelle Compagnie Françoise. Mais il ne dit pas un mot des *Espagnols* sur ce sujet; quoi qu'il en aït parlé, quand il s'agissoit des prémiers établissemens du Commerce dans les *Indes*.

§ III. Voici encore de quelle maniére un Illustre Allemand, le fameux Baron de Pufendorf représente l'étenduë de l'usage que la Compagnie Hollandoise des *Indes Orientales* fait de ses droits. (*c*) *Elle a*, dit-il, *particuliérement beaucoup contribué à faire monter les Richesses & le Négoce des* Hollandois *à ce haut point, où on les voit aujourdhui. Car depuis* Balsora, *à l'embouchûre du* Tigre, *dans le Golfe de* Perse, *elle négocie tout le long de cette grande & riche Côte, jusques au bout du* Japon: *Outre qu'elle est en alliance avec plusieurs Rois des* Indes, *avec lesquels elle a fait des Traitez de Monopole, & dont elle tient plusieurs Places, dont la principale est* Batavia *dans l'Ile de* Java; *où le Gouverneur Général entretient une Cour de Roi, aiant la direction de toutes les autres Places, & ne reconnoissant point d'autre Souverain, que la Compagnie même. Les principales Places, que la Compagnie a dans les* Indes, *outre les* Moluques *& les Iles de* Banda, *sont* Amboine *&* Malacca, *avec la Côte de* Ceylan; Paliacatta, Musulapatan, *&* Negapatan *sur la Côte de* Coromandel; *&* Cochin, Cranganor *&* Cananor *sur la Côte de* Malabar, *avec plusieurs autres Places* &c.

Et d'un Auteur Allemand.

K 3 § IV.

(*b*) *pag.* 45.

(*c*) C'est dans son *Introduction à l'Histoire de l'Europe*, Chap. VI. § 20. selon l'Original Allemand, & la Traduction Latine. Je me sers ici de la derniére Edition Françoise, revuë & beaucoup augmentée.

*Ce seroit aux Flamands à prouver l'Usage contraire.*

§ IV. Mais, sans aller chercher de semblables autoritez, dont on trouveroit sans doute un grand nombre, si l'on vouloit, ou si l'on devoit les aller chercher; il n'y a qu'à demander en un mot, qu'on nous fasse voir que, depuis le Traité de *Munster*, les Sujets du Roi *d'Espagne*, & en particulier ceux des *Païs-Bas*, sont allez librement trafiquer dans l'étenduë des Octrois de la Compagnie Hollandoise des *Indes Orientales*.

*Il n'y a qu'un exemple avéré de contravention, mais dont nous tirons un grand avantage:*

§ V. On est si éloigné de le pouvoir faire, qu'à peine se trouve-t'il, jusqu'à ces derniers tems, un seul exemple avéré de quelcun des Sujets du Roi d'*Espagne* qui se soit hazardé à contrevenir aux Articles du Traité de *Munster*, entendus de la maniére que nous faisons. *(d)* Et cet exemple, qui, par cela même qu'il est unique, prouve l'exacte observation du Traité, en confirme aussi le sens, & les justes prétensions de la Compagnie Hollandoise, puis qu'il est accompagné d'une forte opposition de sa part, & que celui qui avoit voulu donner atteinte aux droits de cette Compagnie, est justement un homme des *Païs Bas Espagnols*. Voici le fait.

*C'est celui de Bastian Brouwer.*

Un certain *Bastian Brouwer*, *Espagnol Brabançon*, (comme il est qualifié dans les Lettres du Gouverneur Général & des Conseillers établis par la Compagnie dans les *Indes Orientales*) aiant obtenu du Roi d'*Espagne* une Commission, qu'il étendoit peut-être au delà de sa téneur & de l'intention de son Souverain, alla plus d'une fois négocier sur les Côtes de la *Chine*. On n'en fut pas plus tôt informé à *Batavia*, qu'on se mit en devoir d'agir vigoureusement pour empêcher la continuation de tels voiages. La délibération du Conseil, dattée du 24. *Avril* M. DC. LIII. est fondée précisément sur l'Article V. du Traité de *Munster*, *par lequel*, dit-on, *il a été expressément stipulé & convenu*, *que les Sujets* (quels qu'ils soient) *du Roi d'*Espagne, *retiendront leur Navigation dans les* Indes Orientales *de la même maniére*, & non autrement, *qu'ils l'exerçoient alors*, *sans pouvoir s'étendre plus avant*. Ce Marchand n'avoit pourtant trafiqué dans aucun lieu de la dépendance de la Compagnie Hollandoise: il n'alloit qu'à la *Chine*, Roiaume sans doute libre & indépendant. Mais il empiettoit sur les limites de la Navigation, réglées par le Traité de *Munster*; il entroit dans le district de la Compagnie Hollandoise des *Indes Orientales*. Le Roi d'*Espagne* reconnut, qu'elle avoit eû raison de s'y opposer, puis qu'il n'en témoigna aucun ressentiment, malgré ses Lettres, dont le Marchand s'autorisoit.

*Fausse imputation au sujet de l'application de cet exemple.*

§ VI. Mr. *Neny*, & l'Auteur de la *Lettre à un Ami en Hollande*, avoient gardé un profond silence sur ce fait si clair & si décisif. On en parle enfin *(e)* dans la *Réponse au Discours répandu dans le Public*; mais d'une maniére qui prouve, que le parti qu'ont pris les autres Avocats de la Compagnie d'*Ostende* étoit le meilleur.

Car

*(d)* Voiez la I. *Dissertat* § 6. *(e)* pag. 25. *& suiv.*

Car 1° Ce nouvel Auteur défigure tout exprès la conséquence qu'on a tirée de cet exemple, pour en rendre ridicule l'application. Il suppose hardiment, qu'on fonde uniquement sur l'Acte du Conseil de la Compagnie des *Indes*, *l'établissement de l'Usage* du droit qu'elle prétend avoir à l'exclusion des *Païs-Bas*, aujourdhui *Autrichiens*. Et là-dessus, il vient nous débiter des Lieux Communs qui ne sont rien au sujet; *Qu'un Usage*, *pour avoir force de Loi*, *doit être établi par le consentement tacite de ceux qui y ont intérêt*, *& de plus fondé sur plusieurs actes judiciaires*, *& même sur des Sentences renduës en jugement contradictoire*: *Qu'il n'est pas au pouvoir d'une Société de Négocians de faire la loi au tiers & au quart*, *& de les obliger envers elle*, *sans leur consentement*, *& à leur insu*; moins encore *de faire des actes qui aient la force d'obliger des Nations ou Puissances Etrangéres* &c.

§ VII. Mais quiconque aura lû les Piéces publiées en faveur de la Compagnie Hollandoise, conviendra qu'on a allégué le cas de *Bastian Brouwer*, pour prouver seulement la continuation de la possession, où elle étoit du Commerce des *Indes*, à l'exclusion des Sujets du Roi d'*Espagne*, & les oppositions qu'elle a faites, lors que quelcun d'eux a voulu attenter à son droit, & empietter sur ses limites: oppositions fondées, comme il paroît par cet exemple, sur les Articles mêmes du Traité de *Munster*, dont il s'agit. La conséquence, qu'on a tirée de là, subsiste donc dans toute sa force; à moins qu'on ne prouve la fausseté de l'Acte produit. Dans quelle vuë on l'a allegué.

§ VIII. 2°. C'est ce que l'Auteur de la *Réponse au Discours* &c. voudroit aussi persuader. *La prétenduë Résolution* (dit-il) *du Conseil de la Compagnie aux Indes*, *qui seroit du* 24. Avril 1653. *n'est qu'un papier volant*, *qui ne fournit ni preuve*, *ni présomption*, *ni indice de la verité de son contenu*. Il en allégue deux raisons: l'une que *l'on ne voit pas que cette Piéce ait été paraphée ou signée de qui que ce soit*: l'autre, *qu'il ne conste pas*, *qu'elle ait été collationnée aux Originaux*. Authenticité de l'Acte, par lequel on a prouvé le fait.

Que signifient donc ces paroles d'un Conseiller & Secrétaire de la Compagnie Hollandoise des *Indes Orientales*, que l'on voit signé au bas de l'Extrait de la Résolution dont il s'agit: *Fidellement tiré des Regîtres du Gouverneur & des Conseillers de* Batavia, *lesquels Regîtres on garde à* Amsterdam? N'est-ce pas la signature d'une Personne Publique, & une signature collationnée avec l'Original, d'où elle est *tirée fidelement*.

§ IX. D'ailleurs, il est facile de s'éclaircir de la vérité & de l'authenticité de l'Extrait publié. L'Original est dans les Archives de la Compagnie. On en offre la vérification & la confrontation à quiconque voudra s'en convaincre par ses propres yeux. On est assûré, que personne n'y trouvera aucune marque de faux. Moien d'en convaincre chacun.

§ IX.

L'intérêt de ceux qui produisent cet Acte, ne peut le rendre suspect de fausseté.

§ X. L'AUTEUR de la *Réponse au Discours* &c. dit ensuite, que, *comme* l'Acte dont il s'agit, *est le propre ouvrage des Directeurs, ou celui des Officiers de leur Société, qui ont toûjours dépendu d'eux, & de leurs prédécesseurs, il seroit de pernicieuse conséquence d'y ajoûter foi en leur faveur au préjudice d'un tiers, qui n'y avoit nulle part, quand même ces sortes d'Actes ou Papiers concerneroient les intérêts du Fisc, ou du Thrésor public, ou de quelque autre Corps, ou Communauté, quelque privilégiée qu'elle puisse être. En effet*, ajoûte-t'il, *si les actes de cette nature faisoient foi, & étoient reputez obligatoires, il seroit au pouvoir d'une Société de Négocians de faire la loi au tiers & au quart, & de les obliger envers elle sans leur consentement, & à leur insçû; ce qui choqueroit le bon sens, & renverseroit toutes les maximes de la justice.*

Il paroît par là, & par les deux Loix (*f*) du CODE, que cet Auteur cite en marge, qu'il change toûjours l'état de la question, & qu'ainsi ce ne sont que des coups portez en l'air. Il ne s'agit point ici de prouver une Dette, ou une obligation, dont il n'y aît d'autre preuve qu'un Acte ou un Ecrit fait par les interessez mêmes, à l'insû de celui que l'on prétend être Débiteur. Il est question seulement d'un fait particulier, qui se rapporte à l'usage d'un Droit, qu'on a prouvé avoir aquis auparavant à juste titre. Ceci s'est passé cinq ans après le Traité de *Munster*. La mémoire en étoit toute fraîche, & le sens des Articles devoit encore être connu de tout le monde, de la maniére qu'il avoit été entendu au tems même qu'ils furent dressez & signez à la face de toute l'*Europe*, présente en quelque maniére au Congrès par les Ministres de chaque Puissance. De bonne foi, peut-on s'imaginer que le Conseil de *Batavia* eût osé sitôt inventer un nouveau sens, qui, dans la supposition des Avocats de la Compagnie d'*Ostende*, auroit été si éloigné du véritable, & dont il auroit été si facile alors de montrer la fausseté? Il y a encore moins d'apparence, qu'en conséquence d'une telle invention on en fût d'abord venu à donner des ordres, pour maintenir par des voies de fait le droit qu'on se seroit ainsi attribué tout d'un coup sans fondement: & que Messieurs les Directeurs de la Compagnie eussent ratifié tout cela à *Amsterdam*. Ceux qui l'étoient alors, sont tous morts: & ceux

(*f*) Il s'agit, dans ces Loix, d'une Dette qu'on veut prouver *uniquement* par quelque Note ou Mémoire de celui, à qui l'on prétend qu'il est dû, soit vivant, ou défunt. *Exemplo perniciosum est, ut ei scripturæ credatur, quâ unusquisque sibi adnotatione propriâ debitorem constituit.* L. 7. C. *De Probationib.* RATIONES *defuncti, quæ in bonis ejus inveniuntur, ad probationem sibi debitæ quantitatis* SOLAS *sufficere non posse, sæpe rescriptum est.* L. 6. *ibid.* Mais il y a là-même une autre Loi d'où il paroît clairement qu'on doit avoir égard à de telles Notes ou Mémoires, s'il y a d'ailleurs des raisons qui aident à en montrer la vérité. *Instrumenta domestica, seu privata testatio, si non* ALIIS QUOQUE ADMINICULIS ADJUVENTUR, *ad probationem sola non sufficiunt* L. 5. *ibid.* On sait aussi, que selon le Droit Civil, des Actes Publics, tels que sont ceux de la Compagnie Hollandoise, font pleinement foi, en sorte qu'ils l'emportent sur les dépositions de Témoins: *Census, & Monumenta publica, potiora Testibus esse, Senatus censuit.* L. 10 D. *De Probation.*

ceux qui vivent aujourd'hui ne peuvent être soupçonnez, sans une témérité insigne, pour ne rien dire de pis, d'avoir fait inserer dans les Regîtres de leurs Prédecesseurs des Actes faux, ou falsifiez. Leur probité reconnuë ne laisse aucun lieu à de telles imaginations : & indépendamment de cela, la chose en elle-même ne paroît pas possible, à en juger seulement par leur nombre, & par les régles de la Prudence la plus commune. Ainsi leur intérêt présent ne diminuë rien de la force d'une preuve, tirée à la vérité de leurs propres Archives, mais d'un Acte fait long tems avant eux ; & qui, au jugement des personnes qui voudront l'examiner sans prévention, aura toutes les marques requises de sincérité & d'autenticité.

§ XI. On prétend, de plus, tirer avantage, de ce que la Résolution du Conseil de *Batavia n'a jamais été exécutée* ; & qu'ainsi *elle n'a produit aucun effet, & n'en peut produire aujourd'hui. Les Directeurs*, ajoûte t'on, *ne disent pas que le Navire dudit* Brouwer *auroit été pris & mené à* Batavia, *ou ailleurs, ou qu'on auroit porté des plaintes contre lui à la Cour de* Madrid *ou à celle de* Bruxelles, *ni qu'il auroit été reclamé par Sa Majesté Catholique, ce qui seroit arrivé certainement, en cas qu'il y eût eû un* Bastian Brouwer, *qui fût pris & enlevé muni d'un Passeport de la part de* Philippe IV.

Ce qu'il contient, emporte une opposition & une protestation suffisante

Je répons, que Messieurs les Directeurs n'ont pû dire, que ce qu'ils ont trouvé dans leurs Regîtres, & c'est une preuve de leur bonne foi. Si l'on avoit supposé l'Acte, il auroit été aussi facile, & l'on n'auroit pas sans doute manqué, de le revêtir des circonstances les plus avantageuses. Il n'est pas au fond nécessaire, pour la conséquence qu'on prétend tirer de celui dont il s'agit, que *Bastian Brouwer* aît été actuellement pris & mené à *Batavia*. Il suffit, que l'on se soit mis en devoir de le faire, s'il continuoit sa Navigation illicite ; & qu'il aît lui-même cessé de l'excercer, par la crainte de l'exécution resoluë, sans que le Roi d'*Espagne* l'aît *reclamé*. Cela prouve assez, ou que *Brouwer* avoit abusé de son Passeport, qui ne lui avoit pas été donné pour l'usage qu'il en fit, ou que le Passeport aiant été expedié, sous le nom de *Philippe IV.* sans un mur examen, ce Prince reconnut lui même qu'il n'avoit aucun lieu de se plaindre des démarches du Conseil de *Batavia*, qui n'avoit fait qu'user de son droit ; de sorte qu'il n'étoit pas non plus nécessaire après cela, que Messieurs les Directeurs de la Compagnie Hollandoise portassent aucunes plaintes à *Madrit*, ou à *Bruxelles*. Le tort étoit réparé en quelque maniére, & les actes de protestation suffisans pour prévenir l'avantage qu'on auroit pû tirer à l'avenir de cette infraction du Traité de *Munster*.

§ XII. En supposant même que le Passeport avoit été véritablement donné *pour aller trafiquer en Asie*, on ne sauroit inferer de là, comme fait l'Au- de la *Réponse au Discours* &c. *Qu'il s'ensuit, de l'aveu des Directeurs, que* Philippe IV. *étoit persuade, que l'Article V. du Traité de* Munster *ne l'obligeoit pas, comme Souverain des* Païs-Bas, *parce que le dit* Brouwer *étoit*

Nos Parties ne peuvent rien conclurre, en leur faveur, de la concession même du Passeport donné par *Philippe IV.*

*Brabançon ou Flamand.* Pour ne pas dire, que les Princes sont, comme les autres Hommes, sujets à ne pas bien examiner toutes choses, & à se laisser surprendre; si *Philippe IV.* eût été bien persuadé, en donnant le Passeport, qu'il n'y avoit rien de contraire aux Articles du Traité de *Munster*, il y a grande apparence qu'il l'auroit été aussi après, & qu'il ne seroit pas demeuré dans le silence, sur ce qu'on n'avoit pas respecté son Passeport. D'autres lui en auroient sans doute demandé de semblables: *Bastian Brouwer* n'étoit pas le seul qui connût l'utilité du Commerce des *Indes*, ni qui pût avoir des Amis à la Cour d'*Espagne.* Le Roi auroit été disposé à accorder quelque nouveau Passeport pour le Commerce des *Indes*, ne fût-ce qu'à dessein de montrer qu'il en avoit le droit, & d'empêcher que la Compagnie Hollandoise ne se prévalût de son refus.

Non plus que de l'Octroi prétendu de Charles II.

§ XIII. Les Avocats de la Compagnie d'*Ostende* ne sont pas mieux fondez dans l'objection qu'ils font tous trois d'un certain *Octroi* (g) *accordé par le feu Roi* Charles II. *le* 7. Juin 1698. *dont les circonstances, qui l'ont*, dit-on, *accompagné, même du côté de Messieurs les Etats, leur fournissent une preuve convaincante. Cet Octroi*, ajoûte-t'on *autorise les Sujets du Roi d'Es*pagne *aux* Païs-Bas, *de naviger & de trafiquer aux* Indes Orientales *&* Occidentales, *& sur les Côtes d'*Afrique; *& quoi que les conditions de cette concession Roiale fussent imprimées & renduës publiques pour lors, néanmoins ni les Etats Généraux, ni les Directeurs des dites Sociétez, n'ont soûtenu ni de près, ni de loin, en ce tems-là, que le Commerce de la Compagnie, que ledit Prince avoit résolu d'établir, seroit contraire au Traité de* Munster, *ou au Droit des Gens... comme en fait foi l'Edit prohibitif émané de la part de Messieurs les Etats le* 11. *Août* 1698. *par lequel ils défendent à leurs Sujets, de quelque condition ou caractere qu'ils puissent être, d'avoir part au Commerce des* Indes *dans des Compagnies étrangeres, ou de s'engager à servir à bord de leurs Vaisseaux, à quoi se reduit toute l'opposition formée de leur côte pour lors* &c.

On n'a point eu connoissance de celui-ci.

§ XIV. Voici donc encore un simple projet, & un projet dont les Compagnies Hollandoises n'avoient pas même entendu parler jusqu'à aujourd'hui; quoi que Mr. *Nemy* suppose sans preuve qu'elles en eurent connoissance dans le tems qu'il fut formé. On ne trouve pas la moindre chose sur ce prétendu Octroi du Roi *Charles II.* ni dans les Regîtres des Résolutions de Leurs Hautes Puissances, ni dans ceux de la Compagnie des *Indes Orientales*; où certainement il en seroit fait quelque mention, s'il étoit vrai qu'à cette occasion Leurs Hautes Puissances eussent défendu à leurs Sujets de s'intéresser ou

(g) *Refutation*, § 4. pag. 25, *& suiv.* Voiez *Lettre à un Ami* pag. 13. *Reponse au Discours* &c. pag. 27

ou de servir dans la nouvelle Compagnie qu'ils auroient sû devoir se former.

Fausse raison qu'on nous objecte, tirée d'un Edit de L. H. P.

§ XV. L'Edit *prohibitif* de Leurs Hautes Puissances, que Mr. *Neny* allegue ici, ne regarde point de tout cette affaire: & il faut, ou que Mr. *Neny* l'aît cité au hazard, sans l'avoir vû, ou qu'il aît des yeux bien clairvoians, pour y découvrir ce que tout autre que lui ne sauroit y appercevoir. On diroit même qu'il ignore, ou qu'il fait semblant d'ignorer, une chose très-connuë de tout le monde, c'est que, depuis l'établissement de la Compagnie Hollandoise des *Indes Orientales*, ses Privileges se confirment & se renouvelent de tems en tems, en sorte (h) qu'*à tous les renouvellemens d'Octroi elle fait un présent considerable à l'Etat.* Telle est l'unique occasion de l'Edit qu'on nous objecte. Il ne faut, pour s'en convaincre, que jetter les yeux sur le commencement, que je vais rapporter tout entier, parce qu'il n'est pas long.

Les *Etats Généraux des Provinces-Unies, à tous ceux qui liront ou entendront lire les présentes,* Salut. *Savoir faisons, que, comme nous avons depuis peu jugé à propos de continuer & proroger de nouveau l'Octroi accordé autrefois à la Compagnie des* Indes Orientales, *établie dans ces Provinces, & prorogé ensuite plusieurs fois, lequel nous continuons derechef & prolongeons pour quarante années, à commencer depuis la fin du dernier Octroi subsistant encore, & qui expire à la fin de ce siécle, jusqu'à l'année* 1740. *inclusivement, quant à tous les points & articles contenus dans le susdit Octroi, & dans la prolongation fait le* 22. *Décembre* 1622. *comme aussi dans la plus ample explication & interprétation des susdits Articles, & à l'égard des Résolutious & Concessions qui ont suivi depuis, en divers tems. A ces causes, Nous notifions, par cette nôtre Declaration publique, à tous en général & à chacun en particulier, la présente continuation & prolongation, afin que par icelle chacun puisse savoir, qu'il n'est permis à personne autre, dans ces Provinces, qu'à ceux de la susdite Compagnie des* Indes Orientales, *pendant tout le tems marqué dans le susdit Octroi, de naviger ou de trafiquer dans les limites de la dite Compagnie: Et qu'ainsi, quant à tous les points, libertez & prérogatives, accordées à ladite Compagnie, tous & chacun des Habitans de cet Etat aient à s'y conformer, sans que personne y contrevienne ni directement, ni indirectement, ni au dedans ni au dehors du Païs, sous les peines contenuës dans ledit Octroi.*

Véritable but de cet Edit.

§ XVI. Il paroît par là clairement, que Leurs Hautes Puissances ne pensoient à rien moins, qu'à prendre des mesures pour empêcher leurs Sujets de s'interesser ou de contribuer en aucune maniére à l'établissement d'une nouvelle Compagnie des *Indes Orientales* dans les *Pays-Bas Espagnols.* Elles font, dans cet Edit, les défenses ordinaires, que demande chaque renouvel-

 lement

(h) *Discours d'un fidele sujet du Roi* &c. pag. 27.

lement d'Octroi; & il n'y a rien qui insinuë, ni de près ni de loin, qu'il y aît quelque circonstance particuliere qui les engage à prévenir le dommage que leur Compagnie privilegiée en pourroit recevoir indirectement. Cela paroit aussi par les *Resolutions* de Leurs Hautes Puissances, en conséquence desquelles l'Edit fut dressé le 11. Août 1698. Il n'y est parlé que du *renouvellement des anciens Edits, avec certaine explication de quelques points que diverses personnes s'imaginent faussement n'y être pas compris.* L'Article, dont il s'agit, & que l'on propose comme simplement confirmé de nouveau, porte: *Qu'aucun Habitant ou Sujet de cet Etat, n'aît à prendre part, ou à s'interesser en aucune maniere dans aucune Compagnie Etrangére des* Indes Orientales &c. Il y avoit alors comme auparavant, d'autres Compagnies Etrangéres, que celle qu'on prétend qui devoit se former dans les *Païs-Bas Espagnols*, par un Octroi de *Charles II.* Si Leurs Hautes Puissances eussent été informées du projet, comme fait sur le pié dont on parle, Elles ne se feroient pas contentées de ces généralitez: Elles auroient expressément défendu à tous leurs Sujets de favoriser en aucune maniére l'exécution d'un attentat sur le droit qu'Elles avoient aquis par le Traité de *Munster*; & Elles n'auroient pas manqué de faire, tant à *Madrit*, qu'à *Bruxelles*, les oppositions & les protestations nécessaires. On ne leur reprochera jamais avec fondement, d'avoir témoigné la moindre lenteur sur tout ce qui regarde une affaire si importante pour le bien de leur Etat.

L'Acte d'Octroi de *Charles II.* n'est rien moins qu'authentique.

§ XVII. Si l'on examine l'Acte d'Octroi en lui-même, on verra bientôt, qu'il est destitué de tout ce qui seroit nécessaire, pour pouvoir en tirer quelque conséquence légitime. Il n'est point signé du Roi d'*Espagne*: & la datte est non de *Madrid*, mais de *Bruxelles*. Ce fut manifestement l'ouvrage du Conseil Roial de *Bruxelles*, plûtôt que celui de Sa Majesté Catholique. On n'a qu'à lire la Souscription, telle qu'elle est rapportée dans l'Extrait contenu à la fin de la *Lettre à un Ami*: DONNE *en nôtre Ville de Bruxelles* &c. *Par le Roi en son Conseil &c.*

Peut on rien voir de moins authentique, qu'un tel Octroi? Quand il auroit été aussi connu, qu'il a demeuré enseveli dans l'oubli, cela seul devroit le faire regarder comme un Acte informe, sur lequel ou l'on n'avoit pas encore pris de deliberation précise, ou bien il s'étoit présenté des inconvéniens, auxquels on n'auroit pas fait d'abord attention.

Et rien n'obligeoit L. H. P. à prendre là dessus aucunes mesures.

§ XVIII. QUOI qu'il en soit, il nous suffit, que les choses en soient demeurées aux termes de projet: on n'a allegué, & on ne sauroit alleguer aucune exécution, qui soit ensuivi. Ainsi rien n'obligeoit Leurs Hautes Puissances à former là dessus aucune opposition: c'étoit assez pour Elles, qu'on eût desisté du dessein prémedité, qui que ce fût qui l'eût conçû. Elles pouvoient même regarder ce changement de résolution, comme une preuve de leur droit, auquel on avoit reconnu qu'on donneroit atteinte, si l'on persistoit dans les

les prémiéres penfées, formées, comme il n'arrive que trop fouvent dans les Confeils des Princes, fans avoir bien examiné toutes chofes.

Quand même Leurs Hautes Puiffances auroient eû des foupçons violens d'une ferme réfolution prife par le Roi d'*Efpagne* (ce qui ne paroît point, puis qu'il n'y a même aucun indice qu'Elles euffent la moindre connoiffance du projet) Elles ne devoient pas témoigner d'abord, qu'un Prince, avec qui Elles vivoient en bonne amitié, pût être eftimé capable de vouloir donner atteinte au Traité de *Munfter*. Elles fe feroient cruës obligées, par refpect pour Sa Majefté Catholique, d'attendre qu'Elle eût clairement donné fon approbation, ou par des Actes plus authentiques, ou en permettant que fes Sujets des *Païs-Bas* équipaffent actuellement des Vaiffeaux deftinez pour le Commerce des *Indes Orientales*. Jufques-là, le filence de Leurs Hautes Puiffances ne pouvoit porter aucun préjudice à leur droits, ni à ceux des Compagnies Hollandoifes: il auroit rendu, au contraire, l'infraction du Traité d'autant plus blâmable de la part du Roi d'*Efpagne* qu'on avoit paru s'en défier moins.

§ XIX. Mais il y a plus: nous pouvons tourner la médaille, & de cet Octroi même projetté, qu'on nous objecte, en tirer un argument en nôtre faveur. Ceux qui dreffèrent l'Acte, y donnent à connoître, qu'ils étoient dans de tout autres idées, que celles de Mr. *Neny*, & des autres Avocats ou Actionnaires de la Compagnie d'*Oftende*. Car voici ce que porte le I. Article: *Et que, pour cet effet ils pourront former & établir la dite Compagnie fous le titre & nom de Compagnie Roiale des* Païs-Bas, *négociant aux Places & Lieux libres des* Indes Orientales *& de la* Guinée, *où il leur eft permis de naviger & négocier*, SANS CONTREVENIR AUX TRAITEZ DE PAIX *que nous avons avec la* France, l'Angleterre, *les* PROVINCES UNIES, *& autres Princes & Etats de* l'Europe &c. On pourroit tirer de cet Acte même une preuve en nôtre faveur.

On reconnoît donc ici, & qu'il y avoit des Traitez, au fujet du Commerce des *Indes*, avec les *Provinces-Unies*, & que les Habitans des *Païs-Bas Efpagnols* étoient tenus d'obferver ces Traitez, auffi-bien que les autres Sujets du Roi d'*Efpagne*: autrement ils n'auroient pû y *contrevenir*, & la reftriction, qui le défend, auroit été fort inutile.

Quels font donc ces Traitez? Il n'y en a point d'autre, que celui de *Munfter*, qui puiffe être entendu ici. Et, dans le Traité de *Munfter*, il n'y a que les Articles V. & VI. dont il s'agit entre nous, qui regardent le Commerce des *Indes*. Par conféquent ces Articles, felon l'Acte même d'Octroi projetté, doivent être appliquez aux habitans des *Païs-Bas Efpagnols*. Qu'on life tout le refte du Traité, on n'y trouvera rien, à l'égard du Commerce entre ces Provinces, & les *Provinces-Unies*, qui ne foit borné aux Lieux & Places renfermées dans leur enceinte refpectivement.

§ XX. Mr. *Neny* prétend, que par *les Places & Lieux libres des* Indes Orientales *& de la* Guinée, dont il eft parlé dans l'Acte d Octroi de *Char-* Ce qu'il faut entendre ici par les *Places & Lieux libres des Indes Orientales* &c.



*les*

*les II.* il faut entendre (*i*) *tous les endroits où les autres Nations de l'Europe commercent librement pour lors.* Mais, si telle avoit été la pensée de ceux qui dressérent ce projet, il auroit suffi de dire, *aux Places & Lieux libres des* Indes Orientales *& de la* Guinée &c. A quoi bon ajoûter: *Sans contrevenir aux Traitez de Paix que nous avons avec la* France, *l'*Angleterre, *les* Provinces Unies &c. Si, de tous ces Traitez, il n'y en a aucun qui regarde un certain district de Navigation, hors des lieux même non-occupez, on n'y contreviendra jamais, tant qu'on se bornera à trafiquer avec les *Places & Lieux libres*, qui voudront bien le permettre. Ainsi ces *Places & Lieux libres*, où le Roi d'*Espagne* auroit permis à ses Sujets des *Païs-Bas* de negocier, si le projet eût eû quelque suite, c'étoient ceux qui se trouvoient dans son propre district, dont il lui étoit libre de disposer; & nullement ceux qui étoient dans le district des Compagnies Hollandoises, où il ne pouvoit rien permettre *sans contrevenir* au *Traité de Munster*.

Une simple tentative ne donne aucun droit à ceux qui voudroient, en violant les Traitez, se dégager de leur obligation.

§ XXI. Mais c'est trop s'arrêter à un Projet, qui, quel qu'ait pû être le sens & le but de ceux qui l'avoient conçû, ne sert de rien à nos Adversaires, par cela seul qu'il n'a eû aucun effet; & qu'il est demeuré aussi peu connu, qu'informe. Si toutes les fois que les Princes, ou leurs Ministres, pensent à faire quelque chose de contraire aux Traitez dont l'obligation est la plus incontestable, on vouloit tirer avantage du silence de l'autre partie, il n'y auroit gueres de Conventions, dont le droit ne pût être aisément regardé ou comme nul, ou comme perdu.

Fausse imputation, née d'une fausse interprétation de ce qu'on a dit le plus sincérement du monde.

§ XXII. Il ne reste plus qu'à examiner en peu de mots les pensées qui sont venues sur ce sujet dans l'esprit de l'Anonyme, *depuis sa Lettre écrite*.

*Je ne puis comprendre*, dit-il à son (*k*) Ami, *comment il est possible que des gens de probité, comme le sont ordinairement & comme le doivent être Mrs. les Directeurs* (le compliment est doux) *aient pû donner au V. Article du Traité de* Munster *une interpretation si choquante & si contraire à la verité. Car de dire, en premier lieu, que les Etats de la Chine, de* Siam, *du* Mogol, *du Roi de* Perse, *& des Rois de l'Arabie, se trouveroient compris dans les limites de la Compagnie Hollandoise, ce seroit autant choquer le bon-sens, que l'Autorité Souveraine de tous ces grands Monarques.*

On ne donne aucune atteinte à la souveraineté des Princes situez dans le district de la Compagnie Hollandoise.

Le Lecteur jugera, par tout ce qui a été dit ci-dessus, quelle des deux interprétations choque le plus le bon-sens. Et pour ce qui est de *l'Autorité Souveraine des Monarques*, dont les Etats se trouvent situez dans le district de la Compagnie Hollandoise, les prétensions de Mrs. les Directeurs la laissent en sûreté. Ils n'ont jamais pensé à y donner aucune atteinte: & on a si souvent dit & redit, qu'il s'agit d'un droit exclusif de Navigation & de Commerce avec les Potentats ou Peuples maitres d'eux-mêmes, qui veulent le permettre,

(*i*) *Refutation*, § 4. pag. 26. (*k*) pag. 35.

mettre, dans les limites marquées, que l'Anonyme auroit dû, pour son propre honneur, s'abstenir de semblables imputations, dont la fausseté saute aux yeux de tout le monde.

*Les Espagnols ne possedoient dans les Indes Orientales que les Philippines.*

§ XXIII. Pour prouver ensuite, que *du tems du Traité du* Munster, *les* Espagnols *n'étoient pas purement renfermez aux Philippines*, il soûtient, (g) que *la Monarchie* d'Espagne *avoit alors des possessions sur la plupart des Côtes de la Terre ferme de* l'Asie; *comme à* Goa, *à* Coulang, Coromandel, Cranganor, Cochin, Cananor, *&* Porca; *& que ce ne fut que dans les années* 1661. *&* 1662. *que la Compagnie* Hollandoise *s'empara de la plûpart de ces Places, & d'une partie de la Côte de Malabar. Le Roi* d'Espagne, ajoûte-t'il, *possedoit encore alors plusieurs Villes & Portes sur l'Ile de* Ceylon, *& ce ne fut que dans les années* 1658. *&* 1659. *que la Compagnie s'en rendit la maîtresse; sans parler de* Malacca, *& de quelques autres établissemens sur la Terre ferme.*

Mais celui qui fait cette objection, nous fournit lui-méme aussi tôt la réponse. Ce n'est point aux *Espagnols*, mais aux *Portugais*, que *la Compagnie enleva toutes ces places.* Il n'est donc pas vrai, qu'au tems du Traité de *Munster* les *Espagnols* eussent d'autre possession que les *Iles Philippines*, dans les *Indes Orientales.*

*Ce que les Portugais y possedoient, ne pouvoit être regardé comme possedé par l'Espagne.*

§ XXIV. Voici pourtant une nouvelle instance, mais qui n'a pas plus de force. *Vous m'avouerez*, dit l'Anonyme à son Ami, *que la rebellion des* Portugais, *qui étoit assez récente, ne pouvoit préjudicier aux droits légitimes de possession & de Souveraineté de la Couronne* d'Espagne, *avant que le Roi* d'Espagne *lui même eût renoncé à ses droits, ce qui n'arriva qu'en* 1668.

Si l'Ami, à qui la Lettre est écrite, tombe d'accord de cette conséquence, il sera assurement de bonne composition. Quoi! De ce que le Roi d'*Espagne* n'avoit pas encore renoncé à ses droits de Souveraineté sur les *Portugais*, s'ensuit-il, que, pour ce qui regardoit les *Provinces Unies*, & nonobstant les Articles V. & VI. du Traité de *Munster*, il pût être regardé comme Maître & Seigneur des Places, que les *Portugais* occupoient réellement? Ces Places, au contraire, ne sont-elles pas censées, aussi bien que toutes *les autres que les Etats viendront à conquerir & posseder* dans les *Indes Orientales*, faire partie des Possessions des *Provinces Unies*? Et par conséquent le Roi d'*Espagne* ne renonce-t'il pas manifestement à tout droit qu'il pourroit prétendre avoir de regarder comme dépandantes de sa domination les Places occupées par les *Portugais*, sous prétexte de la Souveraineté sur eux, dont il ne s'étoit pas encore depouillé? C'est ainsi que les Ministres mêmes de *Philippe IV.* l'entendirent, comme nous l'avons dit tant de fois, sans qu'on ait jamais répondu là-dessus un seul mot. Ils trouvoient étrange *qu'on voulût empêcher le Roi* d'Espagne *de* s'a-

(g) Pag. 36.

*s'avancer dans le* Bresil, *ou dans les* Indes Occidentales, *contre les* Portugais *ses* SUJETS REBELLES: & les Directeurs de la Compagnie Hollandoise, sur les Mémoires desquels on n'a pû nier que les Articles du Traité de *Munster* aient été dressez, & auxquels ces plaintes sont rélatives, avoient demandé bien clairement, que les *Espagnols* fussent *exclus des* Indes *Portugaises*, de peur que le Roi d'*Espagne* ne se servît du *prétexte de réduire à son obéïssance les* Portugais, pour *s'etendre plus avant* dans les *Indes Orientales.*

Exemple mal allegué des *Iles Molucques* &c.

§ XXV. L'AUTEUR de la *Lettre à un Ami en Hollande* soûtient ensuite, comme une chose *constante*, (*h*) que les *Espagnols* ont *gardé leurs Possessions aux* Iles Molucques, *& nommément sur les Iles de* Ternate *& de* Tidor, *jusqu'à l'année* 1663. *&* 1664. *& par conséquent quinze ou seize années après le Traité de* Munster *conclu.* Pour le prouver, il cite une Rélation des Voiages de GAUTIER SCHOUTEN, faits en l'année 1659. où il est dit: *Nous vîmes aux* Molucques *plusieurs Forts, que les* Castillans *y ont, & sur tout leur principale Place de* Gammalamma, *qui est à* Ternate &c. *Nous visitames même leur Forteresse de* Calamette, *qui est sur le rivage de la Mer, à une bonne lieuë seulement du* Fort d'Orange. *Ils avoient aussi dans l'Ile de* Tidor *quelques redoutes, mais de peu d'importance, de même que dans quelques autres lieux voisins.*

Erreur de *Gautier Schouten.*

Mais ce Voiageur a confondu les *Portugais* avec les *Castillans* ou *Espagnols.* Car il est certain, que le Roi d'*Espagne* ne conserva rien dans les *Indes Orientales*, ni au délà, ni en deçà des *Philippines*; & c'est sur les *Portugais* que la Compagnie Hollandoise conquit les *Iles Molucques.*

Examen des passages, qu'on cite, de deux autres Voiageurs.

§ XXVI. ON prétend encore, que (*i*) *dans le tems du Traité de* Munster, *les* Iles Philippines *entretenoient un Commerce & Navigation avec la* Terre ferme, *& nommément la* Chine &c. Sur quoi on cite encore deux Voiageurs, mais dont l'un étoit aux *Indes* en 1684. & l'autre en 1696. Cela ne prouve donc rien pour l'année 1648.

Aussi se reduit-on ensuite à en inferer, que *depuis le Traité de* Munster *les* Espagnols *ont continué leur Navigation sur Terre-ferme jusqu'à aujourdhui.* Conséquence, qui n'est guéres mieux fondée que la précédente.

L'un est, *Nicolas de Graef.*

§ XXVII. POSONS qu'il faille en croire toûjours les Voiageurs sur leur parole (ce qui est bien loin de l'opinion qu'en ont les personnes judicieuses, fondées sur l'expérience qui a fait découvrir tant de fables & de faussetez dans les Rélations publiées) que peut-on conclurre de ce que dit NICOLAS DE GRAEF, en faisant la description de la Province de *Nanking* dans la *Chine*: *C'est-là que sont les principales Villes de la* Chine; *il y a un incroiable concours de Vaisseaux de tous les endroits du Royaume, de même que du* Japon, *des*

(*h*) *pag.* 37. (*i*) *pag.* 38.

*des* Philippines, *de* Formosa, *de* Siam &c. Accordons que ce Voïageur a véritablement vû quelques Vaisseaux qu'on lui a dit venir des *Philippines*, ou qui en venoient même, & cela pour le Commerce (quoi qu'il ne dise pas pourquoi) s'ensuit-il que ce fût un usage constant, & que celui qui parle pût l'assûrer sur de bonnes preuves? Croit-on, qu'il eût pensé seulement à s'en informer? Pas plus, que l'autre, GEMELLI CARRERI, qui rapporte simplement, *qu'il passoit, dans l'année* 1696. *de* Canton *à* Manille, *Capitale des* Philippines; *sur une Patache* Espagnole, *commandée par le Capitaine* Don Antonio Basatte, *qui étoit venuë de* Manille *pour trafiquer à la* Chine, *& que cette Patache ramena les Marchands Espagnols, qui avoient fait des emplettes pour* 200000 *piéces de huit.*

L'autre, *Gemelli Carreri.*

§ XXVIII. QUAND ces autoritez seroient aussi certaines, qu'elles sont douteuses & peu claires, pour pouvoir en tirer quelque conséquence par rapport à nôtre dispute, il faudroit prouver, que les Gouverneurs ou Ministres de la Compagnie Hollandoise dans les *Indes Orientales* avoient eû quelque connoissance de telles Navigations contraires au Traité de *Munster*; faute dequoi leur silence ne sauroit être regardé comme un defaut d'opposition. On ne nie pas, qu'il ne puisse être arrivé quelquefois, à leur insû, que quelques Particuliers, poussez par l'avidité du gain, auront fait des tentatives, ou même seront venus à bout d'exercer pour peu de tems quelque Commerce, au préjudice des droits de la Compagnie Hollandoise. Quelque puissante qu'elle soit, elle ne sauroit avoir une assez grand nombre de Vaisseaux pour tenir comme en garde une si vaste étenduë de Terres & de Mers. Les Flottes de tous les Etats d'*Europe* ne suffiroient pas pour cela. *Bastian Brouwer*, avoit fait voile plusieurs fois entre *Tonquin*, *Quinam*, & *Cambodia*, sans que les gens de la Compagnie s'en fussent apperçûs. Dès qu'on le découvrit & qu'ils en eurent donné avis à *Batavia*, on ne perdit pas un moment à y remedier, en prenant là-dessus des résolutions vigoureuses. On ordonna d'arrêter cet homme, & de le traiter d'abord doucement: mais s'il faisoit quelque résistance, on permit & l'on enjoignit d'en venir contre lui aux derniéres extrémitez, pour maintenir les droits de la Compagnie. Un exemple, comme celui-là, prouvé par des Actes authentiques, & suivi de l'approbation tacite que le Roi d'*Espagne* donna aux démarches de la Compagnie, malgré les Lettres qu'il avoit lui-même accordées au Marchand Brabançon; un tel exemple, dis-je, suffit pour rendre inutiles mille autres semblables aux deux qu'on rapporte ici, & qu'on a eu encore de la peine à trouver, après avoir bien cherché.

Le silence ne porte aucun préjudice, quand on ignore des contraventions, dont il est impossible d'être toujours informé.

§ XXIX. NOUS pouvons opposer encore ici un usage constant, qu'on n'a osé nier, c'est que les *Espagnols*, pour aller aux *Philippines*, *prenent leur route par* l'Amérique, *au lieu de doubler le* Cap de *Bonne Espérance.* Il est vrai qu'on veut, que *la bonne Politique, appuyée par la saine Raison aît déterminé* l'Espagne *à changer de route, & non l'obligation d'aucun Traité.*

Les *Espagnols* ont, de tout tems, pris leur route aux *Indes Or.* par l'*Amérique*.

M Mais

Mais les *Espagnols* n'ont point ici *changé de route* ; ils n'ont fait que continuer à tenir la même qu'ils tenoient autrefois, & la seule qu'ils pouvoient tenir, en vertu de la Constitution arbitrale du Pape *Alexandre VI.* à laquelle ils s'étoient soûmis, dans la contestation qu'il y eut entr'eux & les *Portugais*, comme on l'a montré ailleurs. *Philippe IV.* par une suite nécessaire de la confirmation qu'il fit des *Octrois donnez* aux Compagnies Hollandoises d'*Orient* & d'*Occident* (*k*) s'engagea à empêcher que ses Sujets n'exerçassent aucune Navigation & aucun Commerce au delà du *Cap de Bonne Espérance*. C'est-là la vraie raison: & toutes celles que l'Anonyme étale, sont purement de son invention. Disons en un mot néanmoins, par surabondance de droit.

Fausse raison, qu'on allegue, pour prouver, qu'ils ont volontairement changé de route.

§ XXX. Il veut que (*l*) *les richesses immenses, que l'*Espagne *retiroit du* Perou *& du* Mexique *par le retour précieux des Métaux, lui aient fait négliger le Commerce des* Indes Orientales, *qui ne produisoit que des Manufactures & d'autres Marchandises moins nécessaires.* Il ajoûte qu'*il auroit fallu permettre aux* Philippines *le transport de ces Marchandises en* Amérique, *comme les païs le plus à portée, & le plus en état de les consumer; mais que ce transport abondant des denrées Asiatiques auroit fait passer une grande partie des trésors de l'*Amerique *en* Asie, *au lieu que la bonne raison vouloit qu'on les fit passer en* Espagne, *en procurant le débit aux Marchandises* Européennes *transportées par les Gallions de* Cadix, *à l'exclusion des* Asiatiques.

Mais toutes ces raisons avoient également lieu dans le tems du Traité de *Munster*, les *Philippines* étant alors *la seule Possession qui restoit aux* Espagnols. D'où vient donc que le Roi d'*Espagne* se plaignoit si fort, par la bouche de ses Ministres, qu'on voulût l'empêcher, par les Articles proposez & depuis acceptez, d'exercer sa Navigation & *son Commerce dans les Lieux des* Indes Orientales *qui étoient libres & indépendans, & qui voudroient bien le lui permettre*? La source des Métaux précieux de l'*Amérique* étoit alors encore plus abondante, qu'elle ne l'a été depuis: la grande quantité qu'on en a tirée, l'aiant presque épuisée en certaines endroits. Et un Commerce plus étendu avec les Nations de la *Terre ferme* en *Asie*, n'auroit fait qu'augmenter le nombre des Marchandises qu'il auroit fallu transporter en *Amérique*, & par

(*k*) Cela est renfermé dans les paroles de la Clause finale du V. Article, *les Espagnols retiendront leur Navigation* EN TELLE MANIERE QU'ILS LA TIENNENT *pour le présent ès* Indes Orientales &c. quoi qu'en dise l'Auteur de la *Réponse au Discours* &c. *pag.* 9. Car dès-là que les *Espagnols ne pouvoient point*, en vertu du Traité, *s'étendre plus avant* dans les *Indes Orientales*, qu'ils n'avoient fait jusqu'alors, ils devoient nécessairement tenir la même route, qu'ils avoient tenuë par le passé, puis qu'autrement ils seroient entrez dans le district de la Compagnie Hollandoise. Il ne faut, pour s'en convaincre, que jetter les yeux sur la Carte.

(*l*) *Lettre*, pag. 39.

par le débit desquelles on auroit enrichi l'*Asie*, aux dépens de l'*Espagne*. *Philippe IV.* devoit donc être ravi de la condition que les *Provinces-Unies* lui imposoient, bien loin de la trouver dure & inique, comme ses Plenipotentiaires au Congrès de *Munster* le répresentoient.

Autre raison peu vraisemblable, & inventée après coup.

§ XXXI. Au *surplus* (ajoûte-t'on) *il auroit été peu conseillable aux* Espagnols *de continuer leur Navigation vers les* Philippines *par le* Cap de Bonne Espérance, *puisque par ce chemin ils devoient faire plus de* 3600. *Lieuës au travers de plusieurs Mers, Détroits, & Routes très-incommodes, au lieu que la distance de leurs Possessions en* Amérique, *à savoir d'*Aquapulco *jusqu'aux dites* Philippines *n'est que d'environ* 2500. *lieuës par une Mer unie & assez pacifique* &c.

On ne compte donc pour rien la distance qu'il y a d'*Espagne* à *Aquapulco*, non plus que les Mers, Détroits, & Routes incommodes, qu'il y a aussi dans les *Indes Orientales*; ce qui tout bien pesé, fera pour le moins une juste compensation. Mais de semblables raisons, inventées après coup, quelque spécieuses qu'elles puissent être en elles-mêmes, demeureront toûjours de pures suppositions, tant qu'on n'aura pas detruit celle que nous alléguons, & les fondemens sur lesquels elle est appuiée.

# CHAPITRE X.

*Confirmation du Traité de* Munster, *par celui de la* GRANDE ALLIANCE, *& par le* TRAITÉ DE BARRIÈRE.

Attention de L. H. P. à prévenir la moindre diminution de leur droit de Commerce;

§ I. JE crois avoir suffisamment prouvé, dans le Chapitre précedent, que, depuis le Traité de *Munster*, pendant tout le tems que les *Pays-Bas* ont été sous la domination d'*Espagne*, la Compagnie Hollandoise des *Indes Orientales* a joui paisiblement de sa Navigation & de son Commerce, selon la teneur des Articles de ce Traité, à l'exclusion de tous les Sujets du Roi d'*Espagne*. Dès qu'il y eut apparence, que ces Provinces voisines pourroient venir à etre détachées de la Monarchie d'*Espagne*, Leurs Hautes Puissances, ainsi que nous l'avons déja dit, penserent sagement à empêcher que cette révolution ne portât aucun préjudice au Commerce de leurs Sujets, sur tout à celui des *Indes* comme le plus important.

Prémiérement, par rapport à la France.

§ II. C'EST ce qui paroît par le *Traité de la Grande Alliance*, qu'Elles conclurrent avec Sa Majesté Imperiale, & Sa Majesté Britannique. Elles commencent par stipuler *spécialement*, dans l'Article VIII. qu'on ne permettra jamais que *les* François *se rendent maîtres des* Indes Espagnols, *ou qu'ils y envoient des Vaisseaux, pour y exercer le Commerce, directement ou indirectement, sous quelque prétexte que ce soit.* C'est qu'il y avoit beaucoup plus

 à

à craindre pour le Commerce des Compagnies Hollandoises si les *François* eussent été en possession des *Indes Espagnoles*, que si elles demeuroient à l'*Espagne*; avec qui d'ailleurs on avoit des Traitez, dont la *France* auroit pû ne tenir aucun compte, comme ne la regardant point. Aussi voions-nous, que, dans le Traité conclu depuis à *Utrecht*, le 11. *Avril* 1713. entre *Louis XIV*, & Mrs les Etats Généraux, *le Roi Très-Chrétien* (par l'Article 32.) *consent & promet, qu'il ne prétendra, ni n'acceptera aucun autre avantage, ni pour lui-même, ni pour ses Sujets, dans le Commerce & la Navigation, soit en* Espagne, *ou dans les* Indes Espagnoles, *que celui dont on a joüi pendant le Régne du feu Roi* Charles II. *ou qui seroit pareillement accordé à toute autre Nation trafiquante. Et qu'aussi long tems que les Rois d'*Espagne *n'accordent pas d'autres avantages à toutes les Nations trafiquantes, le Commerce & la Navigation en* Espagne *& dans les* Indes Espagnoles, *se feront précisément & en tout de la même maniere qu'ils se faisoient sous le régne & jusqu'à la mort dudit Roi Catholique* Charles II. &c.

Et ensuite, par rapport à tout autre Potentat.

§ III. DANS le Traité de la *Grande Alliance*, (Art. 8.) les trois Parties contractantes conviennent ensuite, qu'elles ne feront point de Paix, *sans avoir obtenu pour les Sujets de Sa Majesté Britannique & pour ceux des* Provinces-Unies, qu'ils joüiront pleinement & paisiblement *de tous les mêmes Priviléges, Droits, Immunitez, & Libertez de Commerce, tant par Terre, que par Mer*, tant en *Europe*, qu'ailleurs, & de la même maniére qu'ils en joüissoient, ou *qu'ils en pouvoient joüir, ou de part & d'autre, ou* CHACUN EN PARTICULIER, *avant la mort du dernier Roi d'*Espagne, *en vertu d'un* DROIT AQUIS PAR DES TRAITEZ, *des Conventions, ou de quelque autre maniére, que ce puisse être.*

Pourquoi il ne fut pas fait mention expresse du Commerce des *Indes*, dans le Traité de la *Gr. Alliance*, Art. 8.

On voit par là, & par divers autres endroits (1) du Traité, que la conservation du Commerce, dans l'état & sur le pié qu'il étoit alors, tenoit extrémement à cœur aux *Provinces-Unies*. Si dans cet Article il n'est pas fait mention expresse du Commerce des *Indes*, & des Articles V. & VI. du Traité de *Munster*, c'est qu'on crut que ce Commerce étant, de l'aveu de tout le monde, le plus important pour ces Provinces, il étoit assez, ou plûtôt principalement compris sous le nom général de *Traitez & Conventions*. On y fait aussi allusion dans ces mots, *ou chacun en particulier*, qui donnent à entendre un droit exclusif, tel que celui qu'avoient les *Provinces Unies*, par rapport à leur district de Navigation & de Commerce dans les *Indes*. D'autant plus qu'on avoit déja exprimé en général ce Commerce, (2) dans le Préambule. Et tout ceci d'ailleurs devoit être plus distinctement déterminé

(1) Voiez le commencement du Traité; & les Articles 2. 5. 6.

(2) C'est dans l'endroit où l'on témoigne la juste crainte qu'on a, que les *Anglois* & les *Hollandois* ne perdent *la liberté de leur Navigation & de leur Commerce dans la* Mer Méditerranée, AUX INDES, *& ailleurs* &c

né dans un Traité à faire après la Paix; auquel on renvoie expreſſément dans l'Article qui ſuit

§ IV. Or ce Traité, qui fut conclu ſous le nom de *Traité de Barriére*, confirme expreſſément, par l'Article 26. *les Articles du Traité de* Munſter, *concernant le Commerce, & tout ce qui en dépend, ſoit en tout, ſoit en partie.*

Articles du Traité de *Munſter*, confirmez par celui de *Barriére*.

Mr. *Neny*, & l'Auteur de la *Lettre à un Ami en Hollande*, n'ont pas (3) jugé à propos de rien dire ſur le Traité de la *Grande Alliance*: mais il éludent l'Article du *Traité de Barriére*, en ſoûtenant qu'il ne regarde en aucune maniére le Commerce des *Indes*.

§ V. Voici deux raiſons, que Mr. *Neny* nous donne comme *concluantes*. La prémiére eſt, (a) *Que le Traité de* Munſter *ne contient aucune Convention ou Réglement, qui ôte à l'Empereur l'autorité & le pouvoir de permettre aux Habitans des* Païs-Bas, *ſes Sujets, de commercer aux* Indes, *dans tous les endroits où les autres Nations de l'*Europe *trafiquent paiſiblement & en toute liberté, comme on l'a,* dit il, *établi ci deſſus.*

Cette confirmation regardoit le Commerce des *Indes*.

Mais, comme nous croions avoir établi le contraire, ce n'eſt-là qu'une pure pétition de principe.

§ VI. L'autre raiſon, qui auroit plus de force, ſi elle étoit bien fondée, c'eſt que, ſelon nôtre Avocat, *la Convention faite par ledit Article XXVI. du Traité de Barriére, eſt limitée en toute ſon étenduë aux* Païs-Bas, *dont il étoit queſtion privativement audit Traité, ſans que Sa Maj. s'y ſoit engagée en rien au delà des bornes deſdits Païs.* Voions donc la preuve.

Mr. *Neny* veut, que l'Art 26 regarde uniquement le Commerce entre les *Païs-Bas*, & les *Provinces-Unies*.

*Il eſt convenu*, dit-on, *en prémier lieu, par cet Article, que les droits impoſez ſur l'entrée & la ſortie des Marchandiſes & Denrées qui entrent dans les* Païs-Bas Autrichiens, *d'*Angleterre *& des* Provinces-Unies, *ſeront perçûs ſur le même pié qu'on les levoit lors de la ſignature du Traité, juſqu'à ce que Sa Majeſté Imp. & Cath. Sa Maj. Britannique, & les Etats Généraux en conviendront autrement par un Traité de Commerce, à faire le plus tôt qu'il ſe pourra. Il eſt évident, que ce premier point réglé par ledit Art. 26. du Traité d'*Anvers, *eſt borné aux* Païs-Bas Autrichiens *du côté de Sa Majeſté, & il eſt également certain, que la deuxiéme ſtipulation faite au même Article eſt auſſi limitée auxdits* Païs-Bas. *Cette ſtipulation porte,* que



(3) L'Auteur de la *Réponſe, au Diſcours répandu dans le Public* &c. parle enfin de ce Traité, *pag.* 64. mais tout ce qu'il dit ne ſignifie rien, & ſe réduit à ce beau raiſonnement: Le principal but de la Grande Confédération, étoit d'obtenir une Barriére pour les Provinces-Unies; donc il ne s'y agiſſoit en aucune maniére de la conſervation de leurs droits par rapport au Commerce des *Indes*. Du reſte, on ne fait que repeter ce qui eſt en queſtion. (a) *Réfutat.* § 6. pag. 35.

*que le Commerce demeurera sur le pié établi & de la maniere portée par le Traité de* Munster, *entre les Sujets de Sa Maj. Cath. & Imp. dans les* Païs-Bas Autrichiens, *& ceux des* Provinces-Unies: *lequel réglement ne peut être étendu, ou en tout ou en partie, aux* Indes, *dont il n'étoit pas question, & où Sa Maj. ne possédoit rien, de sorte qu'il n'est pas concevable qu'on ait songé, au dit Article, à autre chose de la part de Sa Maj. qu'au Commerce de ces* Païs-Bas, *qui faisoient l'unique sujet du Traité.*

Il suppose ce qui est en question.

§ VII. Mais on suppose encore ici ce qui est en question. Car, si les Habitans des *Païs Bas Espagnols*, aujourd'hui *Autrichiens*, étoient exclus, par le Traité de *Munster*, du Commerce des *Indes*, comme nous le soûtenons & comme nous l'avons prouvé par des raisons auxquelles on ne répond rien de plausible; il est clair, que les Articles de ce Traité qui regardent le dit Commerce, sont aussi le sujet du *Traité de Barriere*, qui *confirme* de nouveau, généralement & sans exception, les *Articles du Traité de* Munster *concernant le Commerce*; & qui porte que *le Commerce en général, & tout ce qui en depend demeurera sur le pié établi & de la maniere portée par ces Articles.* Mr. *Neny* lui-même en doit tomber d'accord, s'il raisonne conséquemment; puis qu'il dit un peu plus bas, qu'il est juste que les Sujets de Sa Maj. Imperiale & Catholique dans les *Pays-Bas*, *y jouïssent d'une liberté de Commerce, dont ils ne sont exclus par aucun Traité* &c. Ils n'en doivent donc pas jouïr, s'ils en étoient exclus par lesdits Articles.

Preuve du contraire, par la teneur dudit Article:

§ VIII. D'ailleurs, il y a ici manifestement deux stipulations; comme Mr. *Neny* le reconnoît; l'une particuliere, qui roule sur la maniere dont on paiera les droits d'entrée & de sortie; l'autre générale, qui regarde tout ce qui a d'ailleurs quelque rapport au Commerce, ou *en tout ou en partie*. Et ceci doit être expliqué par le Traité de la *Grande Alliance* (*b*) où il est d'abord fait mention du Commerce des *Indes*, comme devant être conservé en son entier par les forces réunies des Alliez, & assûré pour l'avenir par les Traitez de Paix qui suivroient, aussi bien que le Commerce d'*Europe*.

Encore donc qu'on ait dit: *entre les Sujets de Sa Majesté Imperiale & Catholique dans les* Païs-Bas Autrichiens, *& ceux des* Provinces-Unies; ces mots, bien entendus, n'emportent pas qu'il s'agisse uniquement d'un Commerce immédiat & également libre de part & d'autre. Ils doivent être étendus à toute sorte de Commerce, même à celui qui n'est permis qu'aux uns, & à l'égard duquel les autres doivent par conséquent laisser subsister les choses *sur le pié établi de la maniere portée par les Articles du Traité de* Munster. La particule *Entre*, marque seulement qu'il s'agit des uns par rapport aux autres, & de la maniere dont ils doivent agir respectivement, soit qu'il y aît ou qu'il n'y aît pas une *égalité* & une *reciprocité* de droits.

§ IX,

(*b*) Voiez ci-dessus, § 3.

§ IX. Cela eſt d'autant plus vrai, que les Articles du Traité de *Munſter*, qui concernent le Commerce des *Indes*, ſont les prémiers & les plus conſidérables, comme nous l'avons fait voir; en ſorte que ni alors, ni au tems de la derniére Guerre, Leurs Hautes Puiſſances n'auroient jamais rien fait ou conclu, ſans obtenir la jouïſſance ou la continuation du droit de Navigation & de Commerce qu'Elles aquirent pleinement par les dits Articles, & dont Elles ont conſervé la poſſeſſion juſqu'à aujourdhui. Leur diſpoſition, à cet égard, eſt trop connuë, pour qu'on puiſſe raiſonnablement en douter. Et ſi, dans le tems de la grande Confédération, ou de la Paix d'*Utrecht*, Elles euſſent eû le moindre ſoupçon qu'on penſât à ſe prévaloir de ce qu'Elles contribuoient à faire changer de Maître aux *Païs Bas*, ou de ce que les V. & VI. Articles du Traité de *Munſter* n'étoient pas expreſſément indiquez dans ces derniers Traitez, Elles n'auroient pas manqué de les y faire inſérer & répeter tout du long.

Et par l'intention manifeſte de L. H. P. qui en ſtipuloient le contenu.

§ X. Pouvoit-on s'imaginer, que quelcun s'aviſât de dire, comme fait (c) l'Auteur de la *Lettre à un Ami en Hollande*, que, *dans tout l'Article 26. du Traité de Barriére, il n'eſt pas dit un mot de la Navigation aux* Indes? Il n'y a rien non plus ſur la Navigation en *Europe*, hors des *Païs-Bas Autrichiens*, & des *Provinces-Unies*. Dira-t'on, que les Sujets de part & d'autre peuvent, ſans préjudice de la teneur de cet Article, ſe troubler réciproquement dans leur Commerce, quand ils ſe rencontreront en d'autres Païs, qui ne ſont pas dans l'enceinte des XVII. Provinces? Ce ſeroit-là *bleſſer le bonſens* d'une maniére bien plus ſenſible, qu'en appliquant à *un trafic avec les Nations Aſiatiques*, dont les *Provinces Unies* étoient en poſſeſſion par un Traité excluſif de tous les Sujets du Souverain des *Païs-Bas*, l'engagement de ſon Succeſſeur à faire en ſorte que *le Commerce en général & tout ce qui en dépend demeure en tout & en partie ſur le pié établi & de la maniére portée par les Articles du Traité de* Munſter, où ceux qui regardent le Commerce des *Indes* ſont comme la baſe de tout le reſte.

Il n'importe qu'il n'y ſoit pas fait mention expreſſe de la *Navigation aux* Indes.

§ XI. L'Anonyme tire une autre preuve, de ce qu'il eſt dit à la fin de l'Article 26. du Traité de Barriére: *Leſquels Articles viennent d'être confirmez*, & non pas, *Lequel Traité*. J'avouë que je ne comprens point cette ſubtilité. Etoit-il donc beſoin de confirmer tout le contenu du Traité, pour en confirmer les Articles qui regardent le Commerce? Après cela cet inconnu n'a-t'il pas bonne grace de reprocher, *qu'on bat la campagne*?

Autre chétive objection.

§ XII. Mr. *Neny* dit, *qu'il n'étoit pas queſtion (d) des Indes, où Sa Majeſté Imp. ne poſſede rien.* Mais s'il y a un Traité antérieur, par lequel les Habitans des *Païs-Bas Autrichiens* ſoient exclus du Commerce des *Indes* en faveur

Il ne ſert de rien de dire, que S. M. I. ne poſſéde rien aux *Indes*;

(c) *Lettre*, pag. 16. (d) *Réfutat.* pag. 26.

faveur des *Provinces Unies*, celles-ci ne peuvent point être dépouillées malgré elles du droit qu'elles ont aquis, & qu'elles ont voulu s'assûrer par le Traité posterieur, bien loin d'y renoncer en aucune sorte. Ainsi, que Sa Majesté Impériale aît ou n'aît point de possessions dans les *Indes*, cela ne fait rien au sujet. L'engagement de ne point naviger & négocier dans certains endroits, n'en est pas moins valide, encore même que celui qui le stipule ne posséde rien en ces endroits-là. Et il est ridicule de dire, comme fait l'Auteur, de la *Réponse au Discours répandu dans le Public*, (c) que si le Traité de *Munster* oblige l'Empereur & ses Sujets, *entant qu'il regarde les* Indes, *à prétexte de ladite Clause rélative*, il faut *soûtenir en même tems, qu'il est obligatoire par rapport à eux en* Espagne, *que le Roi* Philippe *posséde, aussi bien que les* Indes; & qu'ainsi l'Empereur seroit aussi *obligé à l'execution du Traité de* Munster *dans les Etats possédez aujourd'hui par le Roi* Philippe *en* Espagne. Comme si un Prince ne pouvoit pas exécuter pour sa part les engagemens où étoient ses nouveaux Sujets, sans exécuter aussi les mêmes engagemens, entant qu'ils regardent d'autres Peuples, sur lesquels il n'a aucune Autorité. On laisse au Lecteur à juger, qui sont ceux qui *extravaguent*, ou ceux qui sont réduits à tirer des consequences comme celles-là, ou ceux des principes desquels on veut faire accroire qu'elles suivent.

Ni, qu'Elle ne peut être présumée avoir voulu diminuer la Liberté de ses nouveaux Sujets.

§. XIII. Sa *Majesté*, ajoûte-t'on, (*f*) *ne peut être censée avoir voulu diminuer la liberté du Commerce des Païs-Bas, dans le tems qu'Elle étoit à la veille de prendre possession de ces Provinces, & d'en confirmer les Privileges, dont la dite Liberté est un des plus essentiels & des plus incontestables* &c.

Mais c'est-là la question, si les Habitans de ces Provinces avoient un tel Privilége; & nous avons montré, qu'ils n'en avoient jamais eu.

D'ailleurs, s'il faut argumenter ici par des présomtions, on ne doit pas avoir égard seulement à l'intention vraisemblable d'une des Parties. Or Leurs Hautes Puissances peuvent beaucoup moins être censées avoir voulu se dépouiller d'un droit de Navigation & de Commerce, pour la sûreté duquel Elles avoient en partie soûtenu le poids d'une longue Guerre, & contribué à faire passer sous la domination de Sa Majesté Impériale les Peuples qui le leur contestent, & qui veulent aujourd'hui les en priver.

Le silence des Etats de *Brabant* & de *Flandres*, fait contr'eux.

§ XIV. Il est donc fort inutile de dire, (g) que *les Etats de* Brabant *& de* Flandre *aiant trouvé que les fonds assignez par le Traité de* Barriére, *pour fournir au Subside annuel de* 500000. Ecus, *que Sa Majesté Imperiale s'étoit obligée de paier à Leurs Hautes Puissances, donnoient une atteinte à leurs Privileges, ils en furent si touchez & si aigris, qu'ils envoyerent sans perte de tems des Deputations solemnelles à la Cour Imperiale, pour en porter leurs plaintes à l'Empereur, & pour le supplier de leur en procurer le*

(e) *Réponse au Discours*, pag. 67, 68. (*f*) *Réfut.* pag. 39. (*g*) *Ibid.*

*redressement ; & s'ils s'étoient imaginez qu'on seroit convenu de quelques points par ce Traité, qui pussent tendre à les priver de la liberté de leur Commerce, soit aux* Indes *ou ailleurs, il ne faut pas douter que cela ne leur eût fourni une raison encore plus forte de reclamer & de se plaindre &c.*

Le réponse est aisée. Pourquoi se seroient-ils plaints de la violation d'un Privilege qu'ils n'avoient point, & qu'ils n'avoient jamais témoigné s'attribuer? Tout ce qu'ils auroient pû faire, c'étoit de profiter de l'occasion, pour demander, en changeant de Maitre, que le Traité de *Munster*, qui les excluoit du Commerce des *Indes*, fût aboli, ou modifié. Puis qu'ils n'y penserent point, ils se soûmirent de nouveau, par leur silence, à demeurer dans le même état, comme ils avoient déjà fait, lorsque les *Païs-Bas* furent transportez aux Archiducs.

§ XV. L'Auteur de la *Réponse au Discours repandu dans le Public* &c. s'est avisé d'une nouvelle raison, qu'il a cru trouver dans l'Article X. du Traité de Paix & de Commerce conclu à *Utrecht*, entre le Roi *Philippe V.* & les *Etats Generaux*, le 26. *Juin* 1714. Voici en quels termes l'Article est conçu. Fausse conséquence, qu'on prétend tirer de l'Article 10. du Traité entre *Philippe V.* & les *Etats Généraux.*

*Le Traité de* Munster *du* 30 Janvier 1648. *fait entre le feu Roi* Philippe IV. *& les Seigneurs Etats Généraux, servira de base au présent Traité, & aura lieu en tout, autant qu'il ne sera pas changé par les Articles suivants, & pour autant qu'il est applicable. Et pour ce qui regarde les Articles* V. *&* XVI. *de la dite Paix de* Munster, *ils n'auront lieu qu'en ce qui concerne seulement lesdites deux Hautes Puissances contractantes, & leurs Sujets.*

De là on conclut, (gg) que, *l'Empereur n'étant pas partie contractante dans le dit Traité d'*Utrecht, *& les Habitans des* Païs-Bas Autrichiens *n'étant Sujets ni du Roi d'*Espagne, *ni de Mrs. les Etats, l'Article* V. *du Traité de* Munster *n'oblige ni Sa Maj. Imperiale, ni ses Sujets.*

§ XVI. Mais sans examiner l'embarras & les contradictions des raisonnemens de cet Auteur, il suffiroit de répondre ce qu'il s'objecte lui-même, *que Sa Maj. Imperiale n'est pas intervenu dans le Traité d'*Utrecht. Il ne s'agissoit donc ici nullement de régler, moins encore d'éteindre les droits que Leurs Hautes Puissances pouvoient avoir, en vertu des dits Articles, par rapport à d'autres Souverains, ou à leurs Sujets; & ces droits subsistoient dans toute leur force, à moins qu'elles n'y eussent clairement renoncé, ou en tout, ou en partie. Cela est d'autant plus vrai, qu'il y a un Traité particulier entre Sa Maj. Imp. & Leurs Hautes Puissances, auquel il faut sans doute avoir recours ici, plûtôt qu'à des Traitez, où Elle n'entre pour rien. Il ne s'agit là de rien, qui ait du rapport à nôtre différent.

§ XVII. D'ailleurs, on ne peut tirer d'ici aucune conséquence, qu'on Rétorsion contre ceux qui veut

N

(gg) *Réponse au Discours*, pag. 68, 69.

leur en tirer quelque avantage.

qu'en supposant, que les Habitans des *Païs-Bas Espagnols*, aujourd'hui *Autrichiens*, étoient exclus du Commerce des *Indes* par le Traité de *Munster*. Car si ce Traité ne les regardoit point du tout, à quoi bon stipuler, que désormais il n'aura lieu qu'entre les Sujets de *Philippe V.* Roi d'*Espagne*, & de Leurs Hautes Puissances? Or cela étant, on doit reconnoître la vérité du point capital, que l'on nous conteste. Et comment veut-on ensuite, que l'Article, dont il s'agit, où Sa Majesté Imperiale n'est comprise en aucune maniére, ait la vertu de la dégager, elle & des Sujets des *Païs Bas*, de l'obligation du Traité de *Munster*; contre l'engagement exprès, où Elle est entrée Elle-même dans l'Article XXVI. du *Traité de Barriere*, d'en faire observer les Articles, *en tout & en partie*, *sur le pié établi & de la maniere portée par les Articles* dudit Traité, qu'Elle a de nouveau *confirmez* par ce dernier Traité de Barriére?

Par ce même Traité, tout doit demeurer sur l'ancien pié.

§ XVIII. Il Paroît encore, par le Traité même entre *Philippe V.* & Leurs Hautes Puissances, que l'intention des deux Parties contractantes étoit de laisser les choses sur le même pié qu'elles avoient toujours été, par rapport au droit d'exercer la Navigation & le Commerce dans les *Indes*. Car, dans l'Article XXXI. *Sa Majesté Catholique promet de ne pas permettre qu'*AUCUNE NATION ÉTRANGERE, *quelle qu'elle puisse être, & pour quelque raison ou sous quelque pretexte que ce soit, envoie Vaisseau, ou Vaisseaux, ou aille commercer dans les* Indes Espagnoles, *mais au contraire Sa Maj. s'engage de rétablir & de maintenir la Navigation & le Commerce dans les* Indes, *de la maniere que tout cela étoit pendant le Regne du feu Roi* Charles II. *& conformément aux Loix fondamentales d'*Espagne, *qui defendent absolument à toutes les Nations Etrangeres, l'entrée & le Commerce dans ces* Indes, *& reservent l'un & l'autre uniquement aux* Espagnols *Sujets de la dite Maj. Cath.* &c. L'Article XXXIV. tend au même but: on y restreint la *Liberté de la Navigation & du Commerce* entre les *Sujets de part & d'autre*, aux *Etats de l'un & de l'autre dans l'*Europe; on voit que dans les *Indes*, tout se fasse à cet égard, comme il s'est fait jusqu'à présent.

Veritable sens de l'Article, dont il s'agit.

§ XIX. Que signifie donc ce qui est dit dans l'Article X. que *l'Article V. de la Paix de Munster n'aura lieu qu'en ce qui concerne seulement les deux Hautes Puissances contractantes, & leurs Sujets*? On voit bien, que le démembrement des Etats du feu Roi *Charles II.* en même tems qu'il a diminué le nombre des Sujets de son Successeur à la Couronne d'*Espagne*, a resserré aussi l'étenduë des engagemens du Traité de *Munster* que celui-ci confirme. S'il eût hérité de tous les Etats de son Prédecesseur, il auroit été garant des infractions que ceux des *Pays-Bas*, par exemple, auroient faites des Articles qui regardent le Commerce des *Indes*, en allant négocier dans le district des Compagnies Hollandoises, parce qu'il étoit obligé par lesdits Articles,

ticles, de l'empécher. Les *Pays Bas* ne lui appartenant point, si ceux qui en sont Sujets, ou Habitans, donnent quelque atteinte au droit de ces Compagnies, ce n'est plus l'affaire du Roi d'*Espagne*. Ce n'est pas à lui qu'il faut s'en prendre, mais à celui qui est devenu Souverain de ces Provinces, qui par là est entré dans les engagemens du Traité de *Munster*, autant qu'ils regardoient cette part de la Succession de *Charles II.* qui lui est échuë. Ainsi l'objection qu'on nons fait, retombe sur ceux-mémes qui la font, & nous fournit contr'eux une nouvelle raison.

§ XX. ENFIN Mr. *Neny* voudroit se prevaloir ici (*b*) de la Negociation finie par un Traité conclu *à la Haye* le 22. *Decembre* 1718. au Sujet de l'assignation des Fonds destinez à paier les Dettes des *Pays Bas Espagnols*. *Quoique cette Negociation*, dit-il, *eût duré plus de deux ans, & que tous les differens qui regardoient l'execution du Traité d'*Anvers *y eussent été discutez & debattus à plain fond, tant à* Bruxelles *qu'à* La Haye, *neanmoins ni Messieurs les Etats, ni les Ministres qui ont traité de leur part avec Mr. le Comte de Prié, n'y ont pretendu, ni de près ni de loin, que les Habitans des* Pays Bas Autrichiens *soient exclus du Commerce des* Indes, *ou de l'*Afrique, *à pretexte de l'Article 26. du Traité de la Barriére des* Pays-Bas, *quoique plusieurs Vaisseaux d'*Ostende *eussent fait voile publiquement, pendant le cours de la dite Negociation, pour l'*Asie *& les Côtes d'*Afrique, *& qu'il y en avoit de retour au dit Port, avant la conclusion de la dite nouvelle Convention.*

Objection tirée du silence de L. H. P. pendant une Negociation de deux ans;

§ XXI. IL NE faut que bien établir le fait, pour dissiper cette objection spécieuse, & la conséquence qu'on en tire. On ne nie point, que, depuis l'année 1715. jusqu'en 1718. quelques Vaisseaux ne soient partis d'*Ostende* pour aller aux *Indes*: mais on ne savoit point encore où & comment ceux qui les montoient vouloient exercer quelque Commerce. Ils avoient deux Commissions: l'une qui leur permettoit de courir sur les Ennemies de Sa Majesté Imp. & Catholique; l'autre, de négocier sans préjudice des Traitez qu'il y avoit entre Sa Maj. Imp & les autres Nations. On n'avoit donc garde de penser, qu'ils fussent autorisez à enfraindre le Traité de *Munster*. Mais, dès qu'on se fut apperçû que les nouveaux Navigateurs abusoient de leurs Licences, pour empieter sur les limites de la Compagnie Hollandoise des *Indes Occidentales*, celle-ci s'y opposa ouvertement, & fit prendre un ou deux de ces Vaisseaux. Quand on eût eû ensuite avis, que quelques Vaisseaux des *Pays Bas* étoient aussi allez aux *Indes Orientales*, dans le district de la Compagnie des *Provinces-Unies*; cette Compagnie à la vérité ne jugea pas à propos d'en venir d'abord à des voies de fait, Elle se contenta de témoigner ses oppositions d'une autre maniére: Elle fit défense à ses gens de fournir aux Patrons des Vaisseaux venans des *Pays Bas Autrichiens*, les rafraichissemens & au-

La Compagnie Hollandoise a fait à tems ses oppositions & protestations, comme celle d'*Ostende*.

N 2 tres

(*b*) pag 42.

tres choses néceſſaires, que l'on ne refuſe à aucun Peuple d'*Europe*, dont les Sujets exercent une Navigation legitime. Comme l'on a toûjours témoigné être dans la diſpoſition d'entretenir une bonne intelligence avec les Sujets de Sa Majeſté Imperiale, cette conduite montroit aſſez par elle-même qu'on avoit des raiſons très fortes d'en agir ainſi contre ceux d'entre ſes Sujets des *Pays-Bas* qui s'ingererent de commercer en certains endroits de ces Régions éloignées. On leur déclaroit à eux-mêmes, que c'étoit parce qu'ils donnoient atteinte aux droits de la Compagnie Hollandoiſe, qu'on ſe voioit reduit à la néceſſité de ne pas leur rendre des ſervices par leſquels on auroit contribué ſoi-même à favoriſer leurs injuſtes entrepriſes. Un tel acte de proteſtation, quoi qu'on le fît à regret, n'en étoit pas moins authentique. On crut que cela ſuffiroit, pour obliger les Habitans des *Pays Bas Autrichiens* à rentrer en eux-mêmes, & à ſe déſiſter d'un deſſein conçû témerairement. Mais quand on vit, qu'ils n'en vouloient pas démordre, & qu'ils continuoient, en l'année M. DCC. XX. à exercer leur Navigation illicite; la Compagnie des *Indes Orientales* s'adreſſa publiquement à leurs Hautes Puiſſances, les priant d'emploier leurs Miniſtres auprès de Sa Majeſté Imperiale, pour lui repreſenter amiablement, combien cette nouvelle Navigation étoit contraire aux Traitez. On s'eſt toûjours flatté depuis, par le reſpect qu'on a pour cet Auguſte Monarque, par la haute opinion de ſa juſtice & de ſon Equité, & par un déſir ardent d'éviter toute méſintelligence avec lui ou ſes Sujets, qu'il reconnoîtroit enfin les droits de la Compagnie Hollandoiſe, & qu'il mettroit ordre à ce que ſes Sujets ceſſaſſent de les troubler dans leur poſſeſſion. On eſpére, que cette moderation, qui ne fait pas deshonneur à la Compagnie, ne lui portera du moins aucun prejudice pour la conſervation de ſes droits, dans l'eſprit de toutes les perſonnes judicieuſes & équitables.

## CHAPITRE XI.

*Que Sa Majeſté Imperiale a aquis les* Païs-Bas Autrichiens *comme Succeſſeur du dernier Roi d'Eſpagne*, CHARLES II. *& qu'en cette qualité, Elle eſt tenuë d'obſerver les Articles du Traité de* MUNSTER, *au ſujet du Commerce des* Indes.

Abſurdité de la diſtinction entre S. M. I. conſiderée comme *Succeſſeur du dernier Roi d'Eſpagne*, & comme *Succeſſeur de la Maiſon de Bourgogne.*

§ I. Si tout ce que nous avons dit dans les Chapitres précedens, pour détruire la diſtinction entre le Roi d'*Eſpagne* conſideré comme Roi d'*Eſpagne*, & comme *Souverain des Païs-Bas*, renverſe cette diſtinction & la rend ici ſans force, j'oſe me flatter, qu'on ſera encore mieux convaincu de l'abſurdité de l'autre diſtinction dont les Avocats de la Compagnie d'*Oſtende* ſe ſont aviſez, pour dégager Sa Majeſté impériale de l'obſervation du Traité de *Munſter*. Tout eſt plein ici d'embarras, de contradictions, & de ſuppoſitions, qui ménent aux conſéquences les plus étranges du monde.

§ II.

§ II. Il faut rapporter tout du long ce que dit Mr. *Neny*, de peur qu'on ne croie que je lui en impose. Voici donc ses propres paroles.

Paroles de Mr. Neny sur ce sujet.

*Il y a peu (a) de gens qui ignorent, que les Païs-Bas n'ont jamais appartenu aux Princes de la Très-Auguste Maison* d'Autriche, comme une *dependance des Roiaumes* d'Espagne, *mais comme Successeurs de la Maison de* Bourgogne, *dont ils avoient recueilli & hérité les Etats, avant qu'ils fussent Rois* d'Espagne; *& ce fut à ce titre que Sa Majesté Très-Chrétienne remit aux Etats Généraux, pour & en faveur de la Très-Auguste Maison, tout ce que ledit Prince & ses Alliez possedoient des* Païs-Bas *nommez communément* Espagnols, *au mois d'Avril* 1713. *de même que les Villes d'*Ipres *& de* Furnes, *avec toutes leurs appartenances & dépendances; & ce fut aussi au même titre que Messieurs les Etats remirent à Sa Majesté Impériale toutes les Places Villes, & Païs, dont ils avoient l'administration en son nom. . . . . comme il se voit par les Article*. 19. 20. *&* 21 *des Traitez de* Radstadt *& de* Bade, *& par les deux premiers Articles de celui de la Barriére des* Païs-Bas.

*Les stipulations faites & arrêtées par les differens Articles des Traitez, dont on vient de parler, établissent d'une maniére incontestable, que les* Païs-Bas *Autrichiens sont sont unis à perpétuité aux Etats de la Très-Auguste Maison en* Allemagne, *& que Sa Majesté ne les possede en Souveraineté & Propriété que comme Souverain & Propriétaire desdits Etats, & comme Chef de la dite Maison, & conséquemment de la même maniére que ses Augustes Ancêtres les avoient possedez avant l'avénement de* Philippe le Bel *à la Couronne d'*Espagne.

De-là on conclut, (b) *que les Directeurs des Societez Hollandoises se méprennent & raisonnent mal-à-propos, entant qu'ils disent & repétent continuellement, que, comme l'Empereur est Héritier & Successeur du feu Roi Catholique, il seroit tenu d'exécuter le Traité de* Munster *dans toute son étenduë, & de le faire observer par ses Sujets.*

§ III. L'auteur de la *Lettre à un Ami en Hollande*, qui a voulu expliquer & défendre cette *raison excellente* de Mr. *Neny*, dit (c) que *l'Empereur possède ces Provinces en qualité de Chef & seul Héritier de la Maison de Bourgogne*; & de ce *principe incontestable*, selon lui, il tire la *conséquence naturelle*, à son gré. *Qu'un Roi d'Espagne ne pouvant par aucun Traité ni Convention, causer du préjudice à un Prince, qui, par son propre droit se trouve Héritier de la Maison de* Bourgogne, *le Traité de* Munster. *ni aucun autre fait par l'Espagne, ne sauroit en façon quelconque lier Sa Majesté Impériale & Catholique en qualité de Chef de cette Illustre Maison, que pour autant qu'Elle les auroit ratifiez Elle-même.*

Et de l'Auteur Anonyme de la Lettre &c.

§ IV. On voit par là, que ces Messieurs posent deux chose incompatibles. Car

Variation de ces Mrs. & [illegible]



(a) *Refutation*, § I. pag. 7, 8. (b) pag. 9. (c) *Lettre*, pag 16, 17.

tibilité ou inutilité de leur distinction.

Car tantôt ils veulent que Sa Majesté Impériale soit Héritiér de *Charles II.* dernier Roi d'*Espagne*, & tantôt ils le nient. S'ils prétendoient seulement qu'à l'ègard du Traité de *Munster*, Sa Majesté Impériale doit être considérée non comme Héritier de la Monarchie d'*Espagne*, mais comme Héritier des Etats de la Maison de *Bourgogne*, du nombre desquels sont les *Païs-Bas*, ce ne seroit pas une nouvelle distinction; ce seroit la même que nous avons déja réfutée, par laquelle on distingue entre le Roi d'*Espagne*, & le *Souverain des Païs-Bas*; puis que c'est comme Héritier de la Maison de *Bourgogne* que *Charles II.* a possedé les *Païs Bas*. Mais dès-là qu'ils attribuent à Sa Majesté Impériale un *droit propre*, en vertu duquel Elle n'est *liée par aucun Traité* que les Rois d'*Espagne*, possesseurs avant Elle des *Païs-Bas*, aient conclu, & qu'ils remontent jusqu'à *Maximilien I.* prétendant que Sa Majesté Impériale doit posseder les *Païs-Bas de la même maniére que ses Augustes Ancêtres les avoient possedez avant l'avénement de Philippe le Bel à la Couronne d'E*spagne: si cela signifie quelque chose, on ne peut l'entendre qu'en ce sens; c'est que Sa Majesté Impériale est Héritier immediat de *Maximilien I.* & non de *Charles II.* ni de ses Prédécesseurs.

L'Empereur *Maximilien I* ne fut pas celui qui aquit les *Païs-Bas*.

§ V. Mais on prend ainsi tous les Lecteurs pour des gens qui ignorent l'Histoire des derniers Siécles, & en même tems les principes les plus incontestables du Droit commun à tous les Peuples.

Chacun sait, que l'Empereur *Maximilien I.* aiant épousé l'Héritiére de *Bourgogne*, *Marie*, Fille unique du dernier Duc *Charles le Hardi*, cette Princesse lui apporta en dot les Provinces des *Païs-Bas*, avec les autres Etats de la Maison de *Bourgogne*. D'où il paroît d'abord, que ce ne fut pas lui qui aquit en pleine propriété ces Etats, & par conséquent les *Païs-Bas*; mais *Philippe le Bel* son Fils, Roi d'*Espagne*, auquel ils revenoient par succession maternelle. Aussi voions-nous, qu'après la mort de *Marie de Bourgogne*, *Maximilien* ne les governa que comme Tuteur.

Ce Prince alors Roi des *Romains*, (d) se fit d'abord établir Tuteur de ses Enfans par les Etats de *Brabant*; ce que les Etats de *Flandres* refusérent. Quelques années après, c'est-à-dire, en M. CCCC. LXXXVIII. on nomma à *Bruges* de nouveaux Magistrats, au nom de *Philippe*; & *Maximilien* (e) fut déclaré incapable de la Tutéle de son Fils & de ses Etats. *Maximilien* aiant été ensuite relâché de prison, il jura solennellement, (f) qu'il tenoit quittes ceux de *Flandres* du *serment qu'ils lui avoient prêté*, *comme Pére & Tuteur de son Fils*. Cinq ans après, *Philippe* prit lui-même les rénes du Gouvernement, (g) & fut installé par tous les Etats des Provinces des *Païs-Bas*, en présence de son Pere, alors Empereur.

§ VI.

(d) *Pontus Heuter* Rer. Austriac. *Lib. II. Cap. I.* (e) *Idem*, Lib. III. Cap. III.
(f) *Idem*, ibid. Cap. X. (g) *Idem*, Lib. V. Cap. II.

§ VI. Si donc Sa Majesté Impériale, ajourdhui régnante, n'a d'autre droit que celui qu'Elle tire de *Maximilien I.* il est clair qu'Elle n'en a aucun, puis que le droit de *Maximilien* n'étoit qu'un droit passager, qu'il exerça pendant quelque tems, au nom de son Fils *Philippe le Bel.* C'est ainsi que les Avocats de la Compagnie d'*Ostende* défendent les intérets de leur Auguste Souverain. Ils le dépouillent de ses vrais titres, en fondant ses prétensions sur des chimeres qui les détruisent.

D'où il s'ensuivroit, selon les Avocats de la, Compagnie d'*Ostende*, que S. M.I. n'avoit aucun droit sur les *Païs-Bas*.

§ VII. La question se réduira toûjours à savoir, mis à part toutes les distinctions, si Sa Majesté Impériale est Héritier du dernier Roi d'*Espagne Charles II.* & c'est ce qu'on ne sauroit nier. Elle a aquis les *Païs-Bas*, qui ne lui appartenoient point auparavant, mais à *Charles II.* Ce Prince, à cet égard, étoit certainement *Chef & Héritier de la Maison de* Bourgogne; & Sa Majesté Impériale ne peut l'être devenuë aujourdhui, qu'en qualité de son (*b*) Successeur.

Ce droit ne peut être fondé, que sur la qualité de Successeur du dernier Roi d'*Espagne*, *Charles II.*

*Charles-Quint*, Fils de *Philippe le Bel*, qui, seul de la Maison d'*Autriche*, a possédé conjointement les Etats d'*Allemagne*, & ceux de la Maison de *Bourgogne*, les demembra, & unit pour toûjours les *Païs-Bas* à la Couronne d'*Espagne*, qu'il remit à son Fils, *Philippe II.* assignant à son propre Frére *Ferdinand I.* tous les Etats d'*Allemagne*, dont celui-ci jouït avec l'Empire. Que l'*Espagne* soit ici l'*accessoire*, comme le veut (*i*) sans raison notre Anonyme, ou qu'elle soit le *principal*; il n'importe: il suffit, que dès-lors la Branche d'*Allemagne* perdit tous les droits sur les *Païs Bas.* Il est vrai, qu'elle pouvoit les recouvrer quelque jour: mais ce n'étoit que comme une Hérédité, revenuë à elle, au défaut des Descendans de la Branche d'*Espagne*, qui auroient pû se perpétuer à l'infini, & exclurre ainsi toûjours la postérité de celle d'*Allemagne*. Ainsi Sa Majesté Impériale aujourdhui régnante, n'a pû prétendre aux *Païs Bas*, & les aquérir, que comme Successeur ou Universel, ou Particulier de *Charles II.* le dernier Roi d'*Espagne*, descendu de *Charles-Quint*; & par conséquent sur le pié & de la maniére que *Charles II.* a possédé ces Provinces.

§ VIII. Nous en croirons là-dessus les trois derniers Empereurs; plû-tôt que les Avocats de la Compagnie d'*Ostende*. Car il paroît & par la Declaration de Guerre publiée contre le Roi de *France* Louïs XIV. & *Philippe* V. & par le Traité de la *Grande Alliance*, & par toutes les Piéces publiées au nom ou en faveur de Leurs Majestés Impériales, qu'Elles se sont portées pour seuls Héritiers de *Charles II.* dernier Roi d'*Espagne*, & de tous ses Etats. Il ne faut que jetter les yeux sur le commencement du Traité de la *Grande* Al-

Les trois derniers Empereurs l'ont reconnu.

(*b*) C'est aussi ce que reconnoissent Mrs. les Etats de *Brabant*, dans leur *Mémoire*, pag. 10. où ils disent, que *Sa Majesté Impériale est le Successeur des Rois* Philippe IV. & *Charles II. Princes des Païs Bas* &c.

(*i*) *Lettre*, pag. 17. dans la Note.

Alliance: *D'autant que le Roi d'Espagne*, CHARLES II. *de glorieuse memoire, étant mort sans Enfans, Sa Sacrée Majesté Imperiale a assuré, que la* SUCCESSION DES ROYAUMES ET PROVINCES DU ROI DEFUNT *appartiennent legitimement à Son Auguste Maison* &c. Si Sa Majesté Impériale LEOPOLD, n'eût regardé le Testament de *Charles II.* comme nul, Elle auroit sans doute laissé *Philippe V.* en paisible possession, & de l'*Espagne*, & des *Pays Bas.* On a trop de respect pour la mémoire de cet Auguste Monarque, & une trop haute opinion de sa Justice, pour soupçonner le contraire. On rend avec plaisir la même justice à son Successeur JOSEPH, & à Sa Majesté Impériale aujourd'hui régnante, qui ont continué la Guerre sur le même fondement.

Réproches injurieux, & mal fondez, que fait Mr. Neny à L.H.P.

§ IX. IL EST vrai, que le sort des Armes, qui décide ordinairement des contestations entre les Puissances Souveraines, n'a pas été assez favorable, pour faire obtenir à Sa Majesté Impériale & Catholique aujourd'hui régnant, l'effet de ses prétensions dans toute leur étenduë. Il a fallu se contenter d'une partie de la Succession: mais cette partie en est-elle moins pour cela une Succession? Il n'a pas tenu à Leurs Hautes Puissances, que Sa Majesté Impériale n'eût la principale portion de l'Héritage. Et c'est de fort mauvaise grace (pour ne rien dire de pis) que Mr. *Neny* perdant le respect qu'il doit aux Illustres Chefs des *Provinces Unies*, leur reproche plus d'une fois en termes choquans; qu'*ils ont* (k) *concouru par des Traitez, à maintenir un autre Prince dans la possession des* Indes *&* de l'Espagne. Notre Avocat dit lui-même aussi-tôt, que *cela est arrivé par une suite du changement arrivé en* Angleterre; & il n'en faut pas davantage pour justifier pleinement Messieurs les Etats d'une accusation aussi téméraire, qu'odieuse. N'avoient-ils pas fait tout ce qui dépendoit d'eux, pour les intérêts de Sa Majesté Impériale? A-t'on oublié, avec quelle fermeté ils rejetterent, prémiérement à *la Haye*, & puis à *Geertruydenberg*, les offres que la *France* faisoit alors, quoi que fort avantageuses? Et que vouloit-on que fissent Leurs Hautes Puissances, quand Elles se virent entiérement abandonnées par la Cour d'*Angleterre*? Pouvoient-elles seules soûtenir tout le fardeau d'une Guerre, qui leur avoit deja coûté tant de sang & de tresors? Falloit-il qu'Elles exposassent leur Etat à périr, pour ne rien démordre des prétensions de la Maison d'*Autriche*? Et cette Auguste Maison ne doit-elle pas au contraire se sentir obligée de quelque reconnoissance, de ce que, malgré un changement d'affaires si grand & si imprévû, Elles ont concouru de tout leur pouvoir à assûrer, par des Traitez, à Sa Majesté Impériale, une partie assez considérable de la Succession, qu'il étoit impossible de lui procurer entiere. Du moins est-il juste, qu'on ne se prévale pas d'un tel Service pour leur faire souffrir du dommage à l'égard du Commerce, & des autres avantages, dont elles ont stipulé la conservation entiére par la Confédération où Elles sont entrées pour la Succession de *Charles II.* Le Traité de la *Grande Alliance* n'a point été fait à condition, que, si

(k) *Pag.* 6. & alibi.

si l'on ne pouvoit venir à bout de conquérir tous les Etats du défunt, pour les remettre à Sa Majesté Imperiale, Elle fût quitte de ce à quoi Elle s'étoit engagée envers l'*Angleterre*, & Leurs Hautes Puissances. On a promis seulement de la mettre en possession de tout ce que l'on pourroit conquérir; & on y donne assez à entendre, qu'il faudra apparemment en venir à un partage. Les Hauts Alliez déclarent, dans l'Article III. & IV. qu'*ils s'emploieront de toutes leurs forces, & autant qu'il se pourra, à obtenir par une voie amiable & par une Transaction ferme & solide une satisfaction juste & raisonnable pour Sa Majesté Imperiale au sujet de la dite Succession, pendant l'espace de deux mois*; sinon, ils prendront les armes & s'entraideront pour l'obtenir d'une autre maniére.

§ X. Puis donc que, comme nous l'avons démontré, Sa Majesté Impériale est Héritier & Successeur, si non en tout, du moins en partie, du dernier Roi d'*Espagne*, consideré comme Duc de *Bourgogne* &c. & que c'est de lui immediatement qu'Elle tient le droit de souveraineté qu'Elle a aquis sur les *Pays-Bas*; il s'ensuivroit de cela seul, qu'Elle ne peut les posseder que sur le pié qu'ils l'ont été par *Charles II.* avec toutes les charges & conditions attachées à cette partie de la Succession, qu'Elle a recueillie. Cela est fondé sur une régle incontestable du Droit des Gens, aussi bien que du Droit Civil.

Il suffit que S. M. I. soit Héritier & Successeur en partie de *Charles II.* pour être obligé à tenir le Traité de *Munster*.

§ XI. Mais supposons pour un moment, qu'il y eût quelque difficulté là-dessus, & qu'on pût alleguer quelque autre titre plausible, que celui de Succession, on n'auroit encore rien avancé. Sa Majesté Impériale a pû en recevant les *Pays-Bas*, renoncer par le Traité, qui lui en assûroit l'aquisition, aux droits même qu'Elle auroit cru avoir d'ailleurs. Or c'est ce qu'Elle auroit fait manifestement, quand la supposition seroit aussi vraie, qu'elle est fausse. Car le prémier Article du *Traité de Barriére* porte expressément, comme on l'a vû, que *Sa Majesté Imperiale & ses Successeurs jouïront* des Provinces & Villes de *Pays-Bas*, COMME EN A JOUÏ OU DÛ JOUÏR LE FEU ROI Charles II. *de glorieuse mémoire*. Et Sa Majesté Impériale s'y est engagée en particulier, dans l'Article XXVI. à faire en sorte que *le Commerce & tout ce qui en depend, demeure en tout & en partie, sur le pié établi & de la maniére portée par les Articles du Traité fait à* Munster *le* 30. Janvier 1648. *entre Sa Maj. le Roi* Philippe IV. *de glorieuse mémoire, & les Seigneurs Etats Generaux, concernant le Commerce, lesquels Articles sont confirmez par le présent Traité.*

Elle s'y est engagée elle même, par le *Traité de Barriére*.

§ XII. Ce que je viens d'établir est si clair, & fondé sur des principes si certains, qu'on ne devineroit jamais les raisons dont Mr. *Neny* se sert pour prouver sa distinction contradictoire, & les conséquences qu'il en tire.

Fausse preuve, que l'on tire du Traité de Paix entre la *France* & L. H. P.

Il en appelle d'abord à des Traitez, par où le contraire paroît évidemment.

Le prémier eſt celui de la Paix concluë à *Utrecht* le 11 Avril 1713. entre le feu Roi de *France Louïs XIV.* & Leurs Hautes Puiſſances. J'ai été long tems à chercher, ſur quoi fondé nôtre Avocat veut que le *titre* ſous lequel *Sa Majeſté Très-Chrétienne remit aux Etats Généraux, pour & en faveur de la Très-Auguſte Maiſon d'*Autriche, *tout ce que ledit Prince & ſes Aliez poſſedoient des* Païs-Bas, ſoit celui de *Succeſſeur de la Maiſon de* Bourgogne, *& conſequemment de la même maniére que ſes Auguſtes Ancêtres les avoient poſſédez avant l'avenement de* Philippe le Bel *à la Couronne d'*Eſpagne. Enfin j'ai découvert, que c'eſt parce qu'on n'a pas dit *Sa Majeſté Imperiale*, mais *la Maiſon d'*Autriche. Car voici tout ce qu'on trouve dans les Articles XI. & XII. *Sa Majeſté Très-Chrétienne céde aux Seigneurs Etats Géneraux, tant pour Elle-même, que pour les Princes ſes Hoirs & Succeſſeurs nez & à naître, & ce en faveur de la Maiſon d'*Autriche, *tout le droit qu'Elle a eû ou pourroit avoir ſur le Ville de* Menin &c. *Les Seigneurs Etats Géneraux promettant qu'ils rendront... à la Maiſon d'*Autriche &c. *Sa Majeſté Très-Chrétienne... cede auſſi en faveur de la Maiſon d'*Autriche, *tout le droit* qu'Elle a ſur (1) *Furnes* &c. *Ypres* &c.

Pourquoi il eſt parlé, dans ce Traité, de la *Maiſon d'Autriche*;

§ XIII. Par quelles machines inſerera-t'on de là, que Sa Majeſté Impériale doit être conſidérée comme Succeſſeur immédiat de *Maximilien I*? S'il eſt parlé de la *Maiſon d'Autriche*, c'eſt viſiblement parce que Sa Majeſté Impériale devoit aquérir les *Pays-Bas*, non comme *Empereur*, mais comme *Archiduc* d'*Autriche*, en ſorte que s'il arrivoit que ſon Succeſſeur à l'Empire d'*Allemagne* fût d'une autre Maiſon, il n'auroit rien à prétendre aux *Païs-Bas*.

Et dans les Traitez de *Radſtad*, & de *Bade*.

§ XIV. On ne trouve rien de plus dans les Articles 19. 20. & 21. des Traitez de *Radſtadt* & de *Bade*. C'eſt toûjours le même langage, fondé ſur la même raiſon: *En faveur de la Maiſon d'Autriche.* Ici de plus on marque bien nettement, pourquoi on dit *la Maiſon d'Autriche*, & non pas *Sa*

(1) L'Auteur de la *Réponſe au Diſcours* &c. p. 37. voudroit tirer d'ici un argument en faveur de ſa cauſe. *Comme il eſt*, dit-il, *inconteſtable, qu'il étoit permis au feu Roi Très-Chrétien d'établir une Compagnie privilégiée dans ce païs rétrocedé, pour la Navigation & le Commerce des* Indes, *ſans que les Societez d'*Orient & d'Occident *des* Provinces-Unies *puſſent s'y oppoſer à quelque titre ou pretexte que ce puiſſe être, il s'enſuit de là, qu'il ſeroit permis à l'Empereur d'en uſer de même, & en conſéquence d'octroyer une Compagnie de Commerce ſoit à* Furnes, *à* Ipres, *ou ailleurs* &c. Mais la conſéquence eſt tout-à-fait mal fondée. La poſſeſſion, où étoit le Roi de *France*, des Places dont il s'agit, étoit fondée ſur des titres, qui ne le faiſoient entrer en aucune maniére dans l'engagement des Articles du Traité de *Munſter*. Mais, du moment qu'elles ont été réunies au Corps dont elles avoient été détachées, en même tems qu'elles ont recouvré leurs anciens droits, elles ſont auſſi rentrées dans les engagemens communs à toutes les Provinces des *Pays-Bas*; aujourd'hui *Autrichiens*. Ainſi Sa Majeſté Impériale ne peut pas plus leur permettre le Commerce des *Indes*, qu'à celles qui n'ont jamais été ſous l'obéiſſance de la *France*.

*Sa Majesté Imperiale.* C'est qu'on lui céde les Pays, dont il s'agit, *pour en jouir, lui, ses Héritiers & Successeurs, selon l'ordre de succession établi dans la Maison d'*Autriche; *& cela* NB *tels que le Roi d'*Espagne CHARLES II. *les a possedez, conformément au Traité de* Ryswic. Voilà l'esprit de tous les Traitez, faits à l'occasion de l'aquisition des *Pays-Bas.* Ils tendent d'un commun accord à laisser les choses sur le pié qu'elles étoient sous le dernier Roi d'*Espagne.* Et c'est ce qui paroît par l'Article 32. du Traité de Paix entre la *France*, & les *Provinces-Unies*, que nous avons (*l*) rapporté ailleurs.

§ XV. POUR celui de *Barriére*, dont Mr. *Neny* ose encore se prévaloir, malgré l'Article 36. si directement contraire à ce qui lui a fait imaginer ses distinctions frivoles; les Articles I. & II. qu'il cite ici, ont encore moins dequoi lui fournir quelque chose de tant soit peu specieux. Il y est stipulé, Que les Provinces & Villes des *Pays-Bas*, qu'on a remises ou qu'on remettra à Sa Maj. Imp. & Cath. *ne feront désormais & ne composeront en tout & en partie, qu'un seul, indivisible, inalienable, & incommutable Domaine qui sera inséparable des Etats de la Maison d'*Autriche *en* Allemagne, *pour en jouir Sa Maj. Imp. & Cath. ses Successeurs & Heritiers, en pleine & irrévocable Souveraineté & propriété* &c. *Qu'aucune Province, Ville, Place & Forteresse, ni Teritoire, ne pourra jamais être soûmise à aucun autre Prince, qu'aux seuls Successeurs desdits Etats de la Maison d'* Autriche &c. Voilà encore une nouvelle raison, de la part de Leurs Hautes Puissances. Elles veulent, pour assûrer leur Barriére, empécher toute aliénation qui pourroit être faite de quelques parties ou Places des *Pays-Bas Autrichiens*, en faveur de quelque Prince dont le voisinage leur fût à craindre.

Ou dans le *Traité de Barriére.*

§ XVI. LES autres raisonnemens de Mr. *Neny*, par lesquels il veut prouver, que Sa Majesté Imp. n'est point liée par les Articles du Traité de *Munster*, qui regardent le Commerce des *Indes*, n'ont pas au fond plus de solidité. *Sa Majesté*, dit-il *ne posséde rien en* Espagne, *ni aux* Indes. (*m*) *Le Roi d'*Espagne *est aujourd'hui en possession de toute l'utilité qui contrebalance d'un côté les avantages dont les Etats Géneraux & les Compagnies* Hollandoises *jouissent de l'autre.*

L'engagement de S. M. I. suit de sa qualité d'Héritier des *Pays-Bas*:

C'est justement comme si une Succession ou Universelle, ou Particuliére, étant chargée de Dettes; ou de quelque Condition onéreuse, en vertu d'un Contract bon & réel du Défunt, l'Héritier refusoit de paier les Dettes, ou de se soûmettre à la Condition imposée; sous prétexte que par là il ne retire pas de la Succession tout le profit qu'il en auroit autrement.

O 2 § XVI.

(*l*) *Chap.* X. § 2. Voiez aussi le § 18. (*m*) *Réfut.* pag. 7.

Et il est confirmée par l'accommodement même au sujet du partage de la Succession de *Charles II.*

§ XVII. La transaction qu'il y a eû, sur le partage des Etats du dernier Roi d'*Espagne*, bien loin de détruire cette idée de Succession, & les engagemens qui en résultant, les confirme d'une maniére irrévocable. C'étoit à Sa Majesté Impériale à voir, si l'aquisition des *Pays-Bas* l'accommodoit, sur le pié qu'ils étoient alors, & sans quoi, bien loin de concourrir à les faire passer sous sa domination Leurs Hautes Puissances s'y seroient opposées de toutes leurs forces. Il falloit ou répudier cette partie de la Succession de *Charles II.* ou déclarer qu'on ne vouloit point l'accepter sans être dégagé des obligations qui y étoient attachées. Il n'est plus tems de trouver dure une condition, à laquelle on s'est librement soûmis, & comme Successeur, & par des engagemens formels d'un Traité.

Sans que les Habitans des *Pays Bas* aient aucun sujet de se plaindre.

§ XVII. Pour ce qui est des *Pays-Bas Autrichiens*, de l'avantage desquels il s'agit ici principalement; la Régle connuë, Que celui qui ne jouït pas des bénéfices, ne doit point porter les charges; peut encore moins leur être appliquée. Ils n'ont jamais eû aucune part au Commerce des *Indes*, & ils en avoient toûjours été exclus par leurs Souverains. Dequoi pourroient-ils se plaindre? Tout le dommage est ici pour les Compagnies Hollandoises, qui perdroient, en même tems le droit aquis par un Traité, & les avantages d'un Commerce, qu'elles ont établi au travers de mille périls, & avec des dépenses incroiables.

Autre preuve, que S. M. I. s'est portée pour Successeur & Héritier,

§ XIX On a beau faire: l'idée de Succession, & des engagemens indispensables qu'elle entraine après soi, reviendra toûjours d'une maniere à rendre sans fondement les prétensions & les plaintes des Habitans des *Pays-Bas Autrichiens*. Sa Majesté Impériale a Elle-même donné lieu de croire, qu'Elle les regardoit sur ce pié là, depuis l'aquisition qu'Elle a faite de ces Provinces. Car Elle s'est engagée, par l'Article 22. du *Traité de Barriére*, à paier les Dettes du Roi défunt *Charles II.* Acte manifeste de Successeur.

Des Passeports, par lesquels S. M. I. a reconnu tacitement l'obligation des Articles du Traité de *Munster*.

§ XX. De plus, dans les Passeports qu'Elle a bien voulu accorder à quelques-uns de ses Sujets *Brabançons* ou *Flamands*, il y a une clause expresse qui leur défend de *trafiquer sur les Côtes d'*Afrique &c. *dans les endroits où il n'est pas permis, suivant les Traitez, aux Sujets de Sa Maj. Imper. & Cath. de commercer.* Quels sont ces Traitez, si ce n'est celui de *Munster*, & les derniers qui le confirment?

Pauvre défaite de Mr. Neny, pour éluder la conséquence.

§ XXI. On ne disconvient pas, qu'il n'y ait eû des Passeports donnez en cette forme par Sa Maj. Imper. aujourd'hui regnante: mais on nie la conséquence, & l'on se sauve à l'ordinaire par des distinctions frivoles. *La clau-*

*se*

*ſe* dont il s'agit, dit (*n*) Mr. *Neny, eſt de ſtile ordinaire dans les Paſſeports de Mer que les Souverains donnent pour les voiages de long cours, & va principalement à empêcher que ceux qui les obtiennent n'aient ni relation ni commerce avec les Pirates, ou d'autres qui pourroient être en Guerre contre les Princes qui les accordent.* C'eſt une *clauſe vulgaire*, par conſéquent *ſuperfluë, & qui ne peut rien operer.* On mettra donc une Clauſe, qui ſuppoſe que ceux à qui l'on donne paſſeport ſeront tentez d'aller trafiquer avec des Corſaires, & que les Corſaires ſont des Négocians dont le commerce eſt à rechercher! On ſuppoſera encore, qu'un Prince s'eſt engagé par quelque Traité à ne pas permettre que ſes Sujets négocient avec des Pirates, ou avec ſes propres Ennemies! Qui peut digerer & propoſer de ſemblables explications, ne doit être épouvanté d'aucune penſée la plus abſurde,

§ XXI. L'Anonyme n'en aiant pas été ſans doute content, a cherché quelque choſe de plus plauſible. Selon lui, (*o*) *comme Sa Majeſté Imp. ſe trouve engagée par différens Traitez de Confédération & d'Alliance avec les principales Puiſſances de l'*Europe, *parmi leſquelles il y en a pluſieurs qui ont des Colonies aux* Indes, *Elle défend* par leſdites clauſes *à ſes Sujets de ne pas offenſer leur Souveraineté; ce qui arriveroit, ſi l'on vouloit entreprendre de trafiquer dans le diſtrict de leurs Colonies ſans leur permiſſion préalable.*

Autre ſubterfuge de l'Auteur de la Lettre &c.

Voilà qui eſt moins abſurde, mais qui n'eſt pas plus conforme au ſens naturel des termes de la Clauſe dont il s'agit. Ils donnent d'abord à entendre de la maniére du monde la plus claire, qu'il y a quelque Traité particulier en vertu duquel il n'eſt pas permis de commercer en certains endroits, & où ceux qui l'ont ſtipulé par le Traité ne le permettent jamais. Perſonne ne s'aviſera de défendre, par une Clauſe particuliere, les choſes qui dépendent toûjours de la Souveraineté de ceux chez qui le Sujet, à qui on donne paſſeport, veut aller, & qu'ils permettent ou ne permettent pas ſelon qu'ils le jugent à propos. Cela ſe ſuppoſe, ou s'exprime en termes généraux. Les Princes, par exemple, permettent ou défendent la Chaſſe: ſeroit-ce une Clauſe à mettre dans un Paſſeport; *A condition que tel ou tel n'ira point chaſſer dans les endroits, où il n'eſt pas permis, ſuivant les Traitez, aux Sujets de Sa Maj. Imp. & Catholique, de chaſſer.* Qui ne voit, que cela ſeroit ridicule, à moins que les Sujets de l'Empereur n'euſſent eû dans ces endroits-là un droit de Chaſſe, auquel il auroit renoncé par un Traité. Il en eſt de méme ici. S'il ne s'agiſſoit que des Colonies que les autres Puiſſances ont dans les *Indes*, & de leurs dépendances, c'eſt-à-dire, de leurs Poſſeſſions réelles, & qu'il n'y eût d'autre Traité touchant le Commerce des *Indes*, qu'un Traité de Confédération & d'Alliance en général, par lequel on fût ſimplement tenu *de ne pas offenſer la Souveraineté des Alliez*; comme il eſt libre à chacun de permettre le Commerce aux Etrangers dans ſes Poſſeſſions, ſoit par Terre ou par



(*n*) *Réfut.* § 8. pag. 53. (*o*) *Lettre*, pag. 29.

par Mer, tant qu'on ne s'eſt point engagé à le permettre aux uns ou aux autres, il n'y auroit non plus aucune neceſſité de défendre à ceux, à qui l'on donne paſſeport, de *trafiquer ſans une permiſſion préalable*, dans les lieux occupez par les Colonies, ou dans leurs dépendances. Mais rien n'eſt plus naturel, ni plus à propos, que la Clauſe dont il s'agit, quand on ſuppoſe qu'il y a quelque Traité, par lequel celui qui donne paſſeport s'eſt engagé envers l'autre Partie à lui laiſſer un véritable *diſtrict* de Navigation & de Commerce, dans une certaine étenduë de Mers ou de Terres, hors des Lieux même qu'elle occupe, & de leurs dépendances. Ainſi nous avons tout lieu de l'expliquer ainſi, après avoir prouvé, comme nous avons fait, que, ſelon les Articles V. & VI. du Traité de *Munſter*, les Habitans des *Pays-Bas*, aujourd'hui *Autrichiens*, ſont exclus de la Navigation & du Commerce des *Indes*, dans les limites des Octrois des Compagnies Hollandoiſes: que leur condition, à cet égard, n'a point changé par le changement de Domination: & que Sa Majeſté Imperiale s'eſt engagée à les tenir dans le même état, & comme Succeſſeur du dernier Roi *Charles II.* & par la teneur des Traitez qu'Elle a conclus Elle-même.

# CHAPITRE XII.

*Défenſe de la Souveraineté des* Provinces-Unies, *& de ſon indépendance de* l'Empire d'ALLEMAGNE, *auxquelles on donne atteinte.*

Nouvelle preuve du peu de fondement de la diſtinction refutée.

§ I. Nous avons montré, dans le Chapitre précedent, que la diſtinction ſur laquelle les Avocats de la Compagnie d'*Oſtende* fondent le titre en vertu duquel Sa Majeſté Impériale a été miſe en poſſeſſion des *Pays-Bas*, eſt tout-à-fait chimérique. Il eſt bon d'ajoûter encore une conſidération, qui ſeule eſt capable d'atterrer le Diſputeur le plus hardi.

Cette diſtinction prouve trop, & méne à des abſurditez manifeſtes.

§ II. J'AI toûjours ouï dire, Qu'un principe, qui prouve trop, ne prouve rien; ſur tout s'il en ſuit des abſurditez palpables, comme cela arrive ordinairement. Jamais la maxime n'a pû être mieux appliquée, qu'ici.

Je ne repeterai point ce que j'ai déja remarqué, (*a*) que, s'il faut remonter juſqu'à *Maximilien I.* ſans avoir égard à la qualité de Succeſſeur de *Charles II.* dernier Roi d'*Eſpagne*, en conſéquence de laquelle Sa Majeſté Impériale eſt tenuë d'obſerver le Traité de *Munſter*; cet Auguſte Monarque n'auroit eû aucun droit ſur les *Pays-Bas Eſpagnols*. Voici une autre abſurdité, qui n'eſt pas moindre.

§ II.

(*a*) *Chap.* XI. § 5, 6.

Tous les Traitez faits avec les Prédécesseurs de *Charles II.* seroient nuls.

§ III. S'il est vrai, que Sa Majesté Impériale doive posseder les *Pays-Bas de la même manière que ses Augustes Ancêtres les avoient possedez avant l'avénement de* Philippe le Bel *à la Couronne d'*Espagne; & qu'en conséquence de cela Elle ne soit point liée par les Traitez qu'ont fait les Rois d'*Espagne*, Possesseurs des *Pays-Bas* depuis *Philippe le Bel*; il faut tout remettre dans l'état où étoient les choses sous *Maximilien I.* On ne doit avoir aucun égard à tous les changemens arrivez depuis, par rapport aux Etats de la Maison de *Bourgogne*. Celui qui est aujourdhui *Chef & Héritier de l'Auguste Maison d'*Autriche peut revendiquer tout ce qui étoit alors de la dépendance de la Maison de *Bourgogne*. Tous les Traitez faits là-dessus avec les autres Puissances sont nuls & de nulle valeur. Tous les droits, aquis à cette occasion, sont révocables, au gré de Sa Majesté Impériale. Il n'y a pas plus de raison d'en excepter l'un, que l'autre. Les *Provinces-Unies* étoient alors sous la domination de la Maison d'*Autriche*; Elles doivent y rentrer, quand il lui plaira.

Et par conséquent ceux par lesquels la Souveraineté des *Provinces-Unies* a été reconnuë.

§ IV. Ainsi il se trouvera, que Leurs Hautes Puissances auront fait des Traitez d'Alliance avec Sa Majesté Impériale, pour lui fournir, en lui procurant l'aquisition de *Pays Bas*, des armes contr'eux-mêmes, des titres contraires à leur Souveraineté. Elles auront, de concert avec Sa Majesté Britannique, travaillé à mettre bien des Princes & des Païs en danger de se voir au prémier jour dépouillez de leur indépendance, par une réunion prétenduë de tous les anciens Etats de la Maison de *Bourgogne* à celle d'*Autriche*.

Inconvéniens qu'il y auroit à l'exception d'une Ratification de la part de S. M. I.

§ V. L'Anonyme sentant peut-être cela, a cru y remédier par une exception. Le *Traité* (b) de Munster, dit-il, *ni aucun autre fait par l'*Espagne, *ne sauroit en façon quelconque lier* Sa Majesté Imperiale & Catholique, *en qualité de Chef de la Maison de* Bourgogne, *que pour autant qu'Elle les auroit* RATIFIEZ *Elle même*. Mais où en sommes nous, s'il faut prouver la Ratification de Sa Majesté Impériale, aujourdhui régnante? Car on ne parle point de ses Prédécesseurs, & on semble la dispenser par là de tenir les engagemens exprès ou tacites de ses Augustes Ancêtres de la Branche d'*Allemagne*, tant qu'Elle ne les a point ratifiez Elle-même. En suppléant même cette omission, & l'attribuant à un pur oubli, on laisseroit toûjours une ample matiére à contester les Ratifications faites par les Prédecesseurs de Sa Majesté Impériale. Il se trouve toûjours assez de gens, qui, pour faire leur cour aux Princes, sont ingénieux à leur mettre dans l'esprit de vieilles prétensions, & à les éblouïr par des raisons qui leur donnent lieu de regarder comme clairs, ou du moins comme litigieux, les droits les plus mal fondez du monde.

Combien la conséquence est facile à tirer.

§. VI. C'est ainsi qu'un abime en appelle un autre. Quand une fois on s'est détourné du chemin de la Raison, de la Vérité, & de la Justice, il n'y a

(b) *Lettre*, pag. 17.

à point de fin aux égaremens. On ne sauroit se persuader, que Sa Majesté Impériale approuve cette maniére de plaider devant le Tribunal de toute l'*Europe*, & les contradictions où nos deux Avocats de la Compagnie d'*Ostende* font tomber leur Auguste Souverain.

Ou ils ont vû cette conséquence, ou ils ne l'ont pas vuë. S'ils ne l'ont pas vuë, ils sont bien peu pénetrans, & ils doivent se mêler d'autre chose, que de prendre en main une Cause qui intéresse tant de Puissances. S'ils l'ont vuë, comment ont-ils osé avancer le principe d'où elle suit? Comment n'ont-ils pas du moins appréhendé que d'autres ne la tirassent.

Preuve qu'on l'a déja tirée.

§ VII. On l'a tirée effectivement, en défendant la même thése qu'eux. Et cela seul fait voir, combien il est difficile d'éluder le vrai sens & l'obligation du Traité de *Munster*, puis qu'on est contraint de se précipiter dans de telles extrémitez. Quittons un peu Mr. *Neny*, & l'Anonyme, Auteur de la *Lettre à un Ami en Hollande*, pour voir ce que dit un autre Second; c'est Mr. *Berger*, Allemand, & qui a écrit dans la Langue de son Païs une *Démonstration du droit qu'a Sa Majesté Imperiale d'ériger dans ses* Païs-Bas Autrichiens *une Compagne des* Indes Orientales *&* Occidentales.

Paroles d'un Auteur Allemand

§ VIII. Celui-ci, quoiqu'il n'aît pas osé trancher le mot, donne assez à entendre ce qu'il pense, & ce qu'il veut que l'on croie. *Je laisse*, dit-il, *à juger aux autres, si les* Provinces-Unies, *en vertu d'une reconnoissance tacite & d'une espéce de possession de leur Liberté, peuvent se défendre par un droit de Prescription, ou d'Exception commune, contre les prétensions de l'Empire & de l'Auguste Maison d'*Autriche. Il fonde cette proposition, sur ce que *le Traité de* Munster *n'a jamais été approuvé par la Branche Cadette des Mâles de l'Auguste Maison d'*Autriche; *& qu'ainsi Sa Majesté Imperiale & Catholique aujourdhui régnante, le seul qui reste de cette Branche, n'est point liée par ce Traité.*

Le consentement de la Branche d'Autriche régnante en Allemagne, n'étoit point nécessaire pour le Traité de *Munster*.

§ IX. Voila un des plus étranges paradoxes, qui ait jamais été inventé. En vertu de quoi le consentement de la Branche d'*Allemagne* auroit-il été nécessaire, pour la validité du Traité de *Munster*? Il s'agissoit là de traiter avec Sept Provinces, sur lesquelles cette Branche avoit encore moins de droit, que sur les dix autres des *Païs-Bas*, auxquelles néanmoins elle n'avoit & ne pouvoit avoir aucune prétension; puisqu'elles appartenoient en pleine Souveraineté & Propriété aux Rois d'*Espagne* de la Branche aînée d'*Autriche*. Or les *Provinces-Unies*, depuis le tems de le Tréve, avoient été reconnuës libres & indépendantes par le Roi d'*Espagne* même, qui avoit traité avec elles sur ce pié-là, & qui ne fit que confirmer plus ouvertement par le Traité de *Munster* la Souveraineté des Etats. Les Rois d'*Espagne*, à qui ces Provinces avoient appartenu uniquement, depuis *Philippe II.* pouvoient, comme Souverains, en aliener ou par des Mariages, ou par Testament, ou de quelque autre maniére, re, ce qu'ils auroient jugé à propos; il ne leur falloit pour cela, que le consentement des Etats de la Province, ou de la Ville intéressée. Il n'y avoit aucune condition apposée au partage de *Charles-Quint*, qui les en empêchât, ni aucun Traité fait depuis là-dessus avec la Branche d'*Allemagne*. Ils ont donc pû laisser, par un Traité solennel, la liberté & l'indépendance à des Provinces, qui se l'étoient aquises à titre le plus juste du monde, & reconnu tel des autres Puissances. C'est ce que fit *Philippe III.* par le Traité de Trêve, & que *Philippe IV.* confirma pleinement par celui de *Munster*. On n'avoit pas plus à faire alors du consentement de l'Empereur, qu'un Frére, à qui sa part de l'Hérédité paternelle a été assignée par le Testament, ou par un accord, ou par Sentence du Juge, n'a besoin ensuite de l'approbation des autres Cohéritiers, pour vendre, donner, engager, leguer, les biens qui lui sont échûs.

§. X. QUE si par surabondance de droit, nous jugions à propos d'alléguer le consentement des Empereurs de la Maison d'*Autriche*, il seroit facile de le produire.

La Souveraineté des Provinces-Unies a été reconnuë par l'Emp. *Rodolphe II.*

Dans le tems des Négociations de la Trêve, les Etats reçûrent une Lettre (*b*) de l'Empereur *Rodolphe II.* datée du 9 d'*Octobre* 1607. par laquelle il se plaignoit, qu'on eût entamé cette affaire sans sa participation; & il représentoit, qu'on ne pouvoit rien conclure sur la Liberté & l'Indépendance des *Provinces-Unies*, à moins que l'Empereur & l'Empire, dont elles étoient un Fief, n'y consentissent.

Les Etats lui répondirent le 2. de *Janvier* 1608. en termes civils, d'une maniere à témoigner qu'ils regardoient cette espece d'opposition & de protestation comme de nulle valeur. (*c*) Ils lui disoient, entr'autres choses: (*d*) *Qu'ils avoient bonne souvenance, qu'on avoit souvent requis l'Empereur & l'Empire de leur part, tant devant qu'après le Gouvernement de l'Archiduc* Matthias, *pour pouvoir être défendus contre la violence & l'oppression des* Espagnols, *& que l'Empire ne leur avoit point voulu faire aucune assistance à leur oppression:* Qu'enfin *ils avoient été contraints, l'an* 1581. *voiant qu'on avoit violé leurs Priviléges, & qu'on exerçoit de manifestes cruautez, tyrannies, & excès, contre les conditions arrêtées d'acceptation, d'avoir recours légitimement, & selon les Loix des Provinces du Païs-Bas, & pour la conservation nécessaire desdites Provinces, Villes, & Habitans, à l'extrême remède, & de l'employer à mettre les* Païs-Bas *en leur liberté, à savoir, de décharger les Habitans, par un solennel decret, de tous sermens & obligations, par lesquelles ils pourroient être tenus & obligez au Roi* d'Espagne: *Et depuis ce tems les* Provinces-Unies *avoient été tenues, par tous gens non partiaux, & par plusieurs Rois, Princes, & Républiques, pour Païs libres &c. Et avoient aussi en telle qualité, depuis* 28 *ans ençà, fait* beau-

P

(*b*) *Meteren*, Liv. XXVIII. fol. 613. *verso*.
(*c*) Voiez aussi BAUDIUS, *De Induciis Belli Belgic.* pag. 65, *& seqq.*
(*d*) *Meteren*, Liv. XXIX. fol. 623, 1624.

*beaucoup d'Alliances & Traitez avec divers Rois &* Potentats : *Qu'ils estimoient que la Paix ne se pouvoit point faire, qu'en maintenant le susdit decret, à savoir que les* Provinces-Unies *étoient Pays libres, comme aussi ils avoient fait entendre par lettres, à l'Empereur & à l'Empire, l'an 1605. Qu'ils s'assuroient, que l'Empereur & l'Empire, selon la bonne inclination qu'ils avoient à la conservation de ce Pays, prendroient de bonne part leur résolution, & aideroient à avancer tout ce qui pouvoit tendre à leur assurance.*

Voilà une Réponse, qui marque clairement, que les *Provinces-Unies* se portoient pour libres & déchargées, depuis long tems, de toute obligation par rapport à l'*Empereur* & à l'*Empire*; & cela en vertu même d'une approbation tacite de l'un & de l'autre, qui n'en pouvoient prétendre cause d'ignorance. L'Empereur en demeura-là. Aussi est-ce une opinion commune, qu'il n'agissoit pas bien sérieusement dans cette démarche, & qu'il y fut secrétement poussé par les artifices de l'*Espagne*, qui vouloit s'en prévaloir quelque jour pour contester la validité des engagemens où elle n'entroit qu'à regret envers les *Provinces Unies*.

Et par *Ferdinand III.* que *Philippe IV.* Roi d'*Espagne* y engagea.

§ XI. Mais comme le Roi d'*Espagne*, qui succeda à celui avec lequel fut conclu le Traité de Trêve, confirma de la maniére la plus authentique, par le Traité de *Munster*, la Souveraineté des *Provinces-Unies*, que son Pére avoit reconnuë en termes moins précis; on peut dire aussi qu'alors l'Empereur & l'Empire confirmérent clairement, de leur côté, leur rénonciation à tous les droits qu'ils auroient pû avoir sur ces Provinces.

Il y a un Article dans le Traité de *Munster* (c'est le LIII.) par lequel le Roi d'*Espagne s'engage effectivement à procurer la continuation & le maintien de la neutralité, de l'amitié, & du bon voisinage avec les Seigneurs Etats, de la part de Sa Majesté Impériale & de l'Empire. A laquelle continuation & maintien les susdits Seigneurs Etats s'engagent réciproquement.* De là des (e) Auteurs Savans & celebres, de la Nation même, inférent avec raison que c'est une reconnoissance manifeste, quoi que tacite, de la pleine indépendance des *Provinces-Unies*, & une rénonciation à tout droit de Supériorité qu'on pourroit avoir sur elles. Selon le langage & les Coûtumes des Nations, la promesse réciproque d'*entretenir ensemble amitié & bon voisinage*, emporte qu'on traite d'égal à égal. A plus forte raison, quand on y ajoute le mot de *Neutralité*.

Ratification de l'Art. 53. du Traité de *Munster*, faite par *Ferdinand III.*

§ XII. L'Article, dont il s'agit, portoit encore, que le contenu en seroit ratifié par l'Empereur, dans l'espace de six mois, & par le Corps de l'Em-

(e) *More sanè Gentium receptum est*, vicinitatem & amicitiam colere *non nisi cum eo, in quem nihil tibi superioris juris est. Et vero Cæsar noster declarationem ejusmodi ipso anno constitutæ Pacis (Monasteriensis) edidit.* Hermann. Conringius. De finibus *Imperii Germanic* Lib. II. Cap. XXVII. pag. 776. Cet Auteur rapporte ensuite tout du long les Lettres de l'Empereur *Ferdinand*.

l'Empire, dans un an, depuis la conclusion du Traité. On a une Ratification authentique de *Ferdinand III.* datté du 6. *Juillet*, 1648. dans laquelle, après avoir rapporté mot-à-mot le dit Article, il déclare (*f*) qu'*il l'approuve & le ratifie pour sa part & pour ce qui le regarde*: il s'engage à *n'y contrevenir ni directement, ni indirectement, & à ne pas permettre que personne autre y contrevienne.*

§ XIII. L'Auteur Allemand chicane ici sur ces termes, *pour nôtre part & pour ce qui nous regarde.* Il en conclut, que *Ferdinand I.* n'a ratifié le Traité de *Munster*, que comme *Empereur*, & non pas comme *Archiduc d'Autriche*: par conséquent, qui ni l'*Empire*, ni les Successeurs de la Maison d'*Autriche* de la Branche d'*Allemagne*, n'ont point approuvé le Traité de *Munster*, en ce qui regarde même la Souveraineté des *Provinces-Unies*.

*Et cela étant en qualité d'Archiduc d'Autriche, qu'en qualité d'Empereur.*

Mais il y a ici deux Ratifications: l'une expresse & nécessaire; l'autre tacite, & qui n'étoit point du tout nécessaire. La prémiére regardoit seulement l'Article LIII. du Traité de *Munster*, dont tout l'engagement se réduit à la *continuation & maintien de la neutralité, de l'amitié, & du bon voisinage.* Et il est bien vrai, que l'Empereur devoit donner cette Ratification, & la donna effectivement, comme *Empereur*, ou Chef de l'*Empire*; sur quoi portent directement ces mots, *pour nôtre part & pour ce qui nous regarde*; parce qu'alors il n'avoit pas encore demandé ou obtenu le consentement des Etats de l'*Empire*. Mais cela n'exclut nullement sa qualité d'*Archiduc d'Autriche*, & emporte au contraire qu'en cette qualité même il s'engageoit pour lui, & pour ses Successeurs de l'Auguste Maison, à confirmer l'indépendance des *Provinces-Unies*, que la nature même de la stipulation dudit Article supposoit. Car ne pouvant ignorer ni la force de cette clause, ni sur quel pié les *Provinces-Unies* lui en demandoient la confirmation, ni leur Souveraineté pleinement & irrévocablement reconnuë du Roi d'*Espagne*; s'il avoit eû quelque droit de s'y opposer comme Chef de l'autre Branche de la Maison d'*Autriche*, bien loin de ratifier la dite Clause, il devoit faire des protestations contraires.

Par où il confirmoit & approuvoit l'indépendance des *Provinces-Unies*:

Par la même raison, il auroit manifestement ratifié tout le reste du Traité de *Munster*, supposé qu'il y eût eû quelque autre chose qui l'interessât. Le silence seul vaut ici l'approbation la plus expresse.

La reconnoissance de la Souveraineté des *Provinces-Unies*, quoi que renfermée dans la Ratification & de l'Article LIII. & de tout le reste du Trai-

Quoique cette confirmation ne fût point nécessaire:



té,

(*f*) *Dictumque Articulum* (ordine quinquagesimum tertium) *ejusque contenta, quatenus ea ad Nos pertinent, pro nostra parte approbaverimus, ratificaverimus, & confirmaverimus, prout hisce ex certa scientia, authoritate nostra Imperiali approbamus, ratificamus, & confirmamus. Eadem autoritate & scientia volentes, declarantes, & statuentes, quòd non modo Nos contra eundem Articulum ejusque contenta, quatenus ea ad Nos pertinent, directè vel indirectè nihil committere, sed nec ab aliis fieri vel committi permitere velimus.*

té, n'étoit pourtant pas nécessaire. Et *Ferdinand*, & ses Prédecesseurs de la Maison d'*Autriche*, avoient déja suffisamment reconnu cette Souveraineté. Cet Empereur ne fait que continuer à la reconnoître, en s'engageant à une *continuation de neutralité*, *d'amitié*, *& de bon voisinage*; lequel engagement suppose par lui-même qu'il traite avec les *Provinces Unies* comme avec un Etat libre & indépendant.

*Non plus que la Ratification de l'Empire.*

§ XIV. Pour ce qui est de la Ratification dudit Article, qui devoit être donné par l'*Empire*, il y a des (1) Auteurs Allemands, qui posent en fait, qu'elle suivit effectivement celle de l'*Empereur*: d'autres (2) disent seulement, que la chose est incertaine, mais ils ne la nient pas, & n'apportent aucune preuve de la fausseté du fait. Mais que cette Ratification soit, ou non, réelle, cela ne fait rien ni contre la pleine validité du Traité de *Munster*, ni contre la liberté & l'indépendance absoluë des *Provinces-Unies*. Il faut ici remonter un peu dans l'Histoire de Siécles passez.

*Quand, & de quelle maniére le Royaume de Bourgogne fut annexé à l'Empire d'Allemagne.*

§ XV. L'ancien *Royaume de Bourgogne* (autrement nommé *Royaume d'*Arles) fut annexé à l'Empire d'*Allemagne* (ou *Royaume d'*Allemagne comme on l'appelloit alors) sous l'Empereur *Henri III.* mais seulement par une espece de Confédèration, qui le laissoit en Etat séparé, libre & indépendant. Il avoit son *Palais*, ou sa Cour particuliére; son *Prince du Palais*, ses *Comtes du Palais*; son *Archi-Seneschal*; son *Archi-Chancelier*; ses Loix, ses Coûtûmes particuliéres, ses *Assemblées des Etats* &c. Il n'étoit point tenu de se soûmettre aux délibérations des Diétes de l'Empire.

Il recevoit seulement pour Roi, le même qui avoit été élû par les Princes d'*Allemagne*. C'est ce qu'un (3) docte Allemand a fait voir depuis peu par de bonnes preuves.

*Comment les Païs Bas passérent à la Maison d'Autriche.*

§ XVI. Ce vaste Corps aiant été démembré en diverses parties, dans le XV. Siécle, les *Ducs de* Bourgogne, qui en eurent la plus considérable, aquirent par des Mariages, ou autrement, les Provinces des *Païs-Bas*. Lesquelles passérent ensuite à la Maison d'*Autriche*, par le mariage de *Maximilien I.* avec l'Héritier du dernier Duc, comme nous l'avons vû ci-dessus.

§ XVII.

(1) Par exemple Mr. Gabriel Schweder, dans son *Introductio ad Jus Publicum Imp. Rom. Germanici novissimum*, par. general. *Cap.* IV. § 35. Ouvrage fort estimé en *Allemagne* depuis long tems.

(2) Comme Conringius, dans l'endroit que j'ai cité ci-dessus: Mr. Struvius, célebre Professeur à *Iena*, dans son Syntagma *Jur. Publ. Imperii Rom. Germ.* imprimé en 1720. *Cap.* III. § 29.

(3) Dans une Dissertation imprimée & soûtenuë publiquement à *Leipsig*, en 1720. sous ce titre: *De nexu Regni Burgundici cum Imp. Rom. Germanico. Præside* J. Jacobo Mascow.

§. XVII. MAXIMILIEN souhaitta d'incorporer ces Provinces à l'*Empire*, & il prit des mesures pour cela : mais ses tentatives n'eurent pas beaucoup d'effet. *Charles-Quint* en vint à bout ; mais d'une maniére qui laissoit encore une très-grande différence entre les *Pays-Bas*, & les autres Membres de l'*Empire*. Nous avons la Transaction faite là-dessus, qui confirme en même tems ce que nous venons de dire de l'état antérieur de ces Provinces.

Et furent ensuite unis en quelque façon à l'*Empire*.

§ XVIII. L'EMPEREUR y dit expressément, (4) que les Provinces des *Païs-Bas* ont été *de tout tems libres & indépendantes de la jurisdiction de l'Empire, en sorte que, dans leurs besoins & leurs nécessitez, elles n'ont eû jusqu'à présent aucune protection, défense, ou secours, de la part du Saint Empire Romain, comme l'ont raisonnablement les autres Etats de l'Empire.* Cependant, pour le bien de l'Empire (5) même, & afin qu'il puisse *entretenir avec elles l'amitié & le bon voisinage*, il les rassemble *sous un Cercle*; & en conséquence de cela, il se contente *qu'elles contribuent toutes ensemble un contingent égal à celui de deux Electeurs*; moiennant quoi elles seront *sous la protection de l'Empire, joüissant du reste de toutes leurs Libertez, Droits, Exemtions d'Appel & de Jurisdiction.*

Transaction de *Charles-Quint* sur ce sujet.

Plus bas il répéte (6) encore, que *ces Provinces demeureront à perpétuité Provinces & Principautez entiérement Libres, & non Sujettes, & seront reconnuës*

P 3

(4) *Ac præter hæc, dictas Provincias patrimoniales ab omni antiquitate fuisse liberas & exemptas à jurisdictione Imperii, ita ut illæ, non minus quàm cæteræ nostræ Provinciæ Belgicæ, in suis necessitatibus & indigentia numquam, usque in præsens, protectionem, tuitionem, aut auxilium ullum à dicto Sacro Rom. Imperio habuerint, quemadmodum rationabiliter habent alii Imperii Status.* Artic. XI.

(5) *Nihil minus pro singulari nostro affectu erga S. R. Imperium nationis hujus Germanicæ.... illis significavimus, ad fovendum cum iis amicitiæ bonæque vicinitatis commercium, Nos contentos fore, ut omnes Provinciæ nostræ patrimoniales quemadmodum jam à nobis possidentur, omnes conjunctim sub uno Circulo comprehendantur, aliquamque pecuniæ summam contribuant; tanta nimirum quanta esse potest contributio duorum Principum Electorum, at ne ultra hanc onerentur: & ut vicissim suscipientur in protectionem, tutelam, conservationemque S. R. Imperii, dummodo ipsæ in rebus aliis maneant in omnibus suis Libertatibus, Juribus, appellationum & jurisdictionis exemptionibus.* Art. XIII.

(6) *Item dictæ Provinciæ nostræ inferioris Burgundiæ, cum suis pertinentiis, erunt manebuntque perpetuo Provinciæ & Principatus omnino liberi, & non subditi, ac à Nobis, tanquam ab Imperatore, atque ab aliis omnibus futuris Imperatoribus ac Regibus Romanorum, ab Electoribus etiam, Principibus, & Statibus S. R. I. agnoscentur pro Provinciis, Principatibus, & Supremitatibus liberis, & non subditis; ita ut deinde, pro adeptione dictarum contributionum, sicut hic supra & infra scriptum est, non trahantur nec vocentur, ad jus & jurisdictionem S. R. I. Similiter ut in nullis ad Ordinationes, Constitutiones, Recessus S. R. Imperii ulterius, quàm hic supra & infra dictum est, obligentur: dummodo tamen dicti Principatus & Provinciæ, in quantum earum aliqua dependent à Feudo S. R. J. in posterum debitè recognoscantur* &c. Artic. XXI. Cette Transaction est rapportée tout du long par CONRINGIUS, pag. 750, *& seqq.*

*connuës pour telles par lui* ( Charles-Quint ) *comme Empereur*, *&* *par tous les autres Empereurs & Rois des Romains à venir* &c. en sorte que, *même pour le païement desdites Contributions*, *elles ne pourront être citées en Justice devant les Tribunaux de l'Empire* : & *qu'elles ne pourront être tenuës en aucune maniere de se soûmettre aux Ordonnances*, *Constitutions*, *Recès de l'Empire* , *au delà de ce qui a été stipulé*; hormis celles d'entr'elles *qui sont des Fiefs de l'Empire*.

Cette union étoit peu considérable.

§ XIX. On voit par là, à combien peu de chose se réduisoit cette union des *Pays-Bas* avec l'Empire d'*Allemagne*. Il y entra plus de politique de la part de *Charles-Quint*, que de dessein sérieux d'incorporer ces Provinces à l'Empire; & il ne poussa pas les choses à beaucoup près aussi loin que *Maximilien* l'avoit projetté. Ecoutons là-dessus un Illustre Allemand, le fameux Baron de PUFENDORF, dont l'Ouvrage, qui a été long tems lû & estimé sous le titre supposé de MONZAMBANO, donne en général les plus justes idées de la constitution de l'Empire d'*Allemagne*. *Quelques raisons*, dit-il, (*g*) *qui aient mû* Charles-Quint, *cette incorporation n'eut presque d'autre effet*, *que celui d'un nouveau Suffrage donné dans les Diétes au nom de* Bourgogne. *Car il fallut si fort assûrer la Liberté des* Pays-Bas, *qu'ils ne furent presque astreints à autre chose*, *qu'à certaines Contributions*. *Les* Pays-Bas *refuserent même de les paier* : *& d'autre part*, *les Etats d'*Allemagne *ne se crurent jamais obligez à entrer dans les Guerres des* Pays-Bas, *comme ne les regardant point du tout*.

Et elle s'évanouit bien tôt.

§ XX. L'INCORPORATION, qui par elle même étoit fort peu étroite, (*h*) s'évanouït ainsi presque aussi tôt qu'elle fut formée; de sorte qu'il n'en resta, qu'un engagement réciproque à entretenir ensemble *l'amitié & le bon voisinage*, comme d'égal à égal. C'est aussi à quoi tendoit uniquement l'Article LIII. du Traité de *Munster*, qui semble faire allusion à l'Article XI. de la Transaction de *Charles-Quint*, que nous avons rapporté plus haut; mais où l'on stipule de plus la *Neutralité*, qui confirme encore l'indépendence réciproque des Parties contractantes.

[illegible] n'avoit [illegible] du [illegible] de [illegible]

§ XXI. Il n'y a donc rien de plus absurde, que de prétendre, comme fait Mr. *Berger*, que le consentement de l'Empire fut nécessaire, pour la validité du Traité de *Munster*. Il n'y avoit que l'Article de *Neutralité*, *amitié*, *& bon voisinage*, a entretenir désormais ensemble, pour lequel on eût requis le consentement de l'Empire, & de l'Empereur; & cela sans aucun rapport à la force du Traité en lui-même, qui en étoit indépendant.

Mais

(*g*) *De statu Imp. German.* Cap. II. § 4. *Edit postum.*

(*h*) Voiez GROTIUS, dans une Lettre, *An Provinciæ Foederat. Belgii inserendæ sint Imp. Germanico*, pag. 73. *& seqq. Opuscul. inæditor.* Amst. 1652. *apud Elzevier.*

Mais supposé que le consentement de l'Empire eût été nécessaire en quelque façon, le silence seul qu'il garda au sujet de ce qui se passoit à *Munster*, au vû & au sû des Ministres de tant de Puissances de l'*Europe*, seroit une approbation plus que suffisante de tout ce en quoi l'Empire auroit pû être intéressé, & par conséquent de la Souveraineté des *Provinces Unies*, libre de toute sorte de sujettion, d'union, & d'infériorité, par rapport à quelque autre Puissance que ce soit.

Qui fut néanmoins donné tacitement, au tems du Traité de *Munster*.

§. XXII. Aussi ont-elles été depuis regardées constamment sur ce pié-là, & par le Chef de l'Empire, & par ses Membres. De sorte que c'est une témérité insigne au nouvel Auteur Allemand, d'oser contester sans détour un droit soûtenu de tant de titres authentiques, & reconnu aujourd'hui de tous les Jurisconsultes de cette Nation, qui ont écrit sur le Droit Public de l'Empire.

Et confirmé depuis constamment.

§ XXIII. On est bien persuadé, que Sa Majesté Impériale & Catholique n'a pas la moindre pensée de disputer aux *Provinces Unies* leur Souveraineté pleine & entiére. On ne doute pas même, que, quand Elle en sera informée, Elle ne témoigne hautement sa juste indignation contre ceux qui s'émancipent à publier, comme en son nom, du moins pour défendre une Cause de ses Sujets, à laquelle on l'a engagée de s'intéresser, des choses si contraires à son Equité, à sa Sagesse, & à sa Prudence. Elle pourra comprendre par là, que les raisons dont on s'est servi pour lui suggérer qu'Elle n'étoit point obligée de faire observer les Articles du Traité de *Munster*, ne doivent pas être bonnes, puis qu'on les fonde sur des principes qui vont si loin, & au delà des bornes qu'Elle regardera assûrément comme sacrées, si quelcun étoit assez hardi pour lui proposer ouvertement de les passer.

Témérité de ceux contre qui on dispute, & avantage qu'ils donnent à nôtre Cause.

## CHAPITRE XIII.

*Comparaison de la cause & de la condition respective des Parties intéressées dans ce différent.*

§ I. J'ai tâche de repondre, aussi succinctement qu'il m'a été possible, mais d'une maniére suffisante, à tout ce que les Avocats de la Compagnie d'*Ostende* ont avancé ou objecté. Je suis même allé au devant de ce qu'ils auroient pû dire, selon leurs principes. Je laisse maintenant à juger aux Lecteurs intelligens & desintereffez, si je ne suis pas en droit de conclurre, que les oppositions de la Compagnie Hollandoise des *Indes Orientales* n'ont rien que de très raisonnable & de très-juste.

Conclusion générale.

§ II. Ce ne sont point ici de nouvelles prétensions qu'on forme, au préjudice de ses Voisins. La Compagnie ne demande qu'à être maintenuë dans

Avantage de la Comp. Holland. en ce [illegible]

[illegible] que défendre un droit, dont elle étoit en poſſeſſion.

dans la jouïſſance d'un droit, qu'elle s'eſt toûjours attribuée depuis le Traité de *Munſter*, & dont elle avoit été, juſqu'à aujourd'hui, en paiſible poſſeſſion. On ne ſauroit nier cette poſſeſſion. C'eſt une choſe de fait: l'Ancien & le Nouveau Monde en ſont les témoins. Le droit eſt fondé ſur des Traitez, dont le ſens, comme nous l'avons fait voir, ne peut être detourné ailleurs, ſans qu'on donne dans des interprétations fort éloignées de ce que demande la Simplicité, la Candeur, la Bonne Foi, qui doivent être l'Ame de toutes les Conventions. Dès qu'il faut aller chercher tant de détours, faire tant de ſuppoſitions, imaginer tant de diſtinctions, pour éluder un ſens qui s'accorde parfaitement bien avec la ſuite du diſcours & l'intention des Parties contractantes, on doit certainement ſe défier de ſoi-même, craindre les illuſions de l'Amour propre & de l'Intérêt. Mais quand il paroît, outre cela, que le ſens eſt confirmé par la maniére dont les deux Parties, ou leurs Miniſtres, ont témoigné entendre les Articles conteſtez; par le témoignage d'autres perſonnes deſintéreſſées, qui ont été à portée de connoître certainement l'intention des Parties; par l'interprétation conſtante que les intéreſſez ont témoigné en faire, & ſur le pié de laquelle ils ont uſé de leur droit, au vû & au ſû de toute la Terre: il reſulte de là une conviction, contre laquelle je ne ſai ſi quelcun eſt capable de tenir, pour peu qu'on examine les choſes de ſens froid & avec quelque attention

Grandes pertes qu'elle auroit à craindre.

§ III. Si l'on conſidére enſuite la ſituation reſpective des Parties, on trouvera, d'un côté, une Compagnie privilégiée, qui, après s'être ouvert, avec mille périls & une infinité de dépenſes, un Commerce, qui fait la reſſource la plus conſidérable de l'Etat dont elle eſt Membre, courir riſque de ſe voir enlever peu-à-peu le profit qui devoit juſtement lui en revenir, nonobſtant ſes Priviléges, confirmez ſolemnellement par les Souverains de ceux qui veulent empietter ſur ſes limites. De l'autre, on verra des Peuples, qui s'étoient toûjours paſſez du Commerce auquel ils prétendent, qui n'ont jamais fait la moindre dépenſe pour le former ou l'entretenir, courir aujourd'hui ſur les briſées de leurs Voiſins, au hazard de faire en ſorte, par un tel conflict, que ce Commerce ne ſoit avantageux ni pour les uns, ni pour les autres. Car enfin ils n'ont pas lieu de s'imaginer, que l'on ſe laiſſe tranquillement dépouiller d'un droit qu'on a toûjours prétendu avoir aquis à ſi juſte titre; & qu'on s'expoſe à perdre le fruit de ſes Octrois, non ſeulement par rapport à eux, à qui les Traitez défendent d'y contrevenir, mais encore par rapport aux Sujets mêmes des *Provinces Unies*, qui auroient là une belle occaſion de les violer indirectement, comme quelques-uns ont déja fait, en entrant ſous le nom d'autrui dans le Commerce de la Compagnie d'*Oſtende*. Il vaudroit mieux pour l'Etat, en ce cas-là, de laiſſer à tous les Particuliers, Sujets ou Habitans des *Provinces-Unies*, une pleine liberté de trafiquer aux *Indes* ouvertement. La République profiteroit de ce partage qu'ils feroient avec les *Pays-Bas Autrichiens*; mais auſſi c'en ſeroit fait des Priviléges de la Compagnie

gnie Hollandoise, qu'on a toûjours jugé à porpos de renouveller à chaque terme, depuis son prémier établissement.

*Il n'y a point d'injustice de sa part.*

§ IV. Les Avocats de la nouvelle Compagnie d'*Ostende* font sonner fort haut l'injustice qu'il y a, selon eux, à exclurre les Habitans des *Pays-Bas Autrichiens*, d'une Navigation & d'un Commerce permis aux autres Nations. On a suffisamment montré ci-dessus, que toute l'injustice est du côté de ceux qui veulent, malgré la partie intéressée, s'emparer d'un droit dont ils ont été depouillez par des Traitez.

*Les Flamands ne peuvent pas se prévaloir de la liberté qu'ont les autres Nations.*

Mais ils doivent encore considerer, qu'il y a bien de la différence entre eux, & les *Anglois*, *François*, *Danois*, *Portugais*, & autres Peuples d'*Europe*, qui commercent dans les *Indes*. Ceux-ci (1) sont, depuis fort long tems, en possession de leur Commerce, avec la permission des Souverains, chez qui ils vont l'exercer. Ils ne se sont engagez, par aucune Convention, à s'en abstenir en faveur de la Compagnie Hollandoise: & ils respectent cependant les Lieux & Places qui sont des dépendances de ses Possession dans le Royaume de *Bengale*, par exemple, où sur la Côte de *Coromandel*.

*Et cépendant ils n'ont pas même les égards que ces Nations observent dans l'usage de leur Navigation.*

§ V. C'est ce que ne font pas même les Habitans des *Pays-Bas*, dans leur entreprise toute nouvelle; quoi que Mr. *Neny* veuille faire accroire le contraire. *Les Sociétez* Hollandoises, (a) dit-il, *ont des Chateaux*, *Factoreries*, *& Loges*, *au Roiaume de* Bengale, *sur les Côtes de* Coromandel, *sur celles d'*Afrique, *& ailleurs*, *où les* Anglois, *les* François, *& d'autres Nations Européennes*, *en ont aussi*, *où elles font pareillement un Commerce privatif*, *dans la possession duquel les Habitans des* Païs-Bas *Autrichiens ne les inquiettent pas.... Ils n'ont jamais commercé* non plus *dans aucuns Districts*, *Havres*, *ou Riviéres*, *qui sont des dépendances des Places & Habitations desdites Sociétez*.

*Les Vaisseaux d'Ostende ont commercé dans les Lieux qui sont des dépendances des Possessions de la Comp. Holl.*

Mais n'est-ce pas une chose connuë, & que les Maîtres ou Patrons des Navires partis d'*Ostende* ne sauroient nier, qu'ils ont été commercer sur la *Mer Rouge*, sur la Côte de *Malabar*, & sur celle de *Coromandel*, quoique ces endroits soient presque tous remplis de Forts, de Villes, de Comptoirs, & de Loges de la Compagnie Hollandoise? N'ont-ils pas été aussi à l'embouchûre de *Bengale*, & aux Villes Marchandes de l'Empire du *Grand Mogol*? Prince, à qui, depuis peu la Compagnie a envoié une Ambassade, laquelle lui a coûté environ deux cents quarante mille Dûcats d'or, pour renouveller avec lui ses Conventions & les Privileges? N'ont-ils pas été sur les Côtes de la *Chine*, où les *Espagnols* n'ont jamais envoié des Vaisseaux, depuis la Paix de *Munster*? N'ont-ils pas été dans l'Ile de Ceylan, & autres Lieux? En un mot, ils n'ont presque épargné que les Iles des Aromats, & quelque

 peu

(1) Voiez encore ici le *Discours d'un fidèle Sujet du Roi* &c. pag. 14, & *suiv.*
(a) *Réfutat.* § 3. pag. 23, 24.

peu de Villes, qui appartiennent à la Compagnie Hollandoiſe, mais dont la garde lui eſt ſi onéreuſe, qu'il lui en coûte, avec ſes dépendances, cent cinquante mille Ducats d'or tous les ans.

Procédé mal honnête d'un des Avocats de la Comp. d'Oſtende

§ VI. Apres cela, n'eſt-ce pas de mauvaiſe grace, que l'on veut ſoûlever toute l'*Europe* contre les Compagnies Hollandoiſes, comme ſi la choſe ne valloit pas la peine de ſe plaindre? *C'eſt* (*b*) *une terreur panique*, nous dit-on, *ou une malice cachée, dont le principe ne peut naître que d'un intérêt ſordide, ou de quelque vue particuliere qui tend à une Domination tyrannique en fait de Commerce.*

Ces complimens de l'anonyme en mériteroient de ſemblables, qu'on pourroit lui renvoier avec plus de fondement, ſi l'on avoit beſoin de ſuppléer par de telles armes à la la force des raiſons. La reputation de Meſſieurs les Directeurs eſt au deſſus des atteintes d'un homme qui ſe cache pour les inſulter, auſſi bien que celle de Leurs Hautes Puiſſances, parmi leſquelles il ſoûtient que (*c*) *ceux qui ont la meilleure connoiſſance des intérêts de l'Etat n'ont pas la pluralité dans leurs délibérations.* On n'a garde de mettre leur Sageſſe & leur Equité en compromis, en répondant à des injures qui ne peuvent que retomber ſur leur Auteur.

Ce n'eſt point par jalouſie que la Comp. Holland. fait des oppoſitions.

§ VII. Je ne le ſuivrai pas non plus dans le (*d*) *grand détail où il s'eſt donné la peine d'entrer* pour faire voir que *ni* (*e*) *le fond, ni les conſéquences de l'établiſſement de la nouvelle Compagnie* d'*Oſtende*, *ne ſauroient allarmer qui que ce ſoit*, & par conſéquent que *ce n'eſt qu'une pure jalouſie qui fait agir* ſelon lui, les *Hollandois avec tant d'animoſité.* Il ne faut, pour renverſer tout cela d'un ſeul coup, que conſiderer deux choſes, que l'Expérience & le Bon-Sens apprennent à chacun, ſans avoir beſoin d'une connoiſſance détaillée du Négoce, comme celle dont l'Anonyme ſe pique. L'une eſt, qu'autant de profit que font des nouveaux Négocians dans le Commerce qu'ils entreprennent, c'eſt autant de diminué du profit des anciens Négocians. On aura beau ſuppoſer tant d'autres circonſtances particuliéres qu'on voudra, qui balancent cette diminution; elle n'en ſera pas moins diminution, & la balance l'emportera toûjours de ce côté-là.

Interêt viſible qu'elle a à maintenir ſon droit.

Sur tout, pendant qu'elle eſt encore à tems de prévenir les effets de l'atteinte qu'on y donne.

§ VIII. L'autre choſe à quoi il faut ici faire attention, c'eſt la maxime connuë, *Principiis obſta.* Cette maxime, ſi certaine en matiére de tant d'autres ſujets, ne ſe vérifie jamais mieux, que ſur celui ci. Dans la variété & la viciſſitude des événemens du Monde, les circonſtances peuvent changer tous les jours: & ainſi ce qui aujourd'hui empêche que le concours des nouveaux Négocians ne porte pas beaucoup de préjudice, n'aura peut-être plus

(*b*) *Lettre*, pag. 20. (*c*) *Ibid.* pag. 19.
(*d*) *Ibid.* pag. 23. (*e*) Pag. 20.

plus lieû demain. Le Fonds, quelque petit qu'il soit, & quelque mediocres que soient les profits, augmentera toûjours plus ou moins, à mesure que le Négoce se continuera, & il ne faudra qu'un moment de révolution extraordinaire, pour rendre tout d'un coup ce petit Mercier aussi riche que les plus gros Marchands, & en état de les réduire peu-à-peu au même état où il étoit. Il en est ici comme d'une Boule de Neige: laissez-là courir, elle deviendra une Montagne. L'exemple de tant de Villes marchandes, qui se sont ainsi élévées sur les ruïnes de plusieurs autres, ne permet pas de douter d'une chose qui d'ailleurs par elle-même est si conforme au cours naturel des choses humaines. C'est le fondement & le but de tous les Traitez de Commerce, anciens & modernes, par lesquels une Partie a stipulé de l'autre, qu'elle se resserreroit dans certaines bornes pour sa Navigation. C'étoit celui des Articles du Traité de *Munster*: & rien ne prouve mieux l'intention de Leurs Hautes Puissances dans la stipulation de ces Articles qu'on reconnoît avoir été dressez conformément à leurs demandes, que la considération du préjudice extrême qui reviendroit tôt ou tard à leurs Compagnies privilégiées, si des Voisins, tels que ceux des *Pays Bas* continuoient à trafiquer dans le district où elles se sont maintenuës jusqu'ici à leur exclusion. Leurs Hautes Puissances n'étoient pas alors moins éclairées qu'aujourd'hui, sur les intérêts de leur Etat, ni moins attentives à les procurer de la maniére la plus étenduë. Les fortes oppositions, qu'Elles font à l'heure qu'il est, montrent bien, que, si en traitant à *Munster* sur le Commerce des *Indes*, Elles ne s'étoient crues entiérement à l'abri de toute concurrence des *Pays-Bas Espagnols*, Elles auroient pris de bonnes mesures pour empêcher qu'on ne pût jamais trouver dans les termes du Traité le moindre prétexte à se dispenser de le tenir. Mais toute la prévoiance humain ne sauroit se précautionner suffisamment contre les subterfuges qu'est capable d'inventer l'esprit de Parti & d'Interêt. Quand les *Pays-Bas* auroient été expressément nommez dans les Articles V. & VI. du Traité de *Munster*, on auroit encore trouvé dequoi en éluder l'obligation dans les suppositions & les distinctions frivoles, que nous avons refutées.

Fausse utilité que l'on prétend qui reviendroit aux *Provinces-Unies* du Commerce de la Comp. d'*Ostende*.

§ IX. Mr. *Neny*, pour prouver que *le Commerce des Sujets de l'Empereur ne peut intéresser en aucune maniére les Compagnies* Hollandoises, dit, qu'au contraire (*f*) *les avantages qui en reviendront aux Finances de Sa Maj. profiteroient autant à la République, qu'à l'Empereur même, suivant la destination faite par l'Article 90. de l'Octroi Impérial, par lequel S. M. destine les deniers, qui seront levez sur les Marchandises de retour, comme un fond fixe & durable, pour être toûjours employez à pourvoir les Places frontiéres, & autres Forteresses des* Pays-Bas Autrichiens, *d'Artillerie, & d'autres Armes, & de toutes sortes de Munitions de Guerre & de bouche,* &



(*f*) *Réfutation*, § 8 pag. 50, 51. Voiez aussi le *Mémoire* des Etats de *Brabant*, pag. 16.

*& à en reparer & entretenir les Ouvrages, afin que lesdites Places soient toûjours en état de défense : Destination d'autant plus recommandable, & qui doit être d'autant plus agréable aux Etats-Géneraux, que les* Pays-Bas *de la domination de Sa Majesté leur doivent toûjours servir de Barriére & de Rempart* &c.

*De plus*, ajoûte-t'on, *il importe d'ailleurs aux Etats-Géneraux pour leurs propres intérêts, qu'il y ait quelque Commerce aux* Pays-Bas Autrichiens, *puis que sans Négoce, ces Provinces demeureront toûjours dépourvuës d'argent, & seront hors d'état de fournir, non seulement à la subsistance des Troupes si nécessaires pour la garde & défense des Frontiéres, & des autres Places fortes, qui leur servent de Barriére, mais aussi au paiement annuel du Subside de 500. mille Ecus par an, & de toutes les autres grosses sommes, que les Finances de S. M. leur doivent paier annuellement.*

Exagération de la condition désavantageuse des *Pays-Bas Autrichiens.*

§ X. Mais toutes ces exagérations, que nôtre Avocat, & après lui l'Auteur de la *Lettre à un Ami en Hollande*, font de l'état present des *Païs-Bas Autrichiens*, toute cette destination d'une partie des profits du nouveau Commerce, toutes ces raisons tirées de l'avantage même des *Provinces-Unies* & de leurs Compagnies privilégiées, ne sont bonnes qu'à jetter de la poudre aux yeux de ceux qui ne connoissent ni le droit de ces Compagnies, ni leurs vrais intérêts, ni la véritable situation des deux Parties. A entendre parler ces Messieurs, ne diroit-on pas, que les *Pays-Bas Autrichiens* sont le plus miférable Pays du monde, que les Terres n'y sont plus ni fertiles, ni cultivées? qu'il n'est plus peuplé, qu'il n'y a ni Manufactures, ni Commerce? En un mot, que tout est perdu, & que les Habitans de ces Provinces sont réduits à la besace, si le Commerce des *Indes*, dont ils s'étoient toûjours passez, ne leur est ouvert? On sait assez ce que les Rois d'*Espagne* en ont tiré de tout tems, & on voit par là, aussi bien que par la situation présente des choses fidelement représentée, que ces Peuples pourroient fournir à des Contributions encore plus grandes, que celles d'aujourd'hui, y compris tous les Subsides, qui ont du rapport à la Barriére.

Le Commerce de la Comp. d'*Ostende* n'est nullement nécessaire pour l'exécution des engagemens du Traité de *Barriere*;

§ XI. Ainsi Leurs Hautes Puissances ont assez dequoi se reposer là-dessus sur les engagemens & les ressources de Sa Majesté Impériale. Cet Auguste Monarque, en concluant le Traité, n'a point temoigné compter sur le revenu d'un nouveau Commerce qui seroit si préjudiciable à ceux en faveur de qui il s'engageoit. C'auroit été leur ôter d'un côté, plus qu'on ne leur accordoit de l'autre. Le projet d'une nouvelle Compagnie des *Pays-Bas* n'étoit pas même formé alors, ou du moins étoit absolument ignoré de Leurs Hautes Puissances, qui regardoient au contraire ce Traité comme servant également de Barriére à leur district de Commerce dans les *Indes*, & aux invasions à craindre pour leurs Etats du côté des *Pays-Bas Autrichiens*. Le

Auquel Traité il est même contraire.

dernier avantage, quelque considérable qu'il soit, n'est pas tel, qu'Elles eussent

ſent voulu l'acheter par la perte du prémier. Elles auroient plûtôt cherché toute autre voie de l'aquérir.

Il s'agit ici du droit, & non des raisons d'interêt.

§ XII. Apres tout, il en faut toûjours revenir à la queſtion de Droit: il ne s'agit point ici de raiſons d'intérêt ou de Politique. Ce n'eſt pas à une des Parties contractantes à juger, ſi l'obſervation des Articles du Traité eſt avantageuſe, ou non, à l'autre; moins encore à vouloir, ſous un tel prétexte, ſe diſpenſer de tenir ſes engagemens. Quand il ne reviendroit aucune utilité du Traité, quand même il ſeroit en quelque maniére déſavantageux à celui qui a aquis par là quelque droit, l'autre n'en ſeroit pas moins tenu d'effectuer ce qu'il a promis, tant que l'obligation n'a pas été éteinte d'un commun conſentement.

Vaine récrimination, ſur des griefs anciens, & mal fondez.

§ XIII. Mrs. les *Etats de* Brabant, pour retorquer la *demande* qu'on leur fait de *l'exacte obſervation des Traitez*, uſent ici de récrimination Ils diſent, (*g*) que *les Seigneurs Etats Géneraux n'ont pas rempli tous les engagemens où ils étoient entrez, au regard & pour la conſervation des Païs-Bas, par le Traité d'Alliance conclu* à la Haye *le* 30. *d'*Août. 1673. *avec le feu Roi* Charles II. dans l'Article XVI. duquel Leurs Hautes Puiſſances *s'étoient obligées, de ne point faire la Paix avec le Roi Très-Chrétien, que Sa Maj. Cath. ne fût remiſe en la poſſeſſion de toutes les Villes, Places, & Païs, qui lui avoient été ôtez par le Roi Très-Chrétien depuis le Traité de Paix des* Pyrenées &c. Mais rien n'eſt plus mal fondé que cette accuſation; à moins qu'on ne ſuppoſe que de telles ſtipulations engagent à l'impoſſible, ou à périr plûtôt que de ne pas faire obtenir à la Partie, envers laquelle on s'engage, ce qui dépend du ſort des Armes. A-t'on oublié les extrémitez où ſe trouvoient réduites les *Provinces-Unies*, par les conquêtes de *Louis XIV.* qui fut ſur le point de les envahir toutes entiéres? Les Ambaſſadeurs (*h*) d'*Eſpagne* déclaroient eux-mêmes, le 12. de *Juin* 1678. en acceptant les conditions offertes par la *France*, qu'ils y étoient contraints par *l'impuiſſance où étoient les Etats Géneraux de ſupporter plus long tems le poids & les frais d'une ſi grande Guerre.* Je ne dis rien de ce qu'on ajoûte, au ſujet de la ceſſion de *Maeſtricht.* Tout cela eſt hors du ſujet: &, s'il étoit néceſſaire, on auroit dequoi juſtifier pleinement là-deſſus Leurs Hautes Puiſſances.

 CHA-

(*g*) *Rémontrante*, pag. 5.
(*h*) *St. Diſdier*, Hiſt. des Négoc. de Nimégue, *pag.* 127, & *ſuiv.*

# CHAPITRE XIV.

*Du droit qu'ont les Compagnies privilégiées des* Provinces-Unies *d'user même de voies de fait, pour se maintenir dans la jouissance de leurs Privileges, sans que la Paix avec d'autres Puissances puisse être pour cela légitimement rompuë.*

Raisons pourquoi les Habitans des Pays-Bas Autr. doivent se desier d'eux mêmes.

§ I. Plus on fera réflexion sur la nouvelle entreprise des nouveaux Sujets de Sa Majesté Impériale, & plus on se convaincra qu'ils n'ont guéres consulté que l'esperance flatteuse d'amasser de grandes Richesses par le Commerce des *Indes*. Mais dans cette vuë même, & mis à part toutes les raisons de Justice qui s'opposent à leur projet, ils pourroient se trouver bien loin de leur compte. Il n'y a rien dont on doive plus se défier, que d'une avidité de gain, qui séduit si aisément, & qui engage presque toûjours dans des desseins téméraires, dont on se répent ensuite à loisir. Il est à craindre qu'on ne fasse, comme le Chien de la Fable, (*a*) *qui n'eut ni l'Ombre, ni le Corps*; & qu'on ne donne lieu à l'application de la moralité qu'en tire un ancien Poëte: (1)

*Qui convoite le bien d'autrui,*
*Perdra justement le sien propre.*

Et craindre un mauvais succès de leur entreprise.

§ II. Si les Habitans des *Pays-Bas Autrichiens* pensent à leur intérêt, ils ne doivent pas trouver mauvais que la Compagnie Hollandoise pense au sien, soutenu d'un si bon droit, & d'une longue possession. Elle est encore assez puissante pour se le conserver; & elle est autorisé à le faire de la maniére qu'elle jugera le plus convenable, sans que la Paix, qu'elle souhaitte, autant que Leurs Hautes Puissances, demeurer ferme & inaltérable entre Sa Majesté Impériale & cet Etat, puisse être rompuë pour cela légitimement.

Reproche mal fondé, d'user de menaces insolentes :

§ III. Nous ne faisons point ici de (*b*) *menaces insolentes*, comme les qualifie l'Auteur de la *Lettre à un Ami en Hollande*. Nous exposons simplement le droit qu'a la Compagnie Hollandoise, en vertu de ses Privileges mêmes & de leur confirmation, *de se faire justice par des voies de fait contre les Sujets* de ceux qui ont confirmé ces Priviléges, & de leurs Successeurs. Nous souhaittons de tout nôtre cœur, qu'elle ne soit jamais réduite à la nécessité d'en faire usage, d'une maniére qui déplaise à *un Ami & un Allié si* res-

(*a*) *La Fontaine*, Fables choisi. *Liv.* VI. *Fab.* 17.
(1) *Amittit merito proprium, qui alienum adpetit* PHÆDR. Lib. I. Fab. IV, vers. 1.
(*b*) *Lettre*, pag. 18, 19.

*respectable* : & nous espérons de son Equité & de sa Grandeur d'Ame, qu'il dissipera lui-même ces nuages qu'on a excitez, à l'ombre de son Autorité, pour troubler la sérénité des beaux jours que la Paix a amenez. *Valeant, qui inter nos dissidium volunt.*

§ IV. Nous ne craignons pas plus l'accusation de *Crime de Léze Majesté*, que Mr. *Berger* intente à la Compagnie devant le Tribunal de Leurs Hautes Puissances. Cet Auteur Allemand est ici aussi mal fondé dans l'application, que dans le principe, de la maniére qu'il le pose, & dans l'autorité qu'il allégue de Grotius, qui est précisément contre lui. Et vaine accusation de Crime de Léze Majesté.

§. V. C'est sans doute une Régle incontestable du Droit Public, que le pouvoir de faire la Guerre, ou d'user de voies de fait qui soient capables d'y acheminer, appartient proprement & uniquement au Souverain. Mais il n'est pas moins vrai, que le Souverain peut permettre à ses Sujets de l'exercer de leur chef en certaines circonstances, ou contre certaines personnes ; sur tout pour le maintien des droits qu'il leur a lui-même accordez. C'est alors en son nom & en son autorité qu'on prend les armes, qu'on les manie, ou qu'on les quitte, comme on le juge à propos. Il n'est pas question de savoir, si cela est conforme, ou non, à la bonne Politique, & si l'abus ne se glisse pas aisément dans l'usage d'un tel Privilége : il suffit, qu'il n'y a rien d'absolument incompatible avec la constitution des Societez Civiles en général, & qu'il peut avoir son utilité, aussi bien que les inconvéniens. Les Sujets peuvent avoir quelquefois le droit de faire la Guerre de leur chef.

§ VI. Aussi trouve-t'on des exemples de ces sortes de permissions, & dans l'Antiquité reculée, & dans l'Histoire des derniers Siécles. Les Rois de *Perse* souffroient, que les Grands Seigneurs, qui dépendoient d'eux, se fissent la Guerre les uns aux autres. C'est ainsi qu'*Artaxerxe*, au rapport de (1) Xenophon, ne s'apperçut point des embûches que *Cyrus le Jeune* lui dressoit ; quoi que celui-ci levât des Troupes. C'est que *Cyrus* faisoit la Guerre à *Tissapherne*, Satrape d'*Artaxerxe* ; de quoi le Roi ne se mettoit point en peine. Il se contentoit de recevoir le tribut, que son Frére lui envoioit de la part des Villes qu'il prenoit sur *Tissapherne*. Exemple de ce qui se pratiquoit chez les anciens *Perses*.

§ VII. On sait, que chez les anciens *Romains*, les Magistrats, à qui il étoit ordonné, par un Arrêt du Sénat, (2) *de prendre garde que la Républi-*
*que* Chez les *Romains*.

(1) Ὥστε βασιλεὺς [Ἀρταξέρξης] τῆς πρὸς αὐτὸν [Κύρου] ἐπιβουλῆς οὐκ ᾐσθάνετο, Τισσαφέρνη δὲ ἐνόμιζε πολεμοῦντα αὐτὸν, ἀμφὶ τὰ στρατεύματα δαπανᾶν· ὥστε οὐδὲν ἤχθετο αὐτῶν πολεμούντων· καὶ γὰρ ὁ Κῦρος ἀπέπεμπε τοὺς γιγνομένους δασμοὺς βασιλεῖ ἐκ τῶν πόλεων, ὧν ὁ Τισσαφέρνης ἐτύγχανεν ἔχων. De Cyri Exped. Lib. I. Cap. I § 8 *Ed. Oxon.*

(2) *Ne quid Respublica detrimenti caperet.* Voiez Brisson. *De Formulis*, Lib. II. pag. 211, 212.

*que ni reçut aucun dommage*, avoient par là, sans autre permission ni du Sénat, ni du Peuple, le pouvoir de faire la Guerre, comme ils l'entendoient, & à qui ils vouloient.

En France:

§ VIII. Dans le Royaume de *France*, c'étoit autrefois une Coûtûme, qui a duré long tems, que tout Gentilhomme, qui avoit des Terres Seigneuriales, si petites qu'elles fussent, prenoit les armes, quand bon lui sembloit, contre ses Voisins, pour ses intérêts particuliers. (3) *Charles V.* dit *le Sage*, abolit cet usage, par une Ordonnance du mois de *Juillet* de l'année M. CCC. LXXI.

Bien plus; quand il s'agissoit de la Garantie d'un Traité fait par le Roi avec quelque autre Souverain, on n'avoit point alors recours à des Puissances Etrangéres. (4) C'étoient de Seigneurs François qui cautionnoit leur Prince avec serment; à condition que, s'il manquoit à l'observation du Traité, ils pourroient se joindre contre lui à l'autre Partie. On en trouve encore un exemple sous *Louïs XI.*

En Allemagne:

§ IX. En *Allemagne*, pendant que les Etats de l'*Empire* étoient dans une tout autre dépendance de l'Empereur, que celle où ils sont aujourd'hui, on les voit, pendant plus de deux cens ans, se faire impunément la Guerre les uns aux autres. (5) Les Empereurs autorisérent même cela par des Loix expresses, où ils exigeoient seulement que la Guerre fût déclarée dans les formes. Cela dura jusqu'à *Maximilien I.* qui en l'année 1495. defendit aux Etats toute sorte de Guerre, sous peine d'être mis au Ban de l'Empire, comme infracteurs de la Paix publique.

Loi de Frederic I. là-dessus.

§ X. Grotius fait allusion (6) à ce que je viens de dire, au sujet de l'*Allemagne*, lorsque, dans une de ses Notes, il renvoie simplement à une Loi de *Frederic I.* rapportée par Conrad, Abbé d'*Ursperg.* Elle est de l'année M. C. LXXVII. & en y decernant des peines contre les incendiaires, l'Empereur excepte ceux qui étant en Guerre ouverte, (7) mettent le

(3) Voiez l'*Hist. de France* du P. Daniel, Tom. III. pag. 619. *Ed. d'Amst.* & le P. Mabillon, *De Re Diplom.* Lib. IV. Cap. XXX. § 5.

(4) Voiez encore ici le P. Daniel, *Hist. de France*, Tom. II. pag. 648. Tom. IV. pag. 386.

(5) C'est ce que montre Nicol. Hertius, en son vivant Professeur en Droit à *Giessen*, dans sa Dissertation *De Superioritate Territoriali*, § 31. pag. 266, *& seqq.* Tom. II. *Commentat. & Opuscul.* Voiez aussi Ziegler, *De Juribus Majestatis*, *Lib. I.* Cap. XXXIII. § 36, *& seqq.*

(6) *Droit de la Guer. & de la Paix*, Liv. I. Chap. III. § 5. Note 2.

(7) *Hic exipiuntur, si qui forte manifestâ Werrâ castra manifestè capiunt: & si qua ibi suburbia, aut Stabula, aliave tuguria præjacentia igne succendunt,... Statuimus etiam,* &

le feu aux faux bourgs, aux Granges ou Huttes de leurs ennémis. Il ordonne ensuite, que quiconque voudra exercer contre un autre des actes d'hostilité, aît a le lui déclarer, pour le moins trois jours auparavant, par un espéce de Héraut. Il parle encore des Trêves, & de la maniére de les observer.

Autorité de *Grotius*, & de *Gronovius*.

§ XI. Cette citation de Grotius est un exemple de la maxime générale, qu'il établit en ces termes: *Il peut arriver encore, que, dans un Etat de grande étendue les Puissances subalternes aient permission d'entreprendre la Guerre: & alors la Guerre doit être censée faite par autorité du Souverain: car celui qui donne à quelque autre le droit de faire une chose, en est reputé l'Auteur.* Il cite en marge plusieurs Jurisconsultes, qui sont ici de même sentiment, & entr'autres François de Victoria, fameux Espagnol. Celui-ci pose en fait, (4) que la Coûtûme seule peut faire aquérir ce droit de Guerre à ceux qui ne sont pas Souverains. Fiez-vous après cela à l'Auteur Allemand, qui se prevaut de l'autorité de Grotius, sans alleguer cette restriction, que l'on trouve dans le même paragraphe. Il auroit pû aussi lire ce que le Savant Gronovius dit là-dessus: *Il faut voir, si les Sujets n'ont pas aquis une partie de la Souveraineté, ou si le Prince ne leur a pas accordé quelque Privilége de se défendre eux-memes, & d'entretenir des Troupes pour leur défense.*

Aujourd'hui même les Gouverneurs de l'*Espagne* & du *Portugal*, dans les *Indes*, ont ce droit:

§ XII. En Effet, pour ne pas parler des Gouverneurs que l'*Espagne*, ou le *Portugal*, envoient aux *Indes*; n'est-ce pas une chose connuë de tout le monde, que la Compagnie Hollandoise des *Indes Orientales*, en vertu de son Octroi, exerce dans ces Régions éloignées tous les actes de la Souveraineté, & en particulier celui de faire la Guerre & la Paix. Ses Priviléges là-dessus sont fort clairs & fort amples: elle les a aquis à titre onéreux, & ainsi le Souverain (5) même, de qui elle les tient, ne peut les lui ôter, ni en rien diminuer, jusqu'au terme limité par chaque renouvellement d'Octroi.

Et la *Compagnie Hollandoise*.

Celle-ci peut l'exercer de son chef contre tous ceux qui la troublent dans la jouïssance de ses Priviléges:

§ XIII. Si donc on la trouble ou dans ses Possessions, & leurs dépendances, ou dans les Commerces auxquels elle a quelque droit exclusif, elle peut certainement de sa pure autorité, & sans que Leurs Hautes Puissances s'en mêlent,



*& eodem Edicto firmiter sancimus, ut quicumque alii damnum facere, aut lædere ipsum intendat, tribus ad minus ante diebus per certum nuncium suum diffiduciet eum.... His sancientes adjicimus, ut quicumque treugas alicui dederit, nisi ibi determinatum & exceptum fuerit, quo tenore servet vel non servet eas, contradicere eis ante terminum statutum nequaquam possit.* Chronic. Abbat. Ursperg. *pag.* 230, 231. *Edit. Argentorat.* 1609.

(4) *Unde si qua Civitas, aut alius Princeps, obtinuit antiquâ consuetudine jus gerendi per se bellum, non est ei ei neganda hæc authoritas, etiamsi aliàs non videtur habere Rempublicam perfectam* Relect, VI. *De jure Belli*, num. 2. *pag.* 230. *Edit. Venet* 1626.

(5) Voiez le *Jus Publicum Universale* de Mr. Böhmer, Part. Special. Lib. II. Cap. III. § 63.

mêlent, se défendre contre qui que ce soit. Chacun sait sur quel pié elle est depuis long tems, & que dans l'usage & l'étenduë de ses Priviléges, elle agit en quelque maniére comme un Corps d'Etat libre & indépendant. Personne ne peut donc ni prétendre là-dessus cause d'ignorance, ni intéresser raisonnablement Leurs Hautes Puissances dans ce que leur Compagnie privilégié fait de son chef & par un droit propre, pour le maintien de ses Priviléges.

Sur tout, contre ceux qui ne peuvent le faire sans contrevenir à leurs engagemens.

§ XIV. A PLUS forte raison, cela a-t'il lieu par rapport à ceux qui se sont engagez positivement, d'une maniére ou d'autre, à reconnoître & respecter ses Priviléges. Et c'est ce que fit manifestement *Philippe IV.* dans les Articles du Traité de *Munster*, sur lesquels roule nôtre dispute. Il promit, pour lui & pour tous ses Sujets, comme nous l'avons montré, que *la Navigation* des Compagnies Hollandoises *seroit maintenue selon & en conformité des Octrois donnez ou à donner ci-après.* Cette confirmation tombe & sur les limites de leur district, & sur la maniére dont elles peuvent s'en conserver la jouïssance, selon la teneur de leurs Octrois. La grande distance qu'il y a des *Provinces-Unies* aux *Indes*, ne permettoit pas que ces Compagnies fussent astreintes à attendre des ordres de *La Haye*, pour se régler là-dessus dans les expéditions nécessaires pour le maintien de leurs droits. Elles seroient par là exposées tous les jours à en être dépouillées, & à périr enfin avec leur Commerce. Il falloit donc de toute nécessité leur laisser un plein pouvoir d'agir, selon les circonstances, comme elles le jugeroient à propos. C'est aussi à quoi elles sont autorisées par leurs Octrois: & c'est sur ce pié-là que le Roi d'*Espagne* les confirma, par une suite nécessaire de la nature même de l'engagement. La confirmation du district auroit été fort inutile, sans la confirmation du droit d'en défendre ainsi la possession contre ceux qui devoient, selon le Traité, s'abstenir de toute Navigation dans les limites déterminées.

Ainsi il lui seroit permis de courir sur les Vaisseaux d'*Ostende*.

§ XV. LA Compagnie des *Indes Orientales* ne feroit donc tort à personne, si elle avoit même recours à des voies de fait contre les Vaisseaux d'*Ostende* qui entrent dans son district, puis qu'elle ne feroit qu'user de son droit. Cette maxime incontestable convient beaucoup mieux ici; que dans l'application qu'en fait Mr. *Neny* (*d*) au Nouveau Commerce des *Pays-Bas Autrichiens*, qui comme nous l'avons montré au long, ont toûjours été exclus de la Navigation aux *Indes*, par les Loix de leurs Souverains, & enfin par le Traité de *Munster*; Sa Majesté Impériale aiant confirmé ce Traité, comme nous l'avons aussi fait voir, & entant que Successeur, & par de Traitez qu'Elle a conclus Elle-même, Elle ne devroit pas trouver mauvais qu'on poussât les choses aussi loin qu'Elle s'est engagée de le permettre, par une conséquence nécessaire de cette confirmation.

§ XVI

(*d*) *Refutat.* pag. 51.

*mens.* En vain les *Ecossois* représenterent-ils, qu'il n'y avoit point de Traité avec l'*Espagne*, qui eût dû les empêcher de s'établir dans l'Isthme de *Darien*, avec le consentement des Peuples libres qui l'habitoient; & que la Colonie ne pouvoit abandonner son entreprise sans une perte considérable: Sa Majesté Britannique fit plus d'attention aux raisons du Roi CHARLES II. Ce Monarque disoit, que tout l'Isthme de *Darien* étoit une *dépendance* des Païs qu'il possédoit dans les deux parties de l'*Amérique*: qu'il servoit à entretenir la communication de l'une avec l'autre; & que le Commerce de ses Sujets en souffriroit beaucoup, si on y laissoit planter & trafiquer une Colonie étrangére, comme celle-là. Ainsi voilà le dernier Roi d'*Espagne*, qui s'est attribué des limites pour la Navigation & le Commerce des *Indes*, justement dans le sens qu'on nous conteste aujourd'hui, & que nous défendrons plus bas en son lieu.

§ XII. DE tout ce que je viens de dire, il paroit, combien est mal fondée la rétorsion dont Mr. *Neny* voudroit user ici contre *les Etats Généraux & leurs Sujets. Ils ont*, dit-il, déclaré autrefois, lorsqu'il s'agissoit d'établir & d'avancer leur Commerce dans les *Indes*, (*k*) *Qu'ils ne vouloient prétendre aucun Commandement, en faisant ledit Commerce de long cours; qu'ils aimoient la Liberté d'autrui, comme la leur propre: & qu'ils n'agissoient que pour cultiver les avantages du Droit de Gens, avec toute sorte de bonne foi.* Fort bien: mais les choses ont changé. Comme personne alors ne pouvoit légitimement les exclurre d'une Navigation & d'un Commerce, auquel ils n'avoient jamais renoncé, ils n'avoient non plus & ne prétendoient avoir aucun droit d'en exclurre personne. Ils l'ont aquis depuis ce tems-là, pour un certain district, par rapport à tous ceux qui étoient alors Sujets de la Couronne d'*Espagne*; & ils en ont conservé jusqu'à present le titre, & la possession, dans laquelle on vient les troubler. Ainsi ils ne se dementent point du tout; & sans les Traitez authentiques, sur lesquels sont fondées leurs prétensions, bien loin de s'opposer, comme ils font à l'établissement de la nouvelle Compagnie d'*Ostende*, ils seroient les prémiers à en justifier le projet, malgré l'intéret visible qu'ils auroient toûjours à en empêcher le succès par des voies légitimes.

La conduite des Hollandois ne contredit pas ce qu'ils ont autrefois soûtenu.

§ XIII. CE fut aussi sur le pié que je viens de dire, *qu'on emploia* (*l*) autrefois *le plus grand Personnage de la République, & l'un de plus grands Hommes que l'*Europe *ait jamais eû en fait d'Erudition, pour soûtenir publiquement la Liberté, que le Droit des Gens donnoit aux Provinces Confédérées, de naviger & de négocier dans lesdites Régions éloignées, quoiqu'elles eussent été découvertes par d'autres Puissances, qui y avoient commercé longues années avant l'entreprise des Hollandois.* Nous souscrivons de bon cœur à cet éloge de GROTIUS, & nous le prendrions volontiers pour Arbitre. La question seroit bien-tôt vuidée, à nôtre avantage. Car voici ce qu'il a dit, long tems avant la Paix de *Munster*, qu'il n'a point vuë. Après avoir rapporté divers exem-

Du sentiment de Grotius sur cette matiére.

(*k*) *Refut.* § 8. pag. 50. Voiez aussi la *Reponse au Discours*, pag. 22, *& suiv.*
(*l*) *Refut.* § 8. p. 49.

exemples de Traitez par lesquels la Navigation d'une des Parties est bornée, il ajoûte: (m) *Les Peuples peuvent, aussi bien que les Particuliers, se relâcher en faveur de quelcun, qui y trouve son intérêt, non seulement des droits qu'ils ont en propre, mais encore de ceux qui leur sont communs avec tous les Hommes. Et alors il faut dire, comme le Jurisconsulte* ULPIEN, *au sujet de la Vente d'une Terre, faite à condition que l'Acheteur ne pêcheroit point au Thon, au préjudice du Vendeur; Qu'à la vérité on n'a point pû rendre la Mer sujette à une Servitude, mais que cependant la Bonne Foi demande qu'on se soûmette à la Clause du Contract: qu'ainsi l'Aquéreur, & ceux qui succedent à ses droits, sont personnellement obligez à observer une telle Clause.* Cette décision de GROTIUS (1) condamne Mr. *Neny* dans tous ses grands moiens de défense, & semble faite pour terminer nôtre different. De la maniére dont ce Grand Homme avoit été traité par sa Patrie, son jugement ne devroit pas être suspect de partialité, quand même il auroit vêcu depuis la Paix de *Munster*.

Et de celui de Pufendorf.

§ XIV. VEUT-ON encore l'autorité d'un autre Ecrivain, Allemand de nation; & qui est, avec GROTIUS, un des plus grands & des plus célébres Auteurs, en matiére de Droit Public? Qu'on lise ces paroles du Baron DE PUFENDORF: (n) *Aucun ne sauroit empêcher légitimement, que les autres Peuples voisins de l'Ocean, & qui ne sont point ses Sujets, ne négocient entr'eux; à moins que quelcun de ces Peuples ne se soit engagé, en sa faveur, à*

(m) *Droit de la Guer. & de la Paix*, Liv. II. Chap. III § 15.

(1) Voici ce qu'il dit encore, dans son *Histoire des Pays Bas*, Lib. XXIII. pag. 546. en rapportant les Négociations de la Trêve. Les Ministres d'*Espagne*, pour se dispenser d'accorder l'Article de la Navigation aux *Indes*, alléguoient pour raison, qu'il étoit défendu aux *François*, par le Traité de *Vervins*, & aux *Anglois*, par celui de *Londres*, d'aller dans ces Régions éloignées où les *Espagnols*, & les *Portugais*, après les avoir decouvertes, avoient seuls exercé la Navigation depuis un très-long tems. Mais les Ambassadeurs de *France* & d'*Angleterre* répondoient à cela, que, puis qu'il n'y avoit point de Traité qui en exclût les *Provinces-Unies*, la libre jouïssance du Droit Naturel, à cet égard, devoit leur être laissée: *Quod Jure Naturæ liceret*, PROHIBITUMQUE FOEDERE NON ESSET, *permissum merito censeri*, &c. J'ajoûterai, que GROTIUS reconnoît, dans son Traité *Du Droit de la Guerre* &c que les droits qu'il appelle *meræ facultatis*, se *perdent*, *lorsqu'il y a eû des* DÉFENSES, *ou une* CONTRAINTE, *à quoi l'on s'est soûmis avec des marques suffisantes de consentement.* Il ajoûte, que *cela est conforme & au Droit Civil, & à la Raison Naturelle, & par conséquent doit avoir lieu même entre les Puissances.* Liv. II. Chap. IV. § 15 à la fin. D'où il paroît, aussi bien que par tout le reste de ce Chapitre, combien mal-à-propos on veut se prévaloir, dans la *Réponse au Discours repandu dans le Public*, &c. (pag. 19, & *suiv.*) de l'autorité de ce grand Homme, comme s'il avoit cru, que toute Prescription est purement de Droit Civil. On a beau copier de grands morceaux de son Traité *De la Liberté de la Mer.* Ce n'est point par cet Ouvrage, qu'il reconnoît lui-même pour un fruit de sa prémiére jeunesse (I. *Part. Epist.* 765.) qu'on doit juger de ses sentimens, au préjudice de ce qu'il a établi, long tems après, dans un Livre où il donnoit un Systême méthodique des principes du Droit de la Nature & des Gens.

(n) *Droit de la Nat. & des Gens*, Liv. IV. Chap. V. § 10.

du Souverain. Ce qu'on ne peut faire sans que le Souverain le permette, doit être de telle nature, qu'il soit libre au Souverain de le permettre ou de le défendre.

§ VIII. Un Prince, qui a de grands Etats, peut certainement, s'il le juge à propos, interdire à une Province tel ou tel Commerce avec l'autre, soit par terre, soit par mer. Il peut défendre à tous ses Sujets sans exception, de négocier en certains endroits des Païs Etrangers. Et si cela est, il peut aussi s'engager envers quelque autre Puissance, que ses Sujets n'iront point du tout commercer avec tels ou tels Peuples: car c'est alors la même chose que, s'il le leur défendoit lui-même directement, & pour l'interêt seul de ses Etats. La publication du Traité met dès-lors les Sujets dans l'obligation de s'abstenir d'un tel Commerce, sans autre défense particuliére. Ils ne sont pas moins tenus d'obéir à leur Souverain, en se soûmettant aux engagemens contractez en leur nom, qu'en observant ce qu'il leur prescrit, sans donner droit à un tiers d'exiger l'effet de ses ordres ou de ses défenses.

Un Souverain peut engager ses sujets à s'abstenir de certain commerce.

§ IX. Ces sortes de Traitez imposent aux Sujets une obligation d'autant plus indispensable, que les choses auxquelles ils les astreignent se trouvent moins onéreuses, ou qu'il y a eû une pressante nécessité de consentir à de telles conditions. L'un & l'autre a lieu dans les Articles du Traité de *Munster*, dont il s'agit.

Sur tout quand l'obligation n'est pas fort onéreuse

Qu'est-ce, je vous prie, que les Provinces des *Pays Bas Espagnols* perdirent par là? Un droit de Navigation & de Commerce, dont elles n'avoient jamais fait usage. Quelle que soit la raison pourquoi cela étoit arrivé, l'exclusion pour l'avenir n'avoit rien qui dût faire beaucoup de peine. Si l'on dit, que les Habitans de ces Provinces s'étoient volontairement abstenus par le passé du Commerce des *Indes*, on tombe d'accord par là, qu'ils n'en avoient pas besoin, ou qu'ils ne s'en soucioient point. Que si l'on convient, comme il est vrai, qu'il y avoit eû des défenses du Souverain, exactement observées, il faut avouer aussi, que leur continuation ne devoit pas être fort facheuse. Qui s'est passé d'une chose fort long tems, peut bien s'en passer encore, & beaucoup plus, qui s'en est toûjours passé.

Mais, quand même la privation du Commerce des *Indes* auroit paru alors plus insupportable, eû égard à la situation presente des esprits & des affaires du *Païs-Bas Espagnol*, un plus grand interêt demandoit que ces Peuples la souffrissent patiemment, comme ils avoient fait par le passé. Ils étoient las d'une longue Guerre, & la Paix ne pouvoit se conclurre qu'à ce prix. Ils l'auroient même volontiers rachetée, ou dû racheter, par la perte de quelque Privilége incontestable, s'il n'y avoit pas eû moien de l'obtenir autrement. Ces sortes de cas de nécessité font, comme on sait, une exception aux Regles communes, & aux Droits les plus incontestables. Ils autorisent le Souverain à ceder, par des Traitez, des choses dont il n'auroit pû disposer sans cela: & alors, plus que jamais le simple silence des interessez a tout l'effet du consentement le plus solemnel.

Ou qu'un plus grand interêt le demande.



§ X,

La liberté des [illegible] ne prouve rien pour ceux qui [illegible] à leur [illegible].

§ X. Il ne sert donc de rien de debiter ici gravement des Lieux Communs, qui ne sont point au sujet. *C'est* (h) dit-on, *priver les* Païs-Bas Autrichiens *d'une Liberté dont les autres Nations de l'*Europe *jouïssent, & que les* Provinces-Unies *n'oseroient disputer à aucune Ville Anseatique.* La (i) *Mer est libre à toutes les Nations, sans distinction de Puissance, puis que de simples Villes indépendantes font naviger leurs Sujets sous leur Pavillon*, &c.

Tout cela n'a aucune force, qu'en supposant ce qui est en question. Les Compagnies *Hollandoises* se fondent sur des Traitez: & c'est une maxime incontestable du Droit des Gens, aussi bien que du Droit Civil, que les Conventions n'obligent que ceux qui sont compris dans les engagemens des Articles qu'elles contiennent. *Res inter alios acta, aliis non præjudicat.* Si donc les autres Etats, quelque petits qu'ils soient, ont la liberté d'aller & de négocier dans les Païs des *Indes* libres & independans, qui veulent le leur permettre, cela ne fait rien pour les Habitans des *Pays-Bas Autrichiens*, qui ne sont exclus par des Traitez authentiques. On peut s'engager, ou ne pas s'engager: mais, quand une fois on s'est engagé, il faut tenir sa parole; & c'est alors une pauvre raison, de dire, qu'on se voit privé d'un avantage que les autres conservent. Sur ce pié-là, il n'y auroit point d'accord dont on ne pût aisément se degager.

L'Angleterre a respecté les limites des Espagnols sans y etre engagée par un Traité.

§ XI. Les Puissances même non intéressées ont bien voulu quelquefois avoir égard à des prétensions qui ont quelque rapport avec le reglement des limites fait à *Munster*; quoi que ce Traité ne les regarde point, & qu'elles ne témoignassent nullement se croire obligées d'y entrer pour rien. L'affaire de *Darien*, arrivée à la fin du dernier Siécle, en fournit un exemple remarquable. Les *Ecossois*, en vertu des grands privilèges qu'ils avoient pour le Commerce en *Afrique*, & dans les *Indes*, tant *Orientales*, qu'*Occidentales*, entreprirent de fonder une Colonie dans cet Isthme, qui fait partie de l'*Amérique Méridionale*; & ils se flattoient de n'y trouver aucune obstacle, parce que les Peuples de *Darien* n'étoient pas sous la Domination des *Espagnols*. Ceux-ci néanmoins en porterent plainte au Roi d'*Angleterre* Guillaume III. qui non seulement desapprouva & désavoua l'entreprise des *Ecossois*, comme contraire à la Paix & à la bonne union entre lui & ses Alliez, mais encore envoia aussi tôt des Ordres aux Gouverneurs des Colonies Angloises en *Amérique*, portant (1) défenses à tous ses Sujets *d'entretenir, sous quelque prétexte que ce fût, aucune correspondance avec les* Ecossois *de la Colonie de* Darien, *& de leur fournir aucune assistance, soit en Armes, Munitions, Provisions, Vaisseaux, ou en toute autre chose, ou par eux-mêmes, ou par autrui* &c. *sous peine d'encourir la disgrace de Sa Majesté, & les plus rigoureux châtimens*

(h) *Refutation*, § 8. pag. 50.

(i) *Lettre à un Ami*, pag. 9.

(1) Une de ces Proclamations fut publiée à la *Jamaique*, le 9. d'Avril 1699. par ordre du Gouverneur Général de Sa Majesté Britannique, Le Chevalier *Besson*. On la trouve dans le III. Volume de la *Collection of State Tracts* (ou *Recueil de Pieces* &c.) pag. 535

§ XVI. Tout cela pourroit se faire, sans que le Paix fût rompuë légitimement entre Leurs Hautes Puissances, & Sa Majesté Impériale. C'est une querelle particuliére, qu'on doit laisser vuider aux intéressez, si l'on ne veut pas, comme il seroit encore mieux, reprimer par son Autorité des Sujets qui donnent atteinte aux droits d'autrui, aquis par des Traitez. L'usage du privilége qu'ont les Compagnies Hollandoises, en vertu de leurs Octrois & de la confirmation faite par les Souverains des *Pays-Bas Autrichiens*, bien loin de rompre la Paix, ne fait que la confirmer, puisqu'il est fondé sur des Traitez de Paix & de Confédération.

Et cela sans aucune rupture de la Paix entre S. M. I. & les *Provinces-Unies*.

§ XVII. D'ailleurs, il s'agit ici non d'attaquer, mais de se défendre; & les actes de Défense ont toûjours pû s'exercer (1) sans une rupture de la Paix. Les Aggresseurs alors agissent seuls contre le Traité de Paix, & le rompent, entant qu'en eux est, de maniére qu'ils donnent droit à la partie lézée de le rompre entiérement: mais elle ne peut y être contrainte, si elle veut bien garder encore la Paix, nonobstant l'infraction des Articles du Traité, & pourvoir d'une autre maniére à son dédommagement où à sa sureté. C'est une maxime du Droit des Gens, & du Droit Public, reconnuë des plus grands Maîtres de l'Art. J'avouë que là Défense seule est ici d'ordinaire un grand achéminement à une rupture. Mais, en ce cas-là, à qui en est la faute? Est-ce à celui qui se défend, ou à l'Aggresseur?

Puis qu'il n'y auroit là qu'un acte de Défense.

§ XVIII. Je ne suis point entré ni dans les secrets de la Compagnie Hollandoise des *Indes Orientales*, ni dans les Conseils de Leurs Hautes Puissances. Je ne puis que faire des vœux au Ciel, pour qu'il inspire à tous les Souverains les résolutions les plus conformes à la Justice, & au maintien de la tranquilité de l'*Europe*. J'ose même esperer encore une fois, que si Sa Majesté Imperiale juge qu'il ne soit pas de sa Grandeur de révoquer hautement l'Octroi qu'on a obtenu d'Elle sans lui avoir répresenté les raisons qui l'auroient obligée à le refuser; Elle imitera en quelque maniere la conduite du (e) Roi *Assuerus*, à l'égard des *Juifs*, qu'il avoit condamnez à l'interdit, par la suggestion de ses Ministres; & que, si les Habitans des *Pays-Bas Autrichiens* persistent à se prévaloir de son prémier Edit pour empietter sur les limites des Compagnies Hollandoises, Elle le laissera tomber par un autre Edit tacite, en ne s'opposant point à ce que lesdites Compagnies pourront faire pour leur juste Défense.

Conclusion de tout l'Ouvrage.

(1) Voiez Grotius, *Droit de la Guerre & de la Paix*, Liv. III. Chap. XX. § 28, 38. (e) *Esther*, Chap. VIII.

FIN.

www.ingramcontent.com/pod-product-compliance
Ingram Content Group UK Ltd.
Pitfield, Milton Keynes, MK11 3LW, UK
UKHW020312180726
13839UKWH00001B/444